21世纪高等院校财经类专业
实训教材

财务管理
实训教程

（第五版）

姜　毅 高凤岩 主　编
张桂杰 孙晓琳 副主编

东北财经大学出版社
Dongbei University of Finance & Economics Press
大连

图书在版编目（CIP）数据

财务管理实训教程 / 姜毅，高凤岩主编．—5版．—大连：东北财经大学出版社，2024.2（2025.5重印）
（21世纪高等院校财经类专业实训教材）
ISBN 978-7-5654-5058-7

Ⅰ．财…　Ⅱ．①姜…②高…　Ⅲ．财务管理-高等学校-教材　Ⅳ．F275

中国国家版本馆CIP数据核字（2023）第255754号

东北财经大学出版社出版
（大连市黑石礁尖山街217号　邮政编码　116025）
网　　址：http://www.dufep.cn
读者信箱：dufep@dufe.edu.cn
大连雪莲彩印有限公司印刷　　东北财经大学出版社发行
幅面尺寸：170mm×240mm　字数：374千字　印张：18　插页：1
2024年2月第5版　　2025年5月第2次印刷
责任编辑：李　彬　周　慧　王芃南　　责任校对：一　心
封面设计：张智波　　版式设计：原　皓
定价：45.00元

教学支持　售后服务　联系电话：（0411）84710309

如有印装质量问题，请联系营销部：（0411）84710711

总　序

20世纪90年代末以来，我国高等教育取得了跨越式的发展，正在由“精英教育”向“大众化教育”转变。在高等教育大众化背景下，培养学生实践能力和创新能力逐步成为各高等院校提高本科教学质量的重要目标。财经类专业作为当前经济社会中最具发展性和最具时代活力的专业之一，本身就具有极强的实践性和应用性特点。随着经济社会形势的发展，大学生就业形势日益严峻，用人单位对财经类专业毕业生的实际操作能力的要求也越来越高。学生不但要有比较坚实的理论功底，更要有较强的实践能力和创新能力。

在财经类应用型人才的培养过程中，实践教学具有不可或缺的作用。高等教育的教学过程主要由理论教学和实践教学两部分组成。理论教学以教师讲授为主，主要任务是传授知识；实践教学包括军训、社会实践、实习、实验、实训、毕业论文（设计）等内容，主要任务在于培养能力与素质。为实现人才培养过程中传授知识、培养能力和提高素质的协调统一，学校在注重理论教学的同时，也必须高度重视实践教学。在理论教学中传授的知识需要在实践教学中验证、消化与巩固，同时，实践教学还发挥着培养学生动手能力，形成专业素养，启发学生创新思维，增强创新意识，提升创新能力的重要作用。可以说，没有高质量的实践教学，培养高素质的财经类应用型人才这一目标就难以实现。

随着大众化教育的推行，高校的学生规模急剧扩大，实习资源日益紧缺，实训作为实践教学的重要组成部分，在培养学生实践能力方面起着越来越重要的作用。与实习相比，实训的地点和形式更为灵活，可以在校内进行，也可以在校外进行，克服了实习过程中实习单位、实习岗位等因素的限制，可以较好地解决目前学生实习难的问题。实训在教师的指导下，按照人才培养规律与目标，通过全真的角色模拟、岗位轮换，让学生亲身体验，从而切实达到提高动手能力和训练职业技能等目的。实训不仅具有巩固学生所学的理论知识，使学生获得实践知识和管理知识，培养学生的实际工作能力，完成实践教学目标的功能，还具有引导学生了解社会、接触实际，增强学生的职业道德意识、团队精神和社会责任感的育人作用。

很多财经类院校已经意识到实训教学的重要性，建立了实训中心或基地，也开设了相关实训课程。要真正搞好实训教学，必须遵循实训教学规律，创立一个目的明确、层次分明、系统完整的实训教学体系。作为教学过程中一个不可缺少的重要环节，实训教学有其自身的科学性、系统性和衔接性，与理论教学平行而又相互协调、相辅相成。为更好地推动实训教学的发展，除了建立良好的实训条件，创造较为逼真的实训情境和环境外，还必须有切实可行、可操作性较强的实训教程，并以此为基础逐步形成以学生为主体、教师为主导，多层次、系列化、模块化、开放式的实训教学体系。因此，在理论教材的基础上结合社会需求，编写出要求一致、规范统一的实训配套教材成为推动实训教学发展的关键。

为更加有效地开展实训教学，我们组织编写了这套“21世纪高等院校财经类专业实训教材”，具体包括《旅游管理实训教程》《市场营销实训教程》《人力资源管理实训教程》《成本会计实训教程》《财务管理实训教程》《审计实训教程》《电算化会计实训教程》《国际贸易实务实训教程》《国际贸易单证实训教程》《经济法实训教程》10本，涉及旅游管理、人力资源管理、市场营销、会计学、财务管理、国际经济与贸易等专业。本套教材注重实训教学与理论教学的衔接，突出实训教材的实用性、适用性、仿真性、可操作性等特点，适用于高等院校经济管理类专业本科生的实训教学，也可作为相关从业人员的学习、培训用书。

在本系列教材的编写过程中，我们力求精益求精，但由于经验不足、时间有限，教材中难免存在不妥之处，恳请读者给予指正。

“21世纪高等院校财经类专业实训教材”编审委员会

第五版前言

数字经济时代，随着数字技术和产业变革的深入发展，越来越多的企业将数字化转型作为未来发展的核心战略。而财务管理作为掌握企业重要资源与数据的核心领域，成为企业数字化转型的先行者和突破口。然而，传统的教学中，学生在数据处理、数据分析和数据报告上仍存在一定的问题。因此，在财务管理教学中我们不仅要向学生传授基础财务管理理论知识，更要注重对学生数字思维的培养，提高学生的数字化能力，使学生学会数据搜索、数据处理、数据分析，并在此基础上挖掘数据的内在规律，提取有价值的信息，满足企业的战略发展需要。因此，本书以Excel软件为基础，将数字化技术广泛应用到财务比率分析、杜邦分析体系、全面预算、证券价值评估、风险与收益管理、筹资管理、投资管理、价值评估等模块的教学中，架起财务管理理论与实务之间的桥梁，使学生能够从理论起点顺利地过渡到实际工作中。

一、本书特点

本教程是对财务管理工作的仿真和模拟，提供的是形象生动和具体真实的资料。本书以企业真实的经济业务为实例，做到实训资料准确，实训设计科学，实训步骤合理，实训内容具有一定的实践性、启发性和应用性。本书的特点主要体现在以下两个方面：

1.实训经典、针对性强。本书实训内容都是经过精心挑选与设计的，具有一定的代表性和针对性，能够反映财务管理实务中需要解决的问题。

2.软件应用性、实用性强。目前，越来越多的公司使用商务软件来解决实际问题，实务界期望学生能够熟练掌握工作表、数据库等相关软件。为此，本书在进行财务决策时，提供了Excel或财务函数的具体操作技术，以提高决策效率。

二、实训要求

本教程的实训内容主要是在实训教师组织与指导下，由学生独立完成。本书的实训要求具体包括：

1.财务管理实训最好与财务管理课程的讲授同步进行，即在教师讲授完毕相关财务理论之后，直接组织学生进行模拟实训。如果受实际教学学时所限，也可以在课程讲完以后，集中安排时间实训。

2.除了个别需要学生实地考察以外，大多数实训在财务管理模拟实验室中进行。实验室应配备计算机，确保每人一台，装有Excel等软件，并与互联网相联，以便学生能够浏览相关网站、搜集相关资料。

3.在上课前，指导教师应要求学生对实训相关的财务管理理论进行复习。学生应提前阅读本书的相关内容，掌握每一实训的目的与要求，熟悉模拟公司的基本情况以及相关资料，并结合本教材认真预习。

4.实训过程中，以学生独立完成实训内容为主。对于复杂、工作量大的实训，可由学生自行组成实训小组完成。实训教师有侧重地讲授相关理论知识，适当指导学生查找相关数据与决策分析过程。

5.实训结束后，由实训教师统一考评并总结。

三、考核标准

本书的考核标准如下：

每个模块实训结束后，由实训教师对学生独立完成的实训资料进行评价。一般评分参考标准为：决策计算过程是否正确、完整占50%；决策分析过程中逻辑是否清晰、结论是否恰当占40%；提供的电子文档及纸介质是否齐全、工整占10%。

本书涉及的内容几乎涵盖了财务管理的所有实训内容，包括财务比率综合分析、杜邦财务分析、本量利分析、全面预算、证券价值评估、风险与收益、短期筹资、长期筹资、固定资产管理、流动资产管理、股利分配、兼并与收购、跨国公司财务、企业价值评估等。

四、本书修订之处

本书出版以来承蒙广大读者的厚爱，已经多次改版和重印。近年来，随着财务管理实践教学的深入开展，《财务管理实训教程》的适时更新与不断完善也势在必行。本次修订本着实用、管用、够用的原则，在尽量保持前几版特色的基础上，更新了部分财务管理实训案例。修订的内容主要包括：

1.对第四版中有关排版、编辑、内容等方面的纰漏和差错进行了订正。通过订正，力求做到表述准确、数字清楚。

2.对第一、二、三、四、五、六、七、八、九、十、十一、十二、十三、十四等模块的案例资料进行了更新。通过修订，力求达到资料翻新、思路清晰。

3.对第十二模块的理论知识点进行了修订。通过修订，力求理论知识点能够更好地辅助实训内容。

本书由姜毅教授、高凤岩高级会计师任主编，各模块具体分工如下：第一、二、十二模块由高凤岩高级会计师（东北财经大学）编写，第三、四、七、八、十一、十三模块由张桂杰副教授（大连财经学院）编写，第五、六模块由孙晓琳副教授（大连工业大学）编写，第九、十、十四模块由姜毅教授（大连财经学院）编写，最后由姜毅教授对全书进行修改和总纂。

本书可作为高等院校财务管理、会计学、金融学等专业的财务管理基础教材，也可以作为银行、证券、保险等相关企业金融从业人员的培训教材或参考书。

任何一本教材的架构和写作不仅源于作者的知识积累和创造，更来自许多学者的研究成果和贡献。本书在写作过程中，参阅了国内外许多财务专家、学者的最新研究成果，他们的思想和观点对本书的完成极为重要。为了反映这些学者和专家的贡献，书中对引用的案例尽可能标注了出处，对于这些学者和专家，我们在此表示诚挚的谢意！

本书的完成是与东北财经大学出版社的编辑和出版人员的辛勤工作分不开的，他们一直秉承“为教育服务”的出版理念，在推动经济管理类教材的出版中倾注了大量的心血，为经济管理类教学发展作出了突出的贡献！

本书虽然经过各位老师的精心撰写，反复推敲，但由于时间仓促，作者水平有限，不当之处在所难免，敬请读者批评指正。

编 者

2023年11月于大连

目　录

模块一　财务比率综合分析

一、实训目的

能力目标：

1.掌握财务分析方法；

2.掌握偿债能力指标计算；

3.掌握盈利能力指标计算；

4.掌握营运能力指标计算；

5.掌握成长能力指标计算；

6.运用相应指标评估青岛啤酒的财务能力。

情感目标：

1.体会现实与理想的差异；

2.培养学生脚踏实地、实事求是的人生价值观。

价值塑造

管理就要实打实

二、理论知识点

（一）财务分析目的

财务分析主要以财务报表为依据，采用系统的、专门的方法分析评价企业的经营成果、财务状况并预测未来的发展趋势，以帮助企业的投资者、债权人、政府、供应商、经理和员工等利益相关者进行决策。不同的人员进行财务分析的目的是不同的，归纳起来，财务分析的主要目的体现在以下几方面：

1.评价企业的财务状况

通过对企业的财务报表等核算资料进行分析，可以了解企业资产的流动性、负债水平以及偿还债务的能力，从而评价企业的财务状况和经营风险，为企业管理者、投资者提供财务信息。

2.评价企业的资产管理水平

企业的生产经营过程就是利用资产取得收益的过程。资产是企业生产经营活动的经济资源，资产管理水平直接影响到企业的收益，它体现了企业的整体素质。进行财务分析，可以了解企业对资产的管理水平和资金周转状况，为评价企业经营管理水平提供依据。

3.评价企业的获利能力

获取利润是企业的主要经营目标，获利能力也反映了企业的综合素质。企业要生存和发展，必须争取获得较高的利润，这样才能在竞争中立于不败之地。投资人和债权人都十分关心企业的获利能力。

4.评价企业的发展趋势

无论是企业的经营管理者，还是投资人、债权人，都十分关心企业的发展趋势，这关系到他们的切身利益。通过对企业进行财务分析，可以判断企业未来的发展趋势，预测企业的经营前景，从而避免决策方向失误。

（二）财务报表分析方法

财务报表分析常用的方法有：

1.比较分析法

比较分析法是指对两个或者几个相关可比数据进行比较，从而得出有关结论的分析方法。比较分析法还可以具体分为以下四种方法：

（1）比较分析，又称横向分析，是指对同一企业前后不同期间财务报表的相同项目进行的分析。

（2）结构百分比分析，又称纵向分析，是指对同一期间财务报表中的不同项目进行的比较分析。

（3）趋势百分比分析，是指对同一企业连续多年的报表数据进行比较分析，从而揭示各期间财务状况的发展趋势。趋势百分比分析包括对财务状况、经营成果及财务状况变动的分析。

（4）财务比率分析，是指将两个相关的会计项目相除，得出一个财务比率，从而揭示同一张财务报表或者不同财务报表的相关项目之间的内在联系的比较分析方法。财务比率分析包括资产、负债、所有者权益以及损益各项目的比率分析。

2.因素分析法

因素分析法是依据财务指标及其所包含的驱动因素之间的数量依存关系，通过有顺序地替换各因素，从数量上确定各驱动因素对指标影响程度的一种方法。

（三）财务比率分析指标体系

财务报表相关使用者对企业提供的财务报表进行研究，最常用的方法是根据需要计算各种财务比率，进而从偿债能力、营运能力、盈利能力和成长能力四个方面来了解企业的整体经营情况和财务状况。

1.偿债能力分析

反映企业偿债能力的指标主要用于评价企业按时履行其财务义务的能力，由于债务按到期时间分为短期债务和长期债务，所以偿债能力分析也分为短期偿债能力分析和长期偿债能力分析。

（1）短期偿债能力分析

分析企业短期偿债能力的指标，常用的有营运资本、流动比率、速动比率、现金比率、现金流量比率等。

①营运资本

营运资本是指公司可以长期自由支配的流动资金，是流动资产超过流动负债的部分。其计算公式如下：

$$营运资本=流动资产-流动负债 \tag{1.1}$$

计算该指标时，流动资产和流动负债的金额可以直接从资产负债表中取得，且一般用的是资产负债表中的年末余额。

营运资本金额越多，表示流动负债的偿还越有保障，企业资产的流动性越好，企业的短期偿债能力越强。营运资本的分析主要是与本企业以前年度数据比较，由于营运资本是一个绝对数值，不同企业间存在着显著的规模差异，因此在不同企业之间比较营运资本是没有意义的。

②流动比率

流动比率是某一特定时点的全部流动资产与流动负债的比，表示每1元流动负债的偿还究竟有多少流动资产作保障。其计算公式如下：

$$流动比率=\frac{流动资产}{流动负债} \tag{1.2}$$

计算该指标时，流动资产和流动负债的金额可以直接从资产负债表中取得，且一般用的是资产负债表中的年末余额。

流动比率可以反映企业以流动资产抵偿流动负债的程度，流动比率越高，表示企业资产的流动性越好，短期偿债能力越强，通常认为流动比率为2时最理想。过高的流动比率可能表明企业货币资本未得到有效运用，因此过高的流动比率并不意味着企业的财务状况良好。流动比率受很多因素的影响，一般来说流动比率与企业的营业周期有很大的关联，企业的营业周期越短，其流动比率可能越低。另外，虽然不同流动比率间的比较可以反映差异，但不能够解释差异原因。

③速动比率

速动比率是指速动资产与流动负债的比，表明对于每1元流动负债，有多少速动资产可以作为偿还保障。其计算公式如下：

$$速动比率=\frac{速动资产}{流动负债} \tag{1.3}$$

计算该指标时，流动负债可直接从资产负债表中取得。速动资产是指货币资金、交易性金融资产和各种应收款项等各项可立即或者迅速变现并用于偿还流动负债的资产。速动资产的金额等于流动资产总额减去预付款项、存货、一年内到期的非流动资产等变现缓慢和数量不确定的流动资产。公式中涉及的各报表项目全部采用年末余额。

速动比率比流动比率更能够反映企业的短期偿债能力，一般认为当速动比率等于1时，企业具有良好的财务状况，比较容易筹措到现金以满足经营需要。速动比率与行业具有密切关系，不同行业的速动比率有很大的差别。采用大量现金销售的企业，速动比率可能小于1，应收账款较多的企业速动比率可能大于1。影响速动比率的最重要因素是应收账款的质量，在计算分析速动比率之前，要对企业应收账款的账龄结构和周转率有所了解，从而更准确地理解该指标。

④现金比率

现金比率是指现金资产与流动负债的比率，表明对于1元流动负债，有多少现金资产可以作为偿还保障。其计算公式如下：

$$\text{现金比率}=\frac{\text{现金资产}}{\text{流动负债}} \tag{1.4}$$

计算该指标时，流动负债可直接从资产负债表中取得。所谓现金资产，是指流动资产中流动性最强，可以直接用于偿债的那一部分，其金额等于资产负债表中的货币资金与交易性金融资产之和。公式中涉及的各报表项目全部采用年末余额。

现金比率计量的是可用于偿还流动负债的现金，衡量的是企业实时偿还流动负债的能力，是最保守的短期偿债能力比率。一般情况下，企业的现金比率会低于1，因为企业为避免现金得不到充分利用的情况，一般不愿意持有太多的现金类资产。这一指标在一般情况下很少用到。

⑤现金流量比率

现金流量比率是经营现金流量和流动负债的比，表明对于1元流动负债，有多少经营现金流量可以作为偿还保障。其计算公式如下：

$$\text{现金流量比率}=\frac{\text{经营现金流量}}{\text{流动负债}} \tag{1.5}$$

计算该指标时，流动负债可从资产负债表中取得，一般采用期初余额和期末余额的平均值。公式中的经营现金流量金额是现金流量表中的“经营活动产生的现金流量净额”，它是企业可以用来偿债的现金流量。

现金流量比率反映了企业通过经营活动产生的现金流量净额对于短期债务偿还的保障程度，该比率越高，表明企业资产的流动性越强，企业的偿债能力越好。如果该指标过高，则表明企业没有很好地利用现金资源，造成资源浪费；但如果该指标过低，则表明企业可能出现了现金危机。

⑥其他影响因素

公司资产的流动性和短期偿债能力并非完全反映在基本的财务比率中，还有一些报表外因素也会影响企业的短期偿债能力。在进行报表分析时，我们也应当尽可能地了解这些能够反映企业资产流动性和短期偿债能力的表外信息。当存在以下几种情况时，企业的偿债能力比财务比率所反映的情况要好：可动用的银行贷款指标、一些长期资产可以在短期内变现、企业偿债信誉较好而容易筹集到新的贷款。当存在以下几种情况时，企业的偿债能力比财务比率所反映的情况要差：数额较大并且可能发生的或有负债、有追索权的已贴现票据、长期资产购置合同中的分阶段付款等。

（2）长期偿债能力分析

分析企业长期偿债能力的指标，常用的有下列各项：资产负债率、产权比率、权益乘数、利息保障倍数、现金流量利息保障倍数、现金流量债务比等。

①资产负债率

资产负债率是指全部负债占全部资产的百分比，表明企业在清算时保护债权人利益的程度。其计算公式如下：

$$资产负债率 = \frac{负债总额}{资产总额} \times 100\% \tag{1.6}$$

计算该指标时，负债总额和资产总额均可直接从资产负债表中取得，一般用的是期末余额。

有关经验表明，资产负债率的适当范围为30%～70%，事实上如果资产负债率高于50%，债权人的利益就缺乏保障。资产负债率过高，表明企业面临巨大的偿债压力；资产负债率过低，表明企业没有很好地利用财务杠杆，不利于实现企业的价值最大化。资产负债率越低，企业偿债越有保障。资产负债率还表示企业的举债能力，一家企业的资产负债率越低，表明其越有借款能力。不同资产的变现能力有很大区别，因此不同行业的资产负债率存在差异，不同行业之间不具有可比性，在分析资产负债率时，一般与行业平均值比较从而得出结论。

②产权比率

产权比率实质上是资产负债率的另一种表现形式，表明1元股东权益借入的债务数额。其计算公式如下：

$$产权比率 = \frac{负债总额}{股东权益} \tag{1.7}$$

计算该指标时，负债总额和股东权益的数值可以直接从资产负债表中取得，一般用的是期末余额。

该指标用于衡量企业筹措的负债占自有资本的比重，从而确定债权人在企业破产时的受保护程度。产权比率随企业的理财政策而定，该指标越低，表明企业借入的资金比率越低，自有资金的比率越高，企业的财务风险越低。

③权益乘数

权益乘数实质上同产权比率一样也是资产负债率的另一种表现形式，表明1元股东权益所拥有的资产。其计算公式如下：

$$权益乘数 = \frac{资产总额}{股东权益} \tag{1.8}$$

计算该指标时，资产总额和股东权益的数值可以直接从资产负债表中取得，一般用的是期末余额。

权益乘数与产权比率的关系是：权益乘数=产权比率+1，因此权益乘数总比产权比率大1，权益乘数和产权比率是两种常用的财务杠杆。权益乘数大小所表示的意义与对应的产权比率相同，在此不再说明。

④利息保障倍数

利息保障倍数是指企业年度获得的息税前利润与所支付的固定利息费用的倍数关系，表明对于1元债务利息，有多少倍的息税前利润可以作为保障。其计算公式如下：

$$利息保障倍数=\frac{息税前利润}{利息费用} \tag{1.9}$$

在计算该指标时，息税前利润的金额可以由净利润加上利息费用再加上所得税费用得到。利息费用的金额如果直接用利润表中的财务费用是不合适的，因为该指标中的利息费用与财务费用是不同的，它不仅包括费用化的利息费用，还包括资本化的利息费用，但它不包括财务费用中的汇兑损益，因此利息费用的具体数额需要根据报表附注资料来准确确定。

利息保障倍数反映的是企业的付息能力，利息费用若为负，则分析该指标便无任何意义了；若该指标小于1，则表明企业目前的债务规模过大，自身产生的经营收益无法保证按时偿还利息；当利息保障倍数为3或者以上时，表明企业不能偿付其利息的可能性较小；该比率达到4时，表明公司支付其利息的能力良好。利息保障倍数越大，企业的利息支付越有保障，在举借新债时也比较容易，因为利息保障倍数越大，企业拥有的偿还利息的缓冲资金就越多，会给债权人留下一个比较好的印象。另外，利息保障倍数在时间上往往有较大的波动，因为经济周期和产业周期往往会对企业的盈利和利息产生影响。

⑤现金流量利息保障倍数

现金流量利息保障倍数是指经营现金流量与利息费用的比，表明1元的利息费用，有多少倍的经营现金流量作为保障。它的计算公式如下：

$$现金流量利息保障倍数=\frac{经营现金流量}{利息费用} \tag{1.10}$$

在计算该指标时，经营现金流量可以从现金流量表中取得，利息费用的计算与利息保障倍数中的利息费用相同，一般需要根据报表附注资料分析确定。

现金流量利息保障倍数比利息保障倍数更可靠，因为它是以支付利息的现金为基础来分析的。现金流量利息保障倍数越大，表明用于支付利息的现金越多，企业的偿债信誉越好，企业的财务风险就越小。

⑥现金流量债务比

现金流量债务比是指经营活动产生的现金流量与债务总额的比率，表明对于1元的债务，有多少倍的经营现金流量作为保障。其计算公式如下：

$$现金流量债务比 = \frac{经营现金流量}{负债总额} \tag{1.11}$$

在计算该指标时，经营现金流量可以从现金流量表中取得，负债总额是负债的期末余额与期初余额的平均值。

现金流量债务比表示企业的经营现金流量偿付债务总额的能力，该比率越高，表明企业用于偿还债务的资金越多，企业不会出现现金短缺，企业的财务风险越小。

⑦其他影响因素

同短期偿债能力分析一样，有些表外因素也会对企业的长期偿债能力产生重大影响，必须引起我们的重视。企业的长期租赁、债务担保、未决诉讼都会影响企业的长期偿债能力。在对企业的长期偿债能力进行分析时，必须考虑到表外因素，关注财务报表附注，真正地了解企业真实的长期偿债能力，更准确地作出决策。

2.营运能力分析

分析企业营运能力的指标，常用的有下列各项：应收账款周转率、存货周转率、流动资产周转率、非流动资产周转率、总资产周转率。

（1）应收账款周转率

应收账款周转率是营业收入与应收账款的比率，表示应收账款1年中的周转次数，也表示1元应收账款所支持的营业收入。应收账款周转天数表示从销售开始到全部收现所需要的平均天数。其计算公式如下：

$$应收账款周转次数 = \frac{营业收入}{应收账款} \tag{1.12}$$

$$应收账款周转天数 = \frac{365}{应收账款周转次数} \tag{1.13}$$

在计算该指标时，营业收入一般可以从利润表中直接获取，应收账款的金额应当使用未提取坏账准备的应收账款平均数来计算，同时应收票据也应当考虑到。

应收账款周转率是衡量应收账款变现能力的指标，周转率越高，表明企业的收账速度越快、坏账损失越少。应收账款周转天数一般来说越短越好，天数越多表明企业发生坏账损失的风险越大，企业的信用政策过于宽松，应当及时修改。若周转次数过低，则表明企业的营运资金过多地滞留在应收账款上，影响资金的正常运转，企业的信用政策过紧，不利于提高企业的销售额。此外，应收账款周转率应当与其他问题联系起来分析，比如销售商品的信用期间、销售额和现金的分析等。应收账款周转率分析的最终目的是使企业确定合理的信用期间，正确地协调企业的现金销售和销售收入额之间的关系。

（2）存货周转率

存货周转率是营业收入与存货的比率，表示存货在一年中的周转次数，也表示1元存货所支持的营业收入。其计算公式如下：

$$存货周转次数 = \frac{营业收入}{存货} \tag{1.14}$$

$$存货周转天数 = \frac{365}{存货周转次数} \tag{1.15}$$

在计算该指标时，营业收入一般可以从利润表中直接获取，存货的金额应当取资产负债表中期初余额和期末余额的平均数。

存货周转率是衡量和评价企业购入存货、投入生产、销售收款等环节管理状况的综合指标。存货周转率反映企业存货管理水平。存货周转过慢，表明企业有过多的流动资金用于存货；周转率过高，表明企业存货水平太低。存货周转越快，表明存货占用的资金越少，公司的存货管理水平越高。在特定的生产经营条件下存在特定的最佳存货水平，存货过多会浪费资金，不能够更好地用于业务经营；存货过少会不能满足流转需要，企业可能由此丧失许多销售机会。分析存货周转率的最终目的是使企业的存货管理在保证企业能够连续经营的基础上尽可能地减少占用的流动资金，提高资金的利用程度，从而提高企业的经营管理水平。

（3）流动资产周转率

流动资产周转率是营业收入与流动资产总额的比率，表示流动资产在一年中的周转次数，也表示1元流动资产所支持的营业收入。其计算公式如下：

$$流动资产周转次数 = \frac{营业收入}{流动资产} \tag{1.16}$$

$$流动资产周转天数 = \frac{365}{流动资产周转次数} \tag{1.17}$$

在计算该指标时，营业收入一般可以从利润表中直接获取，流动资产的金额应当取资产负债表中期初余额和期末余额的平均数。

流动资产周转率表明资产负债表中的期末流动资产转换成现金平均所需要的天数，反映流动资产的周转速度。周转速度越快，越节约流动资金，企业便可以相对扩大资产投入，增强企业的盈利能力；相反，周转速度越慢，越需要补充流动资金参加周转，从而会导致资金浪费，大大降低企业的盈利能力。在流动资产中存货和应收账款占很大的比重，所以二者对流动资产周转率的影响也是最大的，在分析流动资产周转率时要关注二者的周转状况。

（4）非流动资产周转率

非流动资产周转率是营业收入与非流动资产总额的比率，表示非流动资产在一年中的周转次数，也表示1元非流动资产所支持的营业收入。其计算公式如下：

$$非流动资产周转次数 = \frac{营业收入}{非流动资产} \tag{1.18}$$

$$非流动资产周转天数 = \frac{365}{非流动资产周转次数} \tag{1.19}$$

在计算该指标时，营业收入一般可以从利润表中直接获取，非流动资产的金额应当取资产负债表中期初余额和期末余额的平均数。

非流动资产是决定企业可持续发展实力的核心因素，它决定着企业创造现金流量的能力。非流动资产周转率反映公司非流动资产的使用效率和利用效率。非流动资产一般反映的是企业的历史成本，因此在分析非流动资产周转率指标时会面临通货膨胀所带来的问题。非流动资产中固定资产占有较大比重，因此在分析非流动资产周转率时，要多关注固定资产的状况。

（5）总资产周转率

总资产周转率是营业收入与总资产的比率，表示总资产在一年中的周转次数，也表示1元总资产所支持的营业收入。其计算公式如下：

$$总资产周转次数 = \frac{营业收入}{资产总额} \tag{1.20}$$

$$总资产周转天数 = \frac{365}{总资产周转次数} \tag{1.21}$$

在计算该指标时，营业收入一般可以从利润表中直接获取，资产总额的金额应当取资产负债表中期初余额和期末余额的平均数。

总资产周转率反映企业资产总体的周转情况，该指标值越大，说明企业的销售能力越强，总资产的使用效率越高。一般来说，企业的总资产周转率要与行业平均值比较，若企业的总资产周转率低于行业平均值，说明企业并没有充分利用现有的生产能力，公司应当提高现有的销售能力，或者出售一部分资产，以提高总资产周转率。

3.盈利能力分析

企业经营的主要目的是获得利润，这也是投资者投资的主要考虑因素，因此企业盈利能力分析自然会成为企业财务分析的主要组成部分。盈利能力分析实质上是分析投资报酬率，企业获得的净利润便是企业获得的投资报酬。盈利能力分析的几个指标的不同之处便是投资基数的不同。分析盈利能力经常用到的指标有：营业净利率、资产利润率、权益净利率。

（1）营业净利率

营业净利率是指以营业收入为基数计算出的投资报酬率，是净利润与营业收入的比率，表明1元营业收入可以产生的净利润。其计算公式如下：

$$营业净利率 = \frac{净利润}{营业收入} \times 100\% \tag{1.22}$$

在计算该指标时，净利润和营业收入都可以直接从利润表中取得。

企业营业净利率通常与行业平均值比较，营业净利率越高，表明企业的盈利能力越强，如果营业净利率低于行业平均水平，则表明企业的成本费用占用过高，企业的经营效率相对较低。营业净利率的变动是由利润表各个项目的变动引起的，分析营业净利率的变动时，要结合利润表各项目的变动，应当重点分析金额变动比较大的项目。此外，还要结合报表附注提供的资料，分析利润表各项目的金额是否正常，应当如何提高收入、降低费用。

（2）资产利润率

资产利润率是以总资产为基数计算出的投资报酬率，是净利润与总资产的比率，表明1元总资产可以产生的净利润。其计算公式如下：

$$资产利润率 = \frac{净利润}{资产总额} \times 100\% \tag{1.23}$$

在计算该指标时，净利润的数额可以直接从利润表中取得，资产总额的金额一般是资产负债表中期初余额和期末余额的平均数。

资产利润率反映企业资产的获利水平，可以揭示企业资产是否得到有效利用，是否给企业带来利润。该指标越高，表明企业资产的利用率越高。资产利润率是衡量企业盈利能力的关键指标，被认为是衡量企业经营绩效的最佳标准，它可以在不增加企业风险的同时增加企业的价值。

该指标通常与企业前期和行业平均水平作比较。对资产利润率进行分析时，通常会使用因素分析法，将资产利润率分解为营业净利率和总资产周转率，按照顺序依次替代，分析资产利润率的变化是由营业净利率的变化还是由总资产周转率的变化引起的，并且分析哪个是主要影响因素，根据分析结果来决定对策，从而提高资产利润率。

（3）权益净利率

权益净利率是以所有者权益为基数计算出的投资报酬率，是净利润与所有者权益的比率，表明1元股东资本可以赚取的净利润。其计算公式如下：

$$权益净利率 = \frac{净利润}{所有者权益} \times 100\% \tag{1.24}$$

在计算该指标时，净利润的数额可以直接从利润表中取得，所有者权益的金额一般是资产负债表中期初余额和期末余额的平均数。

权益净利率反映了所有者权益赚取利润的能力。对权益净利率进行分析时，通常也会使用因素分析法，将权益净利率分解为营业净利率、总资产周转率和权益乘数，按照顺序依次替代，分析权益净利率的变化是由哪个因素的变化引起的，各个因素对权益净利率的影响是多少，从而确定哪个是主要影响因素。分析出结果以后便可根据结果来决定对策，从而提高权益净利率，这个因素分析法是杜邦分析体系的基础。

4.成长能力分析

企业成长能力是指企业未来生产经营活动的发展趋势和发展潜能，一家发展能力强的企业能够不断地为股东创造财富，不断地增加企业价值。成长能力是企业在生存的基础上扩大规模、壮大实力的潜在能力。企业成长能力分析可以分为企业单项成长能力分析和企业整体成长能力分析两部分。

（1）企业单项成长能力分析

分析企业单项成长能力的指标，常用的有下列各项：资产增长率、净资产增长率、销售收入增长率、净利润增长率。

①资产增长率

资产是企业拥有或者控制的可以用于经营并为企业带来收入的资源，资产的规模和增长情况可以表明企业的实力和发展速度。资产增长率是本期资产增加额和资产期初余额的比。其计算公式如下：

$$资产增长率 = \frac{本期资产增加额}{期初资产余额} \times 100\% \tag{1.25}$$

在计算该指标时，本期资产增加额是资产的期末余额和期初余额的差额，资产的期末余额和期初余额可直接从资产负债表中取得。

资产增长率是用来考核企业资产投入增长幅度的财务指标，该增长率若为正，表明企业资产规模增加；若为负，表明企业资产规模出现负增长。企业资产增长率越高，表明企业资产规模的增长幅度越大，也暗示着企业销售收入的增长幅度越大。分析企业资产增长率时，应当将企业不同时期的资产增长率加以比较，如果企业的资产规模是不断增长的，表明该企业是健康成长的；如果企业的资产规模时增时减，表明企业经营业务不稳定，不具备良好的发展能力。企业资产增长率高并不意味着企业的资产规模增长就一定适当，资产增长率必须与销售增长、利润增长等结合起来分析，只有在企业的销售增长、利润增长超过资产规模增长的情况下，资产的增长才是适当的。在关注企业资产规模是否增长的同时，我们也要考虑到企业资产的增长来源于负债还是所有者权益的增加。如果是由于公司发行股票而导致所有者权益大幅增加，投资者需关注募集资金的使用情况；如果募集资金还处于货币形态或作为委托理财等使用，这样的总资产增长率反映出的成长性将大打折扣；如果是由于负债而导致资产增加的，会受到资本结构的限制，当公司资产负债率较高时，负债规模的扩大空间有限。

②净资产增长率

净资产增长率，又称资本积累率，是本期净资产增加额与期初净资产余额之比。其计算公式如下：

$$净资产增长率 = \frac{本期净资产增加额}{期初净资产余额} \times 100\% \tag{1.26}$$

在计算该指标时，本期净资产增加额就是净资产期末余额和期初余额的差额，净资产的期末余额和期初余额可以直接从资产负债表中取得。

净资产增加表明企业有新的资本注入，股东对企业的前景充满信心，相对增强了企业利用负债筹集资金的能力，为企业获取债务资本打下了好的基础，提高了企业的成长能力。该增长率越高，表明企业本期净资产增长越多，企业成长能力越强。如果企业净资产是不断增长的，表明该企业是一家持续增长型企业；若企业净资产时增时减，表明该企业发展不稳定。在分析该指标时，应当将不同时期的净资产增长率加以比较，才能够正确地评估企业的成长能力。

一般来说，企业净资产的增加主要有两个来源：经营活动产生的净利润和新增加的股东净支付，其中股东的净支付是股东当年的新增投资减去当年发放的股利。因此，企业的净资产增长率公式可以分解为如下形式：

$$净资产增长率 = \frac{本期净资产增加额}{净资产期初余额} \times 100\%$$

$$=\frac{\text{净利润}+(\text{股东新增投资}-\text{支付股东股利})}{\text{净资产期初余额}}\times 100\%$$

$$=\text{净资产收益率}+\text{股东净投资率} \tag{1.27}$$

因此，在对净资产增长率分析时，可以把净资产增长率分解为净资产收益率和股东净投资率两个因素进行分析，其中净资产收益率表明企业运用股东投入资本创造收益的能力，而股东净投资率表明了企业利用股东新投资的程度。

③销售收入增长率

销售收入的增加是企业价值增长的源泉，企业的销售情况越好，生存和发展的空间也越大，因此可以用销售收入增长率来表示企业的成长能力。销售收入增长率是本期营业收入增加额与上期营业收入之比。其计算公式如下：

$$\text{销售收入增长率}=\frac{\text{本期营业收入增加额}}{\text{上期营业收入}}\times 100\% \tag{1.28}$$

在计算该指标时，本期营业收入的增加额为本期营业收入与上期营业收入的差额，本期营业收入和上期营业收入的数值可以从利润表中获取。

销售收入增长率为正，表明企业本期销售规模增加，销售收入增长率越大，说明企业销售收入增长得越快，销售情况越好；若增长率为负，则表明企业销售规模减小，销售情况较差。在实际运用中，也可以通过某种产品的销售收入增长率来观察企业产品的结构情况，从而分析企业的成长能力。要判断企业在销售方面是否具有良好的成长性，必须分析销售增长的效益性，当销售增长率低于资产增长率时，表明销售增长不具有效益性，同时表明企业在销售方面的可持续成长能力不强。在正常情况下，企业的销售增长率应当高于资产增长率。最后要注意，要想全面正确地分析一家企业的销售收入增长情况，必须将一家企业不同时期的销售收入增长率加以比较和分析。

④净利润增长率

净利润是企业经营业绩的结果，净利润的增长是企业成长性的基本表现。因此，净利润增长率是反映企业成长能力的重要指标。净利润增长率是本期净利润增加额与上期净利润之比。其计算公式如下：

$$\text{净利润增长率}=\frac{\text{本期净利润增加额}}{\text{上期净利润}}\times 100\% \tag{1.29}$$

在计算该指标时，所需数据可从利润表中获取。

该指标反映的是企业净利润增长情况，净利润的连续增长是公司具有成长性的基本特征，如其增幅较大，表明公司经营业绩突出，市场竞争能力强；反之，净利润增幅小甚至出现负增长，也就谈不上具有成长性。分析该增长率时应当与销售收入增长结合起来，如果企业的销售收入增长，但利润并未增长，表明企业没有创造经济价值，这样的增长是不可能持续下去的，企业的成长性较弱。要全面认识企业净利润的增长能力，还需要结合企业的营业利润增长情况，如果企业的净利润主要来源于营业利润，则表明企业产品获利能力较强，具有较好的成长能力；反之，则表明企业的净利润主要来自营业外项目，企业的成长能力并不强。在实际运用中，为了更准确地反映企业净利润和营业利润的趋势，应当对比分析企业连续多期的净利润增长率和营业收入增长率，从而排除个别时期偶然性或者特殊因素的影响。

（2）企业整体成长能力分析

企业资产增长率、净资产增长率、销售收入增长率和净利润增长率等指标，只是从不同侧面考察企业的成长能力，不能涵盖企业成长能力的全部，并且这四个指标相互作用、相互影响，不能够分开，因此在实际运用中，只有把这四种类型的增长率指标联系起来加以分析，才能够正确地评价一家企业的成长能力。分析企业整体成长能力时，可以分以下四个步骤进行：第一步，分别计算企业的资产增长率、净资产增长率、销售收入增长率和净利润增长率等指标的实际数值。第二步，分别将上述增长率的实际数值与以前不同时期的增长率数值、同行业数值比较，分析企业在资产、净资产、销售收入和净利润方面的增长能力。第三步，比较资产增长率、净资产增长率、销售收入增长率和净利润增长率之间的关系，判断不同方面增长率的效益性及它们之间的协调性。第四步，根据前三步的分析结果，运用一定的标准，判断企业的成长能力。

以上分别从企业的偿债能力、营运能力、盈利能力和成长能力四个方面来反映与评价企业的财务状况及经营成果，在实际运用中，只有充分理解各种指标的内涵及作用，并考虑各指标之间的关联性，才能对企业的生产经营状况作出正确合理的判断。

三、实训内容

实训　财务比率综合分析

（一）实训条件

1.公司简介

青岛啤酒股份有限公司（以下简称“青岛啤酒”）成立于1993年，其前身是1903年8月由德国商人和英国商人合资在青岛创建的日耳曼啤酒青岛公司。它是中国历史悠久的啤酒制造厂商，是2008年北京奥运会官方赞助商。1993年7月15日，青岛啤酒股票（HK0168）在中国香港交易所上市，是中国内地第一家在香港上市的企业。同年8月27日，青岛啤酒（600600）在上海证券交易所上市，成为中国首家在两地同时上市的公司。20世纪90年代后期，运用兼并重组、破产收购、合资建厂等多种资本运作方式，青岛啤酒在全国拥有60多家啤酒生产基地，基本完成了全国性的战略布局。青岛啤酒远销美国、日本、德国、法国、英国、意大利、加拿大、巴西、墨西哥等世界80多个国家和地区。在全球啤酒行业权威报告Barth Report依据产量进行的排名中，青岛啤酒为世界第五大啤酒厂商。

2.实训项目所需的相关财务数据

青岛啤酒2020—2022年资产负债表、利润表和现金流量表见表1-1至表1-3。

表1-1 青岛啤酒2020—2022年资产负债表 单位：元

项　目	2020年	2021年	2022年
货币资金	18 466 880 608.00	14 597 590 313.00	17 854 931 855.00
交易性金融资产	1 888 862 835.00	2 778 400 866.00	2 683 817 846.00
应收票据	5 648 580.00	200 000.00	4 500 000.00
应收账款	119 506 428.00	124 729 816.00	119 599 728.00
预付款项	239 884 336.00	227 987 238.00	281 866 630.00
其他应收款	73 893 587.00	674 818 381.00	682 770 179.00
存货	3 281 033 526.00	3 492 997 857.00	4 152 187 132.00
其他流动资产	552 409 778.00	7 061 894 939.00	6 222 809 869.00
流动资产合计	24 628 119 678.00	28 958 619 410.00	32 002 483 239.00
长期股权投资	374 333 837.00	366 040 084.00	368 128 466.00
其他非流动金融资产	600 000.00	600 000.00	600 000.00
投资性房地产	27 183 434.00	25 694 960.00	29 056 456.00
固定资产	10 302 628 630.00	10 148 833 313.00	11 009 077 139.00
在建工程	339 805 369.00	762 289 882.00	456 529 051.00
使用权资产	168 329 047.00	167 762 564.00	154 916 167.00
无形资产	2 503 842 988.00	2 480 748 549.00	2 557 820 344.00
商誉	1 307 103 982.00	1 307 103 982.00	1 307 103 982.00
长期待摊费用	86 258 334.00	127 033 797.00	101 670 196.00
递延所得税资产	1 718 307 625.00	2 131 373 398.00	2 250 079 564.00
其他非流动资产	57 672 911.00	86 904 552.00	74 235 192.00
非流动资产合计	16 886 066 157.00	17 604 385 081.00	18 309 216 557.00
资产总计	41 514 185 835.00	46 563 004 491.00	50 311 699 796.00
短期借款	703 273 054.00	245 780 575.00	225 411 423.00
应付票据	149 491 592.00	170 028 474.00	198 056 961.00

续表

项　目	2020年	2021年	2022年
应付账款	2 222 601 042.00	3 127 872 424.00	3 463 768 573.00
合同负债	6 567 320 256.00	8 123 275 272.00	8 909 252 504.00
应付职工薪酬	1 906 199 446.00	2 172 664 930.00	2 180 772 440.00
应交税费	548 026 847.00	854 042 924.00	771 894 656.00
其他应付款	3 074 878 208.00	3 069 741 775.00	3 394 613 087.00
一年内到期的非流动负债	42 089 297.00	48 428 344.00	49 263 731.00
其他流动负债	296 065 856.00	446 808 798.00	478 755 359.00
流动负债合计	15 509 945 598.00	18 258 643 516.00	19 671 788 734.00
租赁负债	115 839 869.00	112 778 668.00	98 401 477.00
长期应付款	462 046 060.00	24 537 343.00	16 283 766.00
递延所得税负债	167 564 536.00	171 398 023.00	202 117 651.00
递延收益	2 899 626 024.00	3 210 806 388.00	3 132 390 832.00
长期应付职工薪酬	991 111 582.00	991 149 211.00	918 404 801.00
非流动负债合计	4 636 188 071.00	4 510 669 633.00	4 367 598 527.00
负债合计	20 146 133 669.00	22 769 313 149.00	24 039 387 261.00
实收资本（或股本）	1 364 182 795.00	1 364 354 793.00	1 364 232 790.00
资本公积	3 675 291 623.00	3 956 209 113.00	4 154 076 977.00
盈余公积	1 400 704 380.00	1 400 704 380.00	1 400 704 380.00
减：库存股	279 576 000.00	273 189 919.00	171 854 660.00
未分配利润	14 220 864 502.00	16 318 545 692.00	18 528 390 855.00
一般风险准备	260 344 554.00	294 853 079.00	295 071 942.00
其他综合收益	（19 851 339.00）	（59 632 540.00）	（75 800 581.00）
少数股东权益	746 091 651.00	791 846 744.00	777 490 832.00
归属于母公司的所有者权益	20 621 960 515.00	23 001 844 598.00	25 494 821 703.00
所有者权益（或股东权益）合计	21 368 052 166.00	23 793 691 342.00	26 272 312 535.00
负债和所有者权益（或股东权益）总计	41 514 185 835.00	46 563 004 491.00	50 311 699 796.00

表 1-2　　青岛啤酒2020—2022年度利润表　　单位：元

项　目	2020年	2021年	2022年
一、营业收入	27 759 710 926.00	30 166 805 377.00	32 171 565 624.00
减：营业成本	16 540 609 624.00	19 091 130 744.00	20 317 934 822.00
税金及附加	2 219 072 099.00	2 318 835 745.00	2 390 725 323.00
销售费用	4 984 549 837.00	4 096 874 125.00	4 199 502 747.00
管理费用	1 678 050 722.00	1 692 545 246.00	1 473 368 004.00
研发费用	21 467 092.00	30 890 245.00	62 954 899.00
财务费用	-470 921 460.00	-243 187 765.00	-420 805 540.00
加：其他收益	517 048 836.00	555 940 452.00	543 278 784.00
投资收益（损失以“-”号填列）	25 243 596.00	186 065 404.00	169 903 657.00
其中：对联营企业和合营企业的投资收益（损失以“-”号填列）	18 098 320.00	20 561 728.00	19 873 379.00
公允价值变动收益（损失以“-”号填列）	55 092 634.00	253 436 734.00	164 354 223.00
信用减值损失（损失以“-”号填列）	1 574 159.00	-12 651 673.00	11 144 534.00
资产减值损失（损失以“-”号填列）	-130 553 700.00	-189 060 479.00	-26 123 742.00
资产处置收益（损失以“-”号填列）	-5 204 016.00	481 507 267.00	-9 517 758.00
二、营业利润	3 250 084 521.00	4 454 954 742.00	5 000 925 067.00
加：营业外收入	14 586 892.00	32 710 482.00	20 345 173.00
减：营业外支出	25 122 089.00	8 689 759.00	15 128 954.00
三、利润总额	3 239 549 324.00	4 478 975 465.00	5 006 141 286.00
减：所得税费用	912 580 519.00	1 222 731 595.00	1 201 419 808.00
四、净利润	2 326 968 805.00	3 256 243 870.00	3 804 721 478.00
归属于母公司所有者的净利润	2 201 323 556.00	3 155 455 810.00	3 710 628 593.00
少数股东损益	125 645 249.00	100 788 060.00	94 092 885.00
五、每股收益	—	—	—
（一）基本每股收益	1.63	2.33	2.74
（二）稀释每股收益	1.63	2.32	2.73

表1-3　**青岛啤酒2020—2022年度现金流量表**　单位：元

项　目	2020年	2021年	2022年
一、经营活动产生的现金流量：			
销售商品、提供劳务收到的现金	32 249 365 646.00	35 855 302 233.00	37 646 617 995.00
收到的税费返还	17 073 564.00	15 883 560.00	95 255 689.00
收到其他与经营活动有关的现金	1 733 115 735.00	1 096 195 654.00	1 125 550 312.00
经营活动现金流入小计	33 999 554 945.00	36 967 381 447.00	38 867 423 996.00
购买商品、接受劳务支付的现金	15 263 953 862.00	17 558 042 372.00	19 929 376 569.00
支付给职工以及为职工支付的现金	4 471 128 901.00	5 025 945 414.00	5 253 994 081.00
支付的各项税费	4 943 789 057.00	5 350 364 310.00	5 725 055 540.00
支付其他与经营活动有关的现金	4 367 260 763.00	2 989 917 896.00	3 080 226 484.00
经营活动现金流出小计	29 046 132 583.00	30 924 269 992.00	33 988 652 674.00
经营活动产生的现金流量净额	4 953 422 362.00	6 043 111 455.00	4 878 771 322.00
二、投资活动产生的现金流量：			
收回投资收到的现金	2 530 178 900.00	13 805 685 800.00	16 146 453 730.00
取得投资收益收到的现金	87 605 830.00	295 822 969.00	441 384 826.00
处置固定资产、无形资产和其他长期资产收回的现金净额	20 462 220.00	33 025 473.00	42 140 602.00
收到其他与投资活动有关的现金	308 074 044.00	362 955 180.00	336 037 611.00
投资活动现金流入小计	2 946 320 994.00	14 497 489 422.00	16 966 016 769.00
购建固定资产、无形资产和其他长期资产支付的现金	1 295 167 063.00	1 634 967 831.00	1 780 139 656.00
投资支付的现金	3 000 100 000.00	22 990 409 580.00	17 258 725 150.00
支付其他与投资活动有关的现金	138 792 096.00	121 875 573.00	126 260 121.00
投资活动现金流出小计	4 434 059 159.00	24 747 252 984.00	19 165 124 927.00
投资活动产生的现金流量净额	−1 487 738 165.00	−10 249 763 562.00	−2 199 108 158.00
三、筹资活动产生的现金流量：			
吸收投资收到的现金	281 576 000.00	6 226 920.00	—
取得借款收到的现金	720 120 000.00	251 370 000.00	228 830 000.00

续表

项　目	2020年	2021年	2022年
收到其他与筹资活动有关的现金	—	9 000.00	529 522.00
筹资活动现金流入小计	1 001 696 000.00	257 605 920.00	229 359 522.00
偿还债务支付的现金	270 540 000.00	701 572 470.00	270 961 875.00
分配股利、利润或偿付利息支付的现金	793 126 772.00	1 110 755 103.00	1 576 418 087.00
支付其他与筹资活动有关的现金	294 120 079.00	58 900 983.00	57 692 087.00
筹资活动现金流出小计	1 357 786 851.00	1 871 228 556.00	1 905 072 049.00
筹资活动产生的现金流量净额	−356 090 851.00	−1 613 622 636.00	−1 675 712 527.00
四、汇率变动对现金及现金等价物的影响	−23 863 277.00	−9 094 889.00	22 166 355.00
五、现金及现金等价物净增加额			
期初现金及现金等价物余额	14 557 393 355.00	17 643 123 424.00	11 813 753 792.00
期末现金及现金等价物余额	17 643 123 424.00	11 813 753 792.00	12 839 870 784.00

注：①2020年分配的现金股利为743 040 537元，2021年分配的现金股利为1 023 357 596.25元，2022年分配的现金股利为1 500 790 272.30元。

②以上数据均来自上市公司对外年报。

（二）实训要求

1.根据资料，计算反映青岛啤酒2020—2022年短期偿债能力的指标。

2.根据资料，计算反映青岛啤酒2020—2022年长期偿债能力的指标。

3.根据计算出的指标，结合其他财务信息，综合分析青岛啤酒的偿债能力，并对目前的资产负债结构提出建议。

4.根据资料，计算反映青岛啤酒2020—2022年营运能力的指标。

5.根据计算出的指标，结合其他财务信息，综合分析青岛啤酒的营运能力，并对企业应当如何提高营运能力提出建议。

6.根据资料，计算反映青岛啤酒2020—2022年盈利能力的指标。

7.根据计算出的指标，结合其他财务信息，综合分析青岛啤酒的盈利能力，并对如何提高企业盈利能力提出建议。

8.根据资料，计算反映青岛啤酒2020—2022年成长能力的指标。

9.根据计算出的指标，结合其他财务信息，综合分析青岛啤酒的成长能力，并对如何提高企业成长能力提出建议。

10.综合企业的偿债能力、营运能力、盈利能力和成长能力，评价企业的整体状况。

（三）实训组织方式及步骤

本实训安排在理论知识学习之后进行，在实训教师的组织和指导下，每位学生独立完成实训内容。学生可以以班级为单位，统一在模拟实验室中进行实训。实训步骤如下：

1.学生登录网站（如中国证券网、证券之星、新浪）查找所需财务及相关数据。

2.在实训教师的指导下，学生独立完成不同的实训任务。

3.实训完成以后，学生将完成的实训资料提交给实训教师。

4.学生对实训结果进行报告，其他学生给予评价。

5.实训教师综合评价、总结。

模块二　杜邦财务分析

一、实训目的

能力目标：

1.掌握杜邦分析体系原理；

2.掌握杜邦两因素分析体系；

3.掌握杜邦三因素分析体系；

4.能够运用杜邦分析体系对青岛啤酒和燕京啤酒的财务状况和经营成果进行评价。

情感目标：

1.体会鱼与熊掌不可兼得；

2.培养学生的平衡观。

价值塑造

守衡与失衡

二、理论知识点

（一）杜邦财务分析方法及其原理

1.杜邦财务分析方法简介

杜邦财务分析方法是美国著名的化学制品生产商杜邦公司为考评集团下属企业的业绩，于1910年制定的一个以投资报酬率为核心财务比率的考评体系。这一体系出现后，迅速在全球范围传播，从最初的用于企业内部业绩考评，逐渐发展到投资者、债权人用于分析企业的营运能力和偿债能力。20世纪后半叶，这一分析体系被引入中国，并被广泛应用于综合财务分析的实践。由于该方法是由杜邦公司创造并最先成功应用的，因而被称为杜邦财务分析方法。

2.杜邦财务分析方法原理

杜邦财务分析方法，又称杜邦财务分析体系，是利用各主要财务比率指标之间的内在联系，来综合评价企业经营理财状况及其经济效益的方法。传统的评价企业获利能力的比率主要有资产报酬率、营业净利率、净资产收益率等，对于股份制企业来说，还有每股收益、市盈率、股利发放率等；评价企业偿债能力的指标主要有资产负债率、权益乘数、流动比率、速动比率等；评价企业营运能力的指标主要有总资产周转率、流动资产周转率、固定资产周转率等。这些指标从某一特定的角度对企业的财务状况以及经营成果进行分析，但它们都不足以全面地评价企业的总体财务状况以及经营成果。杜邦财务分析方法正好弥补了这种缺陷，可以对企业经营活动进行综合分析和评价。

同时，由于企业各项财务活动、各项财务指标都是相互联系、相互影响的，这便要求财务分析人员将企业财务活动看作一个大系统，对系统内相互依存、相互作用的各种因素进行综合分析。如果只进行企业单方面状况的分析，将一些孤立的财务分析指标堆积在一起，彼此毫无联系地观察、分析，违背了普遍联系的观点，那么就很难得到企业全面、真实、准确的信息，影响企业的经营决策。运用杜邦财务分析方法，利用几个主要财务指标之间的内在联系，就可以很好地对企业整体财务状况进行综合分析与评价。

（二）杜邦财务分析方法的分析体系

杜邦财务分析方法是以净资产收益率为综合指标，以总资产净利率、权益乘数为核心，进行层层分解，让分解后的各个指标彼此发生关联，构成一个完整的指标体系。

指标分析体系各指标之间的关系用公式表示为：

净资产收益率=总资产净利率×权益乘数

式中：总资产净利率=营业净利率×总资产周转率 (2.1)

因此，决定净资产收益率高低的因素，主要取决于营业净利率、总资产周转率、权益乘数三个方面，用公式表示为：

净资产收益率=营业净利率×总资产周转率×权益乘数 (2.2)

为了更深入地分析净资产收益率变化的原因，还可对营业净利率、总资产周转率这两个指标进一步进行分解。

营业净利率的分解：

$$\text{营业净利率}=\frac{\text{净利润}}{\text{营业收入}} \tag{2.3}$$

净利润=收入总额-成本费用总额 (2.4)

收入总额=营业收入+公允价值变动收益+投资收益+营业外收入 (2.5)

$$\text{成本费用总额}=\text{营业成本}+\text{税金及附加}+\text{期间费用}+\text{资产减值损失}+\text{投资损失}+\text{营业外支出}+\text{所得税费用} \tag{2.6}$$

式中：期间费用包括销售费用、管理费用和财务费用。

总资产周转率的分解：

$$\text{总资产周转率}=\frac{\text{营业收入}}{\text{资产总额}}\text{①} \tag{2.7}$$

式中：资产总额=流动资产+非流动资产 （2.8）

流动资产 = 货币资金 + 交易性金融资产 + 应收及预付款 + 存货 + 其他流动资产 （2.9）

$$\text{非流动资产}=\text{债权投资}+\text{其他债权投资}+\text{长期应收款}+\text{长期股权投资}+\text{其他权益工具投资}+\text{投资性房地产}+\text{固定资产}+\text{在建工程}+\text{生产性生物资产}+\text{使用权资产}+\text{无形资产}+\text{开发支出}+\text{商誉}+\text{长期待摊费用}+\text{递延所得税资产}+\text{其他非流动资产} \tag{2.10}$$

下面以杜邦财务分析体系图的形式表示各项指标之间的关系，如图2–1所示。

该体系是一个多层次的财务比率分解体系。各项财务比率，在每个层次上都与本企业历史或者同行业的财务比率比较，比较之后向下一级分解。逐级向下分解，逐步覆盖企业经营活动的每个环节，找出企业财务问题的症结所在，从而可直观地看出企业财务状况和经营成果的总体面貌。

在根据"净资产收益率=营业净利率×总资产周转率×权益乘数"这一等式分析营业净利率、总资产周转率、权益乘数这三个指标对净资产收益率的影响程度时，应遵循一定的顺序。其中，营业净利率是基础。产生净利是一家企业存在的宗旨，也是杜邦财务分析体系的切入点，理所当然应居首位。总资产周转率是反映企业运用资产产生销售收入能力的指标，属于资产管理效率方面的分析指标，反映企业对资产的利用程度，它与营业净利率结合可以更加全面地评价企业的盈利能力。在分析体系中，当要反映企业经营成果时，总资产周转率相对于营业净利率来说是辅助指标。而且，从财务管理的观点看，企业是否能生存，关键在于盈利与否。为了盈利，应本着"投资最小化，收益最大化"的原则提高资产的利用价值，尽力实现投资报酬率的最大化。同时，由于债务资金的利息具有抵减所得税的效应，所以筹资决策影响利润分配。对净资产收益率指标进行分解时，应遵循首先是营业净利率，其次是总资产周转率，最后是权益乘数的顺序。

（三）杜邦财务分析方法可提供的信息

杜邦财务分析方法是对企业进行综合分析和评价的一种方法，通过对某一企业运用此方法，我们可以得出有关该企业的以下财务信息：

1.净资产收益率

净资产收益率可提供综合的企业信息，是最有代表性的财务指标，是评价上市公司综合业绩排序的第一指标，也是杜邦财务分析方法中的核心。净资产收益率代表了投资者投入资金的获利能力，反映企业筹资、投资、资产运营等活动的效率。其大小取决于营业净利率、总资产周转率和权益乘数三个因素，它所反映的获利能力是企业经营能力、财务决策和筹资方式等多种因素综合作用的结果。其中，营业

① 在企业的期初至期末的资产变化不大的情况下，当涉及资产总额的计算时，有时直接利用期末资产。此外，反映企业负债与资产关系时，使用期末资产也有一定的现实意义。本书中指标计算涉及资产负债表的数据，均使用期末数。

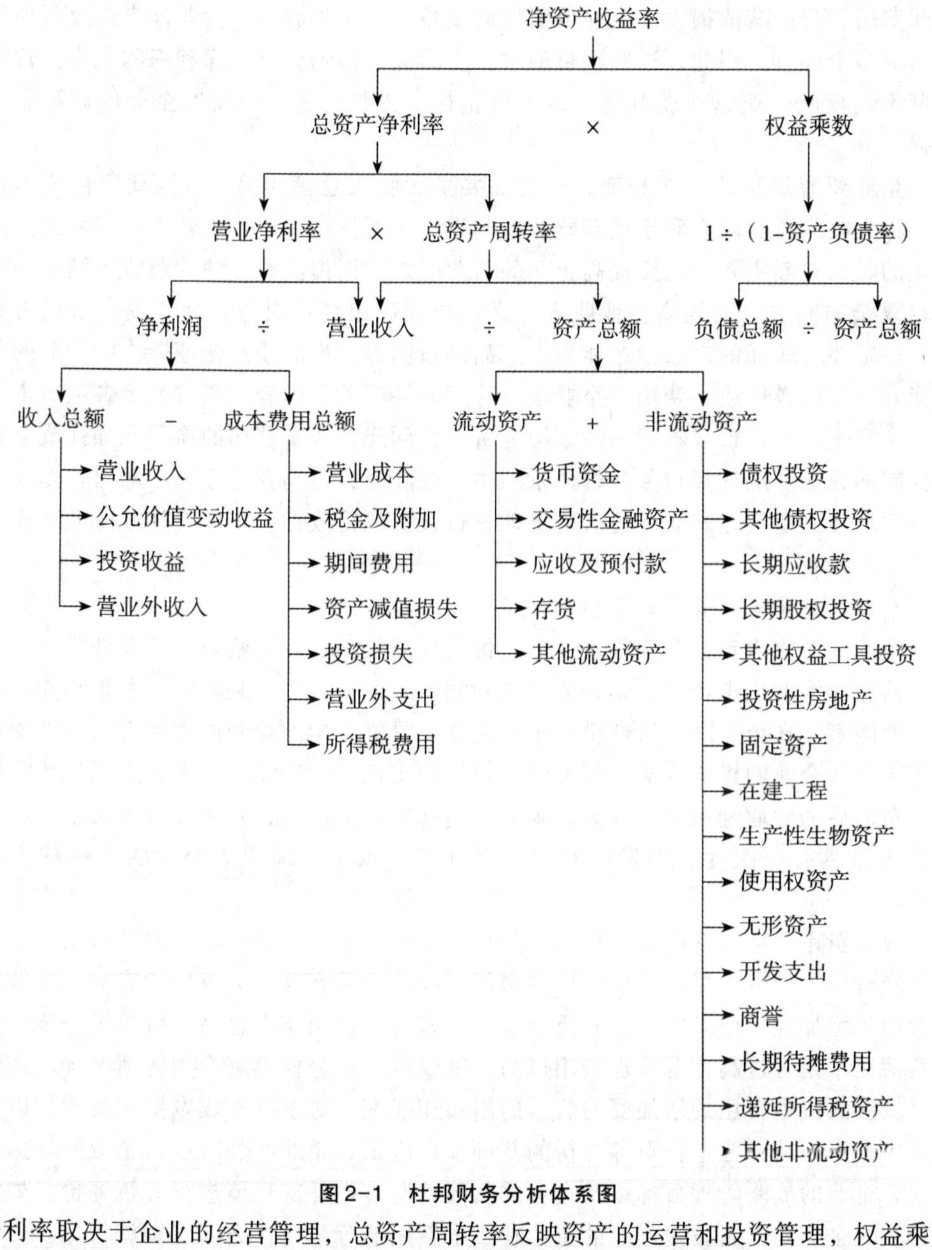

图2-1 杜邦财务分析体系图

净利率取决于企业的经营管理，总资产周转率反映资产的运营和投资管理，权益乘数反映企业的筹资政策。提高净资产收益率是所有者权益的最大保证。同时，把净资产收益率分解为营业净利率、总资产周转率和权益乘数后，可以把净资产收益率这样一项综合性指标发生升降变化的原因具体化，比只用一项综合性指标更能说明问题。

2. 营业净利率

营业净利率反映了企业的盈利能力、生产能力、成本管理水平等信息。它是提高净资产收益率的关键指标，也是企业生存的关键因素之一，受营业收入和净利润的影响。从利润的源泉到最终的净利润，中间要经过营业成本、税金及附加、三项期间费用、资产减值损失、公允价值变动损益、营业外收入、营业外支出及所得税费用等多个环节。因此，这些项目的增减变动都会影响到营业净利率的大小。营业净利率是反映企业营业获利能力的最终指标，该指标越高，说明企业的盈利能力越强。

企业要想提高营业净利率，一方面要扩大收入总额，另一方面要降低成本费用。扩大收入总额既有利于提高营业净利率，又可提高总资产周转率。然而要提高企业的收入总额主要还是要提高企业的营业收入，而提高企业的营业收入则是一个比较复杂的问题。要提高营业收入，必然要提高市场占有率，而要提高市场占有率，一定要有较强的产品生产能力、产品创新能力、产品质量保证能力和产品的营销能力。降低各项成本费用是企业成本管理的一项重要内容，通过列示各项成本开支，有利于企业进行成本费用的结构分析，找到降低成本费用的途径和加强成本费用控制的方法。从杜邦财务分析体系图中可以看出，提高营业净利率的另一途径是想办法增加其他营业利润，适时适量地进行投资取得收益，千方百计地降低营业外支出等。

3.收入和成本费用

企业的总收入包括营业收入、公允价值变动收益、投资收益、营业外收入。其中，营业收入的比重较大，是企业实现利润的主要来源，也是决定企业盈利能力的最主要因素。在企业投资组合没有重大调整、投资结构的盈利能力没有根本性变化的情况下，企业的投资收益在年度间一般不会出现重大变化。如果企业当年扣除投资收益前后的营业利润变化较大，则应当引起警惕。同时，营业外收入属于非经常性收入，具有一次性、偶发性和非重复性等特点，不应成为企业收入中的主要部分。

成本费用包括营业成本、税金及附加、销售费用、管理费用、财务费用等。从各项经营成果的分析可以看出，成本费用对经营成果有着十分重要的影响，降低成本费用是增加经营成果的关键和重要途径。若财务费用支出过高，就要进一步分析其负债比率是否过高；若管理费用过高，就要进一步分析其资产周转情况等。在分析时应注意成本费用的增加要与收入的增加相匹配。对于某类成本费用的增加以及是否应重点削减，在进行财务分析的基础上还应结合企业所处行业、企业所处生命周期、企业的战略管理目标以及企业的实际情况等内外部环境进行分析评价。如制造行业的企业和高新技术行业的企业在成本费用的分配比例方面差别就很大。

4.总资产周转率

总资产周转率揭示资产结构和运用效果，反映了企业运用资产以产生和提高营业收入的能力。影响总资产周转率的一个重要因素是资产总额，它是由流动资产和非流动资产组成的。它们的结构是否合理将直接影响资产的周转速度。除此之外，还应通过对流动资产周转天数、应收账款周转天数、存货周转天数等有关各资产组成部分使用效率的分析，判断产生影响的主要问题在哪里。一般来说，流动资产直接体现企业的偿债能力和变现能力，而非流动资产则体现企业的经营规模和发展潜力。两者之间应有一个合理的比例关系。一般来说，流动资产的流动性强，但盈利能力弱，过多持有流动资产虽然能相对加快资产的周转速度，但会减弱企业的盈利能力。非流动资产的盈利能力强，但周转速度慢。所以，根据企业的实际情况确定合理的流动资产和非流动资产的比例结构是很有必要的。另外，资产的运用效果是把净营业额和资产额结合起来进行分析。同样数额的资产如果能产生更多的收入，则说明企业资产的运用效果好，资产的盈利能力强。所以，要提高企业总资产周转率，首先，要确定各项资产的合理比例，尤其是流动资产和固定资产的比例关系，防止流动资产和固定资产出现闲置。其次，要提高各项资产的利用效率，尤其是流动资产中应收账款和存货的周转率，以及固定资产的利用效率。其中，总资产周转速度受流动资产周转率的影响最大，流动资产占总资产的比重越大，说明总资产周转速度越快。

5.权益乘数

权益乘数从企业负债与所有者权益的角度揭示了资本的结构，即资金来源结构。权益乘数与资产负债率呈正向变动，其大小受资产负债率的影响。在资产总额确定的情况下，负债总额越大，资产负债率越高，权益乘数也越高；反之，企业的负债程度越低，权益乘数越低，债权人的保障程度就越高。资产负债率体现了债权人对企业资产的贡献水平，也体现企业在清算时对债权人利益的保障程度。从债权人的角度看，资产负债率越低越好。因为资产负债率低，说明资产中的权益部分的比例就大，企业的财务实力就强，债权人的财务风险就小。如果资产负债率过高，则企业的风险主要由债权人承担，债权人款项的安全程度就小，这是债权人最关心的问题。从投资者或股东的角度看，企业举债的目的是获利；举债资本和投资者提供的资本在企业经营中发挥着同样的作用，所以股东所关心的是全部资本利润率是否超过举债的成本率。

对权益乘数进行分析，要联系销售收入分析资产利用是否合理，联系权益结构分析企业的偿债能力。如果企业的资产收益率高于借款利息率，在财务杠杆的作用下，负债比率越高，净资产收益率越高，同时企业的财务风险也相对增加。所以，在企业总资产净利率既定的情况下，合理确定企业的负债比率，充分利用财务的杠杆效应，可以达到提高净资产收益率的目的。

杜邦财务分析方法的作用是解释指标变动的原因，预测指标变动的趋势，为进一步改善企业经营与财务管理、优化资本结构和提高企业发展能力指明方向。利用杜邦财务分析方法，也可对企业进行横向和纵向的对比分析。通过各指标与类似的企业、企业标准和计划的比较，以了解企业的竞争地位和企业实际经营成果与企业标准、计划的差距；通过各指标与本企业前后期的比较，以查明各主要指标的变动情况及引起变动的原因，进而还可测定相关变动因素的影响程度。应当指出，杜邦财务分析方法是一种分解财务比率的方法，而不是另外建立新的财务指标，它可以用于各种财务比率的分解。杜邦财务分析方法和其他财务分析方法一样，关键不在于指标的计算，而在于对指标的理解和运用。

三、实训内容

实训　杜邦财务分析体系

（一）实训条件

1.公司简介

青岛啤酒股份有限公司（以下简称“青岛啤酒”）成立于1993年，其前身是1903年8月由德国商人和英国商人合资在青岛创建的日耳曼啤酒青岛公司。它是中国历史悠久的啤酒制造厂商，是2008年北京奥运会官方赞助商。1993年7月15日，青岛啤酒股票（HK0168）在中国香港交易所上市，是中国内地第一家在香港上市的企业。同年8月27日，青岛啤酒（600600）在上海证券交易所上市，成为中国首家在两地同时上市的公司。20世纪90年代后期，运用兼并重组、破产收购、合资建厂等多种资本运作方式，青岛啤酒在全国拥有60多家啤酒生产基地，基本完成了全国性的战略布局。青岛啤酒远销美国、日本、德国、法国、英国、意大利、加拿大、巴西、墨西哥等世界80多个国家和地区。在全球啤酒行业权威报告Barth Report依据产量进行的排名中，青岛啤酒为世界第五大啤酒厂商。截至2022年末公司总股数为1 364 232 790股。

北京燕京啤酒集团（以下简称“燕京啤酒”）于1980年建厂，1993年组建集团。在发展中，燕京啤酒本着“以情做人、以诚做事、以信经商”的企业经营理念，始终坚持走内涵式扩大生产道路，在滚动中发展，年年进行技术改造，使企业不断发展壮大；坚持依靠科技进步促进企业发展，建立国家级科研中心，引入尖端人才，依靠科技抢占先机；积极进入市场，率先建立完善的市场网络体系，适应市场经济要求，全国市场占有率达到12%以上，华北市场为45%，北京市场在85%以上；积极完成股份制改造，由产品经营转向产品与资本双向经营，1997年分别在内地和中国香港上市，独特的“红筹背景、A股身份”的股权结构模式，为燕京啤酒快速稳定的发展提供了雄厚的资金保障；精心打造企业文化，长期培养“尽心尽力的奉献精神，艰苦奋斗的创业精神，敢打硬仗的拼搏精神，顾全大局的协作精神，为企业分忧的主人翁精神”，以奉献机制与激励机制相结合的模式促进企业快速发展。在整个啤酒行业中，燕京啤酒名列第二。在2010年由中国酒类流通协会、中华品牌战略研究院共同主办的“华樽杯”中国酒类品牌价值评议中，其品牌价值为263.18亿元，荣膺啤酒类品牌价值第二名。截至2022年12月31日燕京啤酒的总股数是2 818 539 341股。

2.实训项目所需的相关财务数据

（1）青岛啤酒2020—2022年资产负债表和利润表见表1-1和表1-2。

（2）燕京啤酒2020—2022年的资产负债表和利润表见表2-1和表2-2。

表2-1　**燕京啤酒2020—2022年资产负债表**　单位：元

项　目	2020年	2021年	2022年
货币资金	3 855 331 031.93	5 059 444 836.19	6 110 198 864.40
交易性金融资产		20 181 537.63	—
应收票据		—	5 500 000.00
应收账款	186 645 911.94	190 801 262.34	188 580 223.82
预付款项	135 739 078.12	149 274 640.26	121 626 542.85
其他应收款	21 362 351.13	24 239 129.16	177 501 077.10
存货	3 827 581 728.77	3 911 309 651.56	4 141 037 584.55
其他流动资产	52 118 534.06	61 302 124.98	61 677 718.71
流动资产合计	8 082 628 635.95	9 418 103 182.12	10 806 122 011.43
长期股权投资	295 469 550.68	310 572 703.21	573 482 532.61
固定资产	8 845 512 764.98	8 445 406 795.16	8 050 213 653.12
在建工程	82 462 296.27	43 231 362.03	58 005 783.88
使用权资产		39 972 523.07	23 861 306.03
无形资产	905 880 717.44	877 973 081.05	894 175 148.45
商誉	164 716 166.05	123 381 000.39	81 013 576.72
长期待摊费用	1 825 126.18	1 434 027.70	2 287 089.22
递延所得税资产	23 371 220.16	25 822 287.60	33 584 171.19
其他非流动资产	89 990 353.12	134 021 076.20	171 800 979.44
非流动资产合计	10 409 228 194.88	10 001 814 856.41	9 888 424 240.66
资产总计	18 491 856 830.83	19 419 918 038.53	20 694 546 252.09
短期借款	—	—	300 000 000.00
应付账款	1 015 951 884.65	1 393 814 793.83	1 657 749 721.87
合同负债	999 088 343.84	1 176 254 048.74	1 212 077 981.94
应付职工薪酬	131 056 532.53	81 605 070.52	99 921 239.20

续表

项　目	2020年	2021年	2022年
应交税费	174 634 680.20	159 010 506.96	281 747 263.09
其他应付款	2 101 694 337.58	2 239 064 594.11	2 496 288 819.57
一年内到期的非流动负债	—	21 205 084.60	21 245 483.02
其他流动负债	126 397 507.02	305 217 532.86	162 626 543.85
流动负债合计	4 548 823 285.82	5 376 171 631.62	6 231 657 052.54
租赁负债		20 292 762.58	4 162 536.63
长期应付职工薪酬	294 165.60	726 852.71	381 912.14
递延收益	57 843 331.92	45 942 577.55	40 152 076.61
递延所得税负债	4 585 354.98	4 409 770.02	2 246 883.83
其他非流动负债			150 000 000.00
非流动负债合计	62 722 852.50	71 371 962.86	196 943 409.21
负债合计	4 611 546 138.32	5 447 543 594.48	6 428 600 461.75
实收资本（或股本）	2 818 539 341.00	2 818 539 341.00	2 818 539 341.00
资本公积	4 596 924 613.73	4 596 924 613.73	4 374 276 133.64
其他综合收益	−74 273 468.91	−76 542 876.03	−65 000 000.00
盈余公积	2 203 667 821.85	2 273 618 568.42	2 323 466 095.74
未分配利润	3 698 713 498.74	3 796 326 158.94	3 974 487 271.66
少数股东权益	636 738 886.10	563 508 637.99	840 176 948.30
归属母公司所有者权益（或股东权益）	13 243 571 806.41	13 408 865 806.06	13 425 768 842.04
所有者权益（或股东权益）合计	13 880 310 692.51	13 972 374 444.05	14 265 945 790.34
负债和所有者权益（或股东权益）总计	18 491 856 830.83	19 419 918 038.53	20 694 546 252.09

表2-2　　燕京啤酒2020—2022年利润表　　单位：元

项　目	2020年	2021年	2022年
一、营业收入	10 928 382 545.82	11 960 988 475.47	13 202 069 536.17
减：营业成本	6 645 679 002.50	7 362 919 624.33	8 259 454 331.37
营业税金及附加	1 036 580 639.35	1 096 408 558.42	1 152 744 665.23
销售费用	1 382 869 075.23	1 559 012 655.26	1 633 644 095.23
管理费用	1 275 413 972.41	1 438 021 645.14	1 412 835 562.62
研发费用	213 597 091.50	208 924 704.17	236 457 877.40
财务费用	−81 135 903.08	−118 963 156.19	−153 338 562.56
加：其他收益	58 002 701.60	54 449 744.76	48 335 329.09
投资收益（损失以“-”号填列）	39 013 991.20	36 345 228.25	41 682 295.12
其中：对联营企业和合营企业的投资收益（损失以“-”号填列）	16 899 519.95	22 495 226.49	23 333 359.12
公允价值变动净收益(损失以“-”号填列)		181 537.63	
信用减值准备（损失以“-”号填列）	−2 247 822.65	−3 513 523.78	−12 589 751.91
资产减值损失（损失以“-”号填列）	−74 023 611.90	−63 909 253.92	−90 084 262.33
资产处置损益（损失以“-”号填列）	963 718.08	−3 585 369.04	43 931 937.63
二、营业利润	477 087 644.24	434 632 808.24	691 547 113.48
加：营业外收入	3 324 494.95	20 040 432.31	5 468 273.58
减：营业外支出	20 069 835.53	10 093 711.74	2 367 881.04
三、利润总额	460 342 303.66	444 579 528.81	694 647 506.02
减：所得税费用	175 468 628.51	151 733 346.17	145 507 173.17
四、净利润	284 873 675.15	292 846 182.64	549 140 332.85
归属于母公司所有者的净利润	196 873 800.08	228 011 068.22	352 293 089.71
少数股东损益	87 999 875.07	64 835 114.42	196 847 243.14
五、每股收益	284873675.15	292846182.64	549140332.85
（一）基本每股收益	0.07	0.08	0.12
（二）稀释每股收益	0.07	0.08	0.12

（二）实训要求

（1）根据上述资料提供的数据，计算青岛啤酒与燕京啤酒2020—2022年的营业净利率、总资产周转率、总资产净利率、资产负债率、权益乘数、净资产收益率。

（2）根据第一步计算出的财务指标，利用杜邦财务分析方法，分别分析青岛啤酒和燕京啤酒净资产收益率变动的原因，以及营业净利率、总资产周转率、权益乘数的变动对净资产收益率的影响程度。

（3）根据上述资料提供的数据，利用Excel电子表格软件制作杜邦财务分析体系图。

（4）根据制作的杜邦财务分析体系图，对青岛啤酒和燕京啤酒的整体财务状况和经营业绩作进一步的分析。通过对比，找出变动原因，为提高净资产收益率提出有价值的建议。

（三）实训组织方式及步骤

本实训安排在实训教师讲授完相关的理论知识点之后进行，每位同学在实训教师的组织和指导下独立完成实训内容。以班级为单位统一在财务管理模拟实验室内进行实训。具体实训步骤如下：

（1）根据提供的资产负债表和利润表分别计算净资产收益率、总资产净利率、权益乘数、营业净利率和总资产周转率五个财务指标。

（2）分析净资产收益率的变动，以及营业净利率、总资产周转率、权益乘数的变动对净资产收益率的影响程度。

（3）根据“净资产收益率=总资产净利率×权益乘数”“总资产净利率=营业净利率×总资产周转率”以及各具体项目的进一步分解，利用Excel电子表格软件制作杜邦财务分析体系图（以青岛啤酒2022年的数据为例）。制作过程演示如下：

①新建一个工作表，命名为“杜邦财务分析体系图”，如图2-2所示。

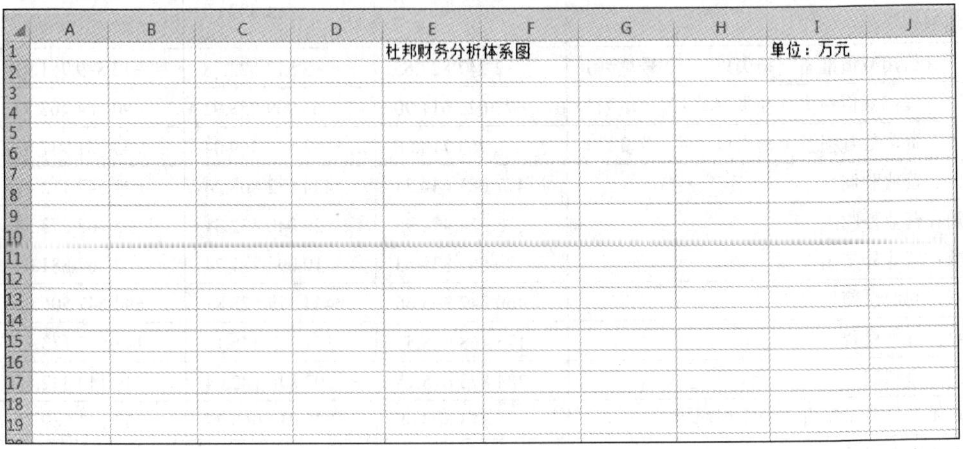

图2-2　杜邦财务分析体系图（一）

②在菜单栏中单击“视图”→“网格线”命令，如图2-3所示。

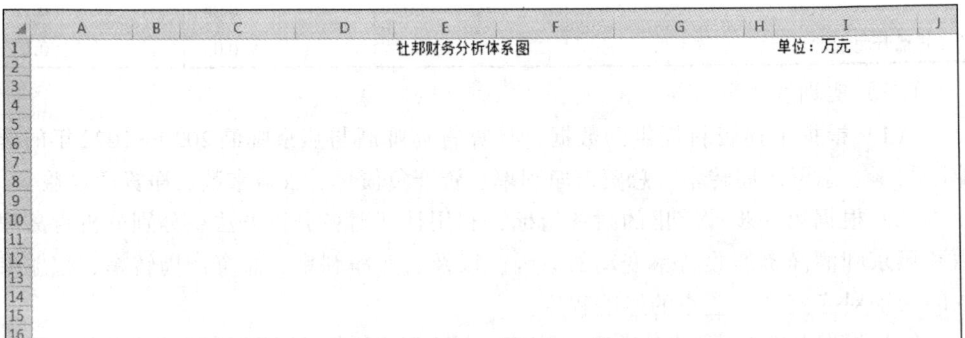

图2-3　杜邦财务分析体系图（二）

③在工作表中，选中单元格I3，右击，在弹出的快捷菜单中选择“设置单元格格式”选项，在弹出的“单元格格式”对话框中打开“边框”选项卡，在“预置”列表中选中“外边框”选项，然后在“线条”的“样式”列表框中选中黑粗线，单击“选项”对话框的“确定”按钮，此时会在“边框”选项组的文本框内显示出预设式样，如图2-4所示。

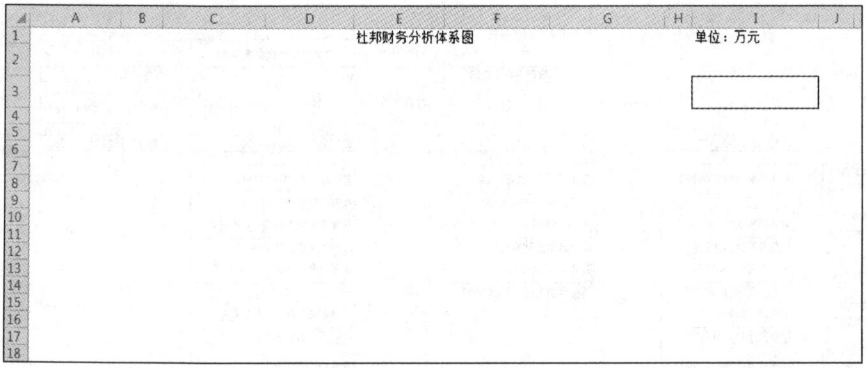

图2-4 杜邦财务分析体系图（三）

④以同样的方式从上至下设置体系图中所需的其他单元格，需要插入“×（乘号）”“÷（除号）”“+（加号）”“-（减号）”等数学符号的，在菜单栏中单击“插入”→“特殊符号”命令，在弹出的“插入特殊符号”对话框中打开“数学符号”选项卡，单击选中需插入的符号，最后单击“确定”按钮即可（在设置单元格时注意各单元格之间的距离）。设计好单元格的工作表如图2-5所示。

图2-5 杜邦财务分析体系图（四）

⑤根据资料中的“资产负债表”和“利润表”所示的信息，输入收入总额、成本费用总额、流动资产和非流动资产各具体构成部分的数据，如图2-6所示。

⑥根据“净利润=收入总额-成本费用总额”“营业净利率=净利润÷营业收入”“资产总额=流动资产+非流动资产”“总资产周转率=营业收入÷资产总额”“总资产净利率=营业利润率×总资产周转率”“权益乘数=1÷［1-（负债总额÷资产总

额）]”“净资产收益率=总资产净利率×权益乘数”，则单元格A9=A11+A13+A15+A17+A19+A21，单元格C9=SUM（C11：C20），单元格C7=A9-C9，单元格E7=A11，单元格D5=C7/E7，单元格E9=SUM（E10：E14），单元格G9=SUM（G10：G20），单元格G7=E9+G9，单元格F5=E7/G7，单元格I5=1/（1-（I7 /G7）），单元格E3=D5×F5，单元格G2=E3×I3。

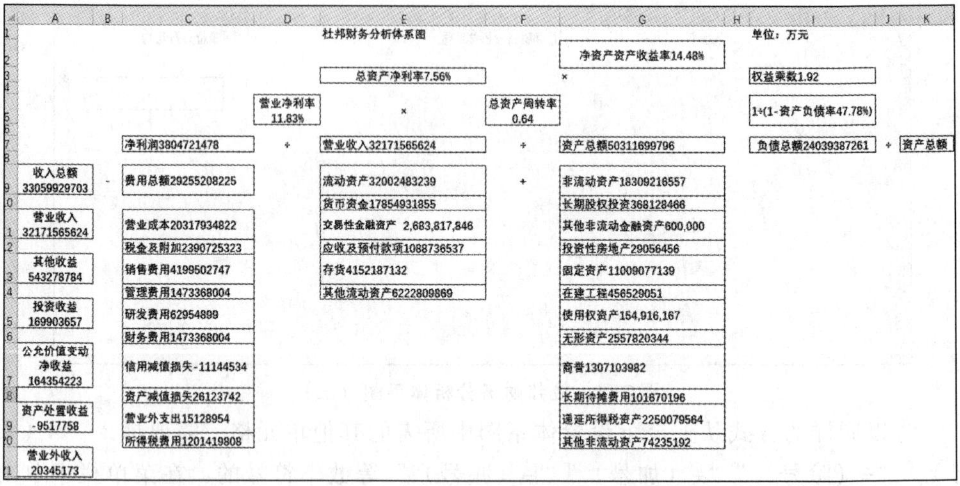

图2-6　杜邦财务分析体系图（五）

这样当资产负债表和利润表变化时，只需要更改组成资产的各部分、组成收入总额的各部分和组成成本费用总额的各部分数值，其他数值就会相应发生变化。

⑦在菜单栏中单击“插入”→“形状”命令，则弹出“绘图”工具栏，利用“绘图”工具栏中的“直线”按钮和“箭头”按钮，绘制工作表。为了更直观、清晰地观察，可将表头、净资产收益率、总资产净利率、权益乘数、总资产周转率和营业净利率加粗。绘制好的杜邦财务分析体系图的框架如图2-7所示。

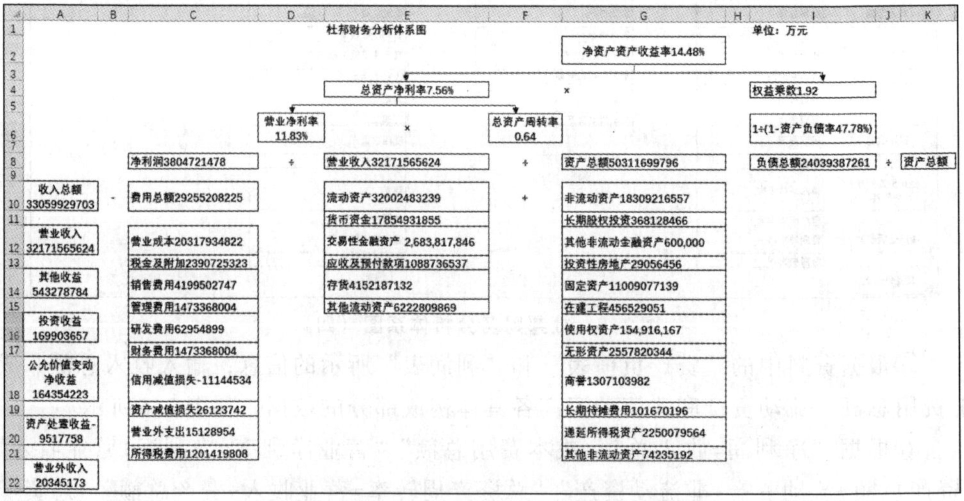

图2-7 杜邦财务分析体系图（六）

备注：为了便于分析，可以将青岛啤酒3年的财务数据绘制到一张杜邦财务分析体系图中；采用相同的方法，也可绘制燕京啤酒的杜邦财务分析体系图。

（4）对较重要的影响因素进行更深入的分析，在此基础上对青岛啤酒和燕京啤酒的整体财务状况和经营业绩进行评价，为找出提高净资产收益率的措施提供依据。

（5）实训过程中，实训教师给予学生个别辅导。

（6）实训内容完成后，学生将利用杜邦财务分析方法所做的分析报告以电子文档的形式保存并提交给实训教师。

（7）实训教师最后对本次实训内容进行总结。

模块三　本量利分析

一、实训目的

能力目标：

1.基于成本性态分类，把总成本分为固定成本和变动成本；

2.运用本量利分析的基本公式，理解影响利润的相关因素；

3.掌握不同成本法下利润表的编制；

4.将不同成本法的理念用于管理决策。

情感目标：

1.体会人生目标与企业目标的异同；

2.培养社会主义核心价值观：法治、诚信。

价值塑造

三个目标之后

二、理论知识点

（一）本量利分析

1.本量利分析的基本含义

本量利分析（cost-volume-profit analysis，CVP分析）是成本-业务量-利润关系分析（analysis of cost-volume-profit relationship）的简称。

2.本量利分析的基本假定

本量利分析所建立和使用的有关数学模型和图形，是以下列基本假定为前提条件的：

（1）成本性态分析的假定

假定成本性态分析工作已经完成，全部成本已经被区分为变动成本与固定成本两部分，有关的成本性态模型已经建立起来。

（2）相关范围及线性假定

假定在一定时期内，业务量总是在保持成本水平和单价水平不变所能允许的范围内变化，于是固定成本总额的不变性和变动成本单位额的不变性在相关范围内能够得以保证，成本函数表现为线性方程：$y=a+bx$。

（3）产销平衡和品种结构稳定的假定

假定在只安排一种产品生产的条件下，生产出来的产品总是可以找到市场，可以实现产销平衡；对于多产品生产的企业，假定在以价值形式表现的产销总量发生变化时，原来的各种产品的产销额在全部产品产销总额中所占的比重并不发生变化。

（4）变动成本法的假定

假定产品成本是按变动成本法计算的，即产品成本中只包括变动生产成本，而所有的固定成本（包括固定性制造费用在内）均作为期间成本处理。

（5）目标利润的假定

管理会计学本量利分析中的利润通常是指“息税前利润”，在我国由于没有这个概念，只能从营业利润、利润总额或净利润三个指标中选一个，考虑到营业利润与成本、业务量的关系比较密切，在本书的本量利分析中，除了特殊说明外，利润因素总是指营业利润。

3.本量利关系的基本公式

本量利分析所考虑的相关因素主要包括固定成本（用a表示）、单位变动成本（用b表示）、产量或销售量（用x表示）、单价（用p表示）、销售收入（用px表示）和营业利润（用P表示）等。

（1）基本的损益方程式

目前，多数企业都使用损益法来计算利润，即首先确定一定期间的收入，然后计算与这些收入相配比的成本，两者之差为期间利润：

利润=营业收入-总成本 (3.1)

营业收入=单价×销售量 (3.2)

假设产量和销售量相同，则有：

利润=单价×销售量-单位变动成本×销售量-固定成本 (3.3)

这个方程式是明确表达本量利之间数量关系的基本方程式，它含有五个相互联系的变量，给出其中四个，便可求出另一个变量的值。

在规划期间利润时，通常把单价、单位变动成本和固定成本视为稳定的常量，只有销售量和利润两个自由变量。给定销售量时，可利用方程式直接计算出利润；给定目标利润时，可直接计算出应达到的销售量。

（2）包含期间成本的损益方程式

为符合多步式利润表的结构，不但要分解产品成本，而且要分解销售费用、管理费用等期间费用。将它们分解后，方程式为：

$$税前利润=营业收入-\left(变动销售成本+固定销售成本\right)-\left(变动销售和管理费用+固定销售和管理费用\right)$$

$$=单价×销售量-\left(单位变动销售成本+单位变动销售和管理费用\right)×销售量-\left(固定销售成本+固定销售和管理费用\right) \quad (3.4)$$

（3）计算税后利润的损益方程式

所得税是根据利润总额和所得税税率计算的，并从利润总额中减除，其既不是变动成本也不是固定成本。

税后利润=利润总额-所得税

=利润总额-利润总额×所得税税率

=利润总额×（1-所得税税率） (3.5)

将损益方程式代入上面的利润总额：

税后利润=（px-bx-a）（1-T） (3.6)

4.贡献边际及其相关指标的计算公式

在本量利分析中，贡献边际（contribution margin）是一个十分重要的概念。所谓贡献边际，是指产品的销售收入与相应变动成本之间的差额，又称边际贡献、贡献毛益、边际利润或创利额。

（1）基本的贡献边际方程式

P=cm·x-a (3.7)

（2）贡献边际率方程式

因为：

贡献边际率（CMR）=cm·x÷px (3.8)

贡献边际=营业收入×贡献边际率 (3.9)

利润=贡献边际-固定成本 (3.10)

所以：

利润=营业收入×贡献边际率-固定成本 (3.11)

（3）加权平均贡献边际率方程式

在生产多种产品的企业中，要进行相关的利润预测就要计算多种产品的加权平均贡献边际率。

$$加权平均贡献边际率=\frac{\sum 各产品贡献边际}{\sum 各产品营业收入}\times 100\% \quad (3.12)$$

利润=营业收入总额×加权平均贡献边际率-固定成本 (3.13)

5.本量利分析的基本内容

本量利分析包括以下基本内容：

（1）单一品种的保本分析；

（2）盈利条件下单一品种的本量利分析；

（3）单一品种的本量利关系图；

（4）多品种条件下的本量利分析。

（二）影响利润的因素变动分析

在此部分主要研究两个问题：一方面是产销量、成本和价格发生变化时，测定其对利润的影响；另一方面是目标利润发生变化时，分析实现目标利润所需要的产销量、收入和支出。

1.因素单独变化对利润的影响分析

企业往往在出现以下三种情况时进行利润预测：一是当外界单一因素发生变化时，测定该因素会对目标利润产生怎样的影响，比如说原材料价格的上涨导致企业成本上升、市场环境的恶化，使企业间的价格竞争更为激烈，从而迫使企业降价或者由于企业产品打开国际市场从而使产销量大增等。二是当企业积极主动采取措施使成本、价格、销售量产生变化时，需要重新测定利润。三是一种以上的因素发生关联变化时，需要重新测定利润。这种情况计算比较复杂，但在实际经营中，往往因素之间不是单独变化的，比如广告成本的上升引起销售量的增加等，这时往往利用计算机进行相关计算。

2.为实现利润目标而应采取的措施

如果企业主管部门已经下达利润目标，则在经营年度企业应该采取怎样的措施实现既定的利润目标呢？通常来说，可以通过采取单项措施来实现利润目标，比如降低固定成本或者单位变动成本、提高销售量，也可以通过采取综合措施来实现既定利润目标。

3.经营杠杆系数在利润预测中的应用

（1）预测产销业务量变动对利润的影响

在已知经营杠杆系数（DOL）、基期利润（P）和产销量变动率（K_3）的情况下，可按下列公式预测未来利润变动率（K_0）和预测利润额（P_1）：

$$\text{未来利润变动率}(K_0)=\text{产销量变动率}\times\text{经营杠杆系数}=K_3\cdot DOL \tag{3.14}$$

$$\text{预测利润额}(P_1)=\text{基期利润}\times(1+\text{产销量变动率}\times\text{经营杠杆系数})=P\cdot(1+K_3\cdot DOL) \tag{3.15}$$

（2）预测为实现目标利润应采取的调整产销量措施

$$\text{产销量变动率}=\frac{\text{预期利润变动率}}{\text{经营杠杆系数}}\times100\% \tag{3.16}$$

三、实训内容

实训一　本量利分析——单一品种下生产工艺流程是否改变决策

（一）实训条件

A公司是一个轴承制造商，产能是每月生产7 000单位。公司现在计划用自动化生产工艺取代原来的劳动密集型生产工艺，这种做法每月将增加固定制造成本30 000元，但是能减少单位变动成本5元。该公司的其他资料见表3-1。

表3-1　**A公司资料**　单位：元

项目	金额
销售收入（5 000单位，20元/单位）	100 000
变动性制造成本	50 000
变动性销售费用	15 000
变动成本总额	65 000
边际贡献	35 000
固定性制造成本	16 000
固定性销售费用	4 000
固定成本总额	20 000
营业利润	15 000

（二）实训要求

1.计算传统生产工艺下的保本量。

2.计算自动化生产工艺下的保本量。

3.如果公司采用自动化的生产工艺，则每月的营业利润将会是多少？

4.通常情况下，新的工艺并无法改变企业产品的市场占有率，则在企业销量为5 000单位不变时，企业是否应该改变工艺？改变工艺会使企业利润发生何种变动？

（三）实训组织方式及步骤

本实训安排在相关理论知识讲授结束之后进行，在实训教师的指导下，由学生本人独立完成。在实训过程中，首先根据实训内容由实训教师讲授理论知识，并针对重点予以实例演示。实训步骤如下：

1.计算传统生产工艺下的保本量（见表3-2）。

表3-2　**传统生产工艺下保本量计算演示表**　金额单位：元

A	B	C
1	单位变动成本	
2	变动性制造成本	50 000
3	变动性销售费用	15 000
4	变动成本合计	65 000
5	销售量	5 000
6	固定性制造成本	16 000
7	固定性销售费用	4 000
8	固定成本总额	20 000
9	单价	20
10	单位边际贡献	
11	保本量（保留整数）	

2.计算自动化生产工艺下的保本量（见表3-3）。

表3-3　　自动化生产工艺下保本量计算演示表　　金额单位：元

A	B	C
1	传统工艺单位变动成本	
2	销售量	5 000
3	固定性制造成本	
4	固定性销售费用	4 000
5	固定成本总额	
6	单价	20
7	单位边际贡献	
8	保本量（保留整数）	

3.如果公司采用自动化的生产工艺，则每月的营业利润将会是多少？（见表3-4）

表3-4　　自动化生产工艺下营业利润计算演示表　　单位：元

A	B	C
1	销售收入	
2	单位变动成本	
3	变动成本总额	
4	固定成本总额	
5	营业利润	

4.判断标准：新的工艺是否带来了更多的利润？

实训二　本量利分析讨论——火锅店保本点应该从哪些方面进行分析？

（一）实训背景

1.背景简介

2023年公布的中国火锅加盟十大品牌榜单（排名不分前后）包括朝大门、羊振富煮羊肉、德庄、呷哺呷哺、洞氮胡记羊肉火锅、小龙坎火锅、谭鸭血老火锅、贤合庄、楠火锅、朱光玉火锅馆。

餐饮业一直是具有很大市场需求的行业，餐饮中的火锅更是受到年轻人的喜爱。如果选择创业加盟一家火锅店，你会考虑哪些因素呢？

2.成本资料

（1）加盟费用。加盟费用是餐饮加盟成本的主要组成部分之一。不同品牌的加盟费用差异很大，一般情况下，品牌知名度越高，加盟费用越高。加盟费用的具体金额取决于品牌知名度、经营范围、专利权使用等多个因素。一般而言，加盟费用的范围在几十万元到几百万元之间。在选择加盟品牌时，投资者需要根据自身的实际情况来作出恰当的选择。

（2）装修费用。餐饮店的装修费用是餐饮加盟成本中的重要一项。不同地区的装修费用也会有所不同，一般来说，大城市的装修费用比较高。装修费用的多少取决于店铺的大小、所在地理位置、装修风格等因素。投资者在进行装修时需要合理规划，控制成本，以确保盈利。

（3）设备设施费用。餐饮店的设备设施费用也是餐饮加盟成本中的重要组成部分。设备设施的种类和数量取决于店铺的规模和经营项目。餐饮店的设备设施包括厨房设备、冷藏设备、炉具设备等。一般而言，设备设施费用在几十万元到几百万元之间。投资者在购买设备时需注意品质和性能，以确保运营的顺利进行。

（4）人力资源费用。餐饮店的人力资源费用包括员工工资、员工培训等。人力资源费用是餐饮加盟成本中的一个重要部分。对于投资者而言，员工工资是一个长期的支出项，需要在预算时充分考虑。对于初次加盟者而言，人力资源方面可能存在一定的不熟悉和不稳定因素，因此需要适当增加培训方面的费用。

（5）原材料费用。餐饮店运营过程中，原材料费用是一个不可忽视的成本项目。原材料费用的多少取决于经营项目的特点，例如，经营快餐的店铺需要购买大量的食材，因此原材料费用会较高。合理控制原材料费用是保证餐饮店盈利的重要因素之一。投资者需要与供应商进行合理谈判，寻求价格优势。

（6）市场推广费用。餐饮店的市场推广费用也是一个需要考虑的重要因素。市场推广费用包括广告费用、促销费用等。对于品牌知名度较低的新店来说，市场推广费用是投资者必不可少的一项费用。投资者可以根据实际情况选择合适的推广方式，例如，线上推广、线下活动等。

（7）其他费用。除了以上列举的几项费用之外，餐饮加盟还存在其他费用，如租金、水电费用、杂费等。这些费用虽然在金额上较小，但仍然需要考虑在内。

（二）实训要求

（1）调查讨论加盟火锅店保本点计算应该考虑的因素。

（2）调查讨论保本客流量的计算。（盈亏平衡点除以人均消费，就是保本客流量。单位是人次/月）

（3）调查讨论影响保本回头客数量的因素。（比如说，重复消费的活跃会员。保本客流量除以消费频率，再除以桌均人数，就是保本回头客数量。单位是人/餐厅。消费频率往往以会员或回头客作为采样标准。也就是说，只要餐厅的回头客保持这个数量，餐厅就会永远立于不亏之地。比如说，A餐厅的保本客流量是3 000人次/月，桌均人数是5人/桌，回头客的平均消费频率是3次/月，则A餐厅的保本回头客数量为：3 000人次/月除以3次/月，再除以5人/桌，等于200人，这200人就是这个餐厅的种子顾客群，他们平均每月消费3次，同时，每次来消费时平均另外带来4人。只要餐厅保持这200人的回头客总人数不变，那么，这家餐厅就会永远立于不亏之地）

（三）实训组织方式及步骤

本实训安排在相关理论知识讲授结束之后进行，学生要具备变动成本和固定成本的基础知识。在此基础上并在实训教师的指导下，由学生团队选择任一餐饮店调查完成。

实训步骤如下：

1.分析餐饮店每年的固定成本和变动成本。

2.计算为了实现保本而需要达到的客流量人数。

3.计算为了实现利润而需要达到的客流量人数。

4.计算为了实现利润而需要达到的回头客流量人数。

实训三　本量利分析——保本点的敏感性分析

（一）实训条件

某小镇有一个加油站，加油站内开设一家卖报纸和杂货的商店，该商店在本地区的销售额每月为6 000元。除此之外，来购买汽油的顾客也常常会光顾这家商店。

经理估计，平均每100元花费在汽油上的车主会花20元在商店的货品上。在汽油销售量波动时，这个比率维持不变。该商店的销售与汽油的销售是独立核算的。

汽油的贡献边际率是20%，而商店中货品的贡献边际率为30%。现行的汽油销售价格是8元/升，每月的销售量为20 000升。

该加油站租金每年60 000元，在一年中平均摊销，工人每月工资额为3 000元。

经理非常关心将来的生意，因为一项近期的公路发展计划会使加油站的生意变得不乐观，汽油销售量对本加油站的利润影响很大。

（二）实训要求

1.计算每月的利润、汽油销售的保本量。

2.进行保本点的敏感性分析。

（三）实训组织方式及步骤

本实训安排在本量利知识讲授结束之后进行，学生要具备贡献边际的基础知识。在此基础上并在实训教师的指导下，由学生本人独立完成。在实训过程中，首先根据实训内容由实训教师讲授理论知识，并针对重点予以实例演示。

实训步骤如下：

1.依照公式计算保本点和现有销售状态下的利润。

2.计算为实现保本，成本的最大增加幅度和销售量的最大下降幅度。

实训四　本量利分析——利润的敏感性分析

（一）实训条件

某公司生产一种产品B，该产品每件售价为50元。该产品的成本构成如下：直接材料10元/件，直接人工3元/件，变动性制造费用2元/件，变动性销售和管理费用3元/件。公司每年发生的固定成本为40 000元，假设该产品目前的最高生产能力为5 000件。

（二）实训要求

1.建立盈亏平衡分析模型（如图3-1所示）。

	A	B	C	D	E	F
1	数据区：	单位：元		结论区		
2	每件销售价格（p）	50.00		盈亏平衡点	1 250	
3	每件变动成本（v）	18.00				
4	直接材料	10.00				
5	直接人工	3.00		结论性文字		
6	变动性制造费用	2.00		当前销量为2 000件，利润为24 000元		
7	变动性销售和管理费用	3.00				
8	单位贡献边际	32.00				
9	固定成本	40 000.00		当前售价=50元		
10	生产能力	5 000.00				
11	销售量	2 000.00				
12	销售收入	100 000.00		盈亏平衡点：1 250件		
13	贡献边际	64 000.00				
14	总成本	76 000.00				
15	利润	24 000.00				

图3-1 线性本量利分析模型

2.对本量利关系进行动态展示。

（三）实训组织方式及步骤

第一步，构建基本的线性本量利分析模型。

（1）在数据区输入相关条件。

（2）在A12：B15中，计算销售收入、贡献边际、总成本和利润指标。

（3）设计结论性文字。在相关单元格内输入相关公式：

E2=B9/B8

D6="当前销量为"&B11&"件"，"利润为"&B15&"元"

D9="当前售价="&B2&"元"

D12="盈亏平衡点："&ROUND（E2，0）&"件"

第二步，为绘制盈亏平衡动态图示做准备。

（1）计算不同销售量下的贡献边际、固定成本和利润，如图3-2所示。

17	辅助绘图区			
18	销售量	贡献边际	固定成本	利润
19	0	0	40 000	-40 000
20	2 000	64 000	40 000	24 000
21	5 000	160 000	40 000	120 000

图3-2 不同销售量下的贡献边际、固定成本和利润

（2）列出盈亏平衡销售量的垂线绘图点，如图3-3所示。

23	盈亏平衡点决策线	
24		
25	1 250	250 000
26	1 250	0
27	1 250	-40 000

图3-3 盈亏平衡销售量的垂线绘图点

（3）列出当前销售量下的垂线绘图点，如图3-4所示。

29	当前销售量决策线	
30	2 000.00	250 000
31	2 000.00	24 000
32	2 000.00	0
33	2 000.00	-40 000

图 3-4　当前销售量下的垂线绘图点

第三步，绘制图形。

（1）选择菜单“插入—图表—XY散点图—无数据点平滑线散点图”，如图3-5所示。

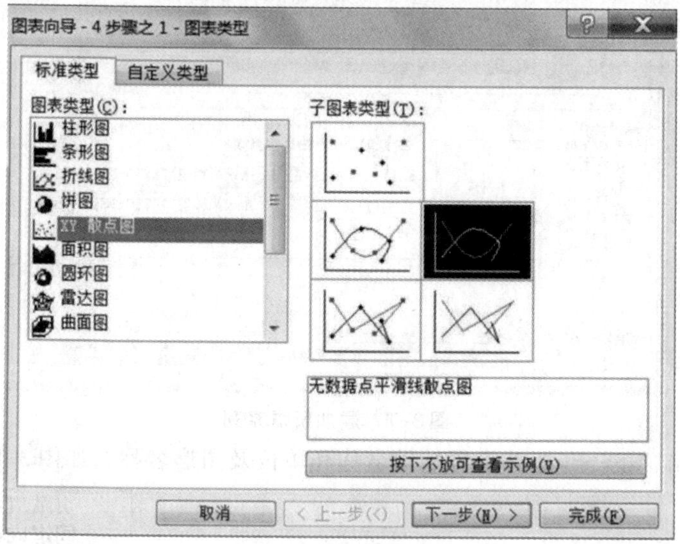

图 3-5　添加散点图

（2）点击“下一步”，首先添加名称为“贡献边际”的系列，其中X轴代表销售量，Y轴代表利润，如图3-6所示。

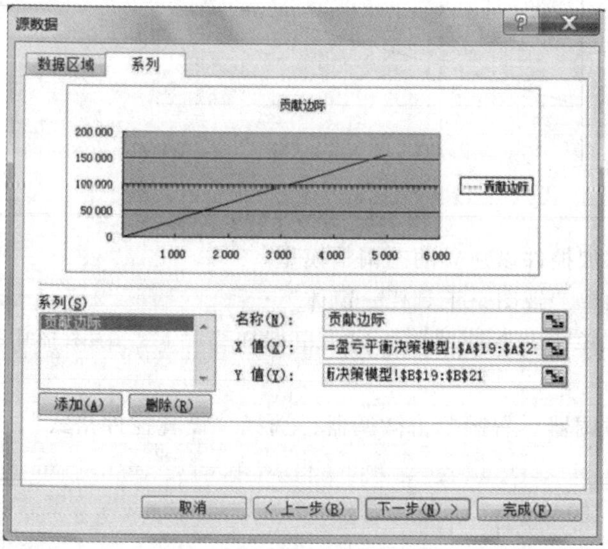

图 3-6　添加系列

（3）依次添加固定成本、利润、盈亏平衡线、当前销售线的系列，如图3-7所示。

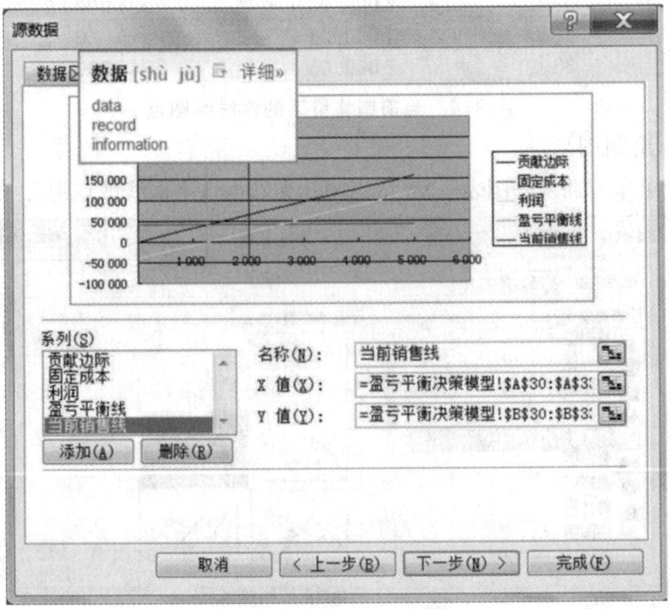

图3-7　添加所需系列

（4）点击“下一步”并设置数轴名称和单位及图形名称，如图3-8所示。

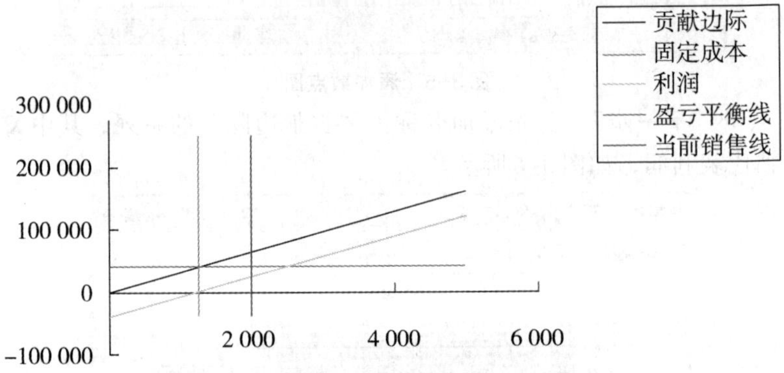

图3-8　盈亏平衡决策图

第四步，添加控件以建立动态调整模型。

（1）打开菜单“视图—工具栏—窗体”。

（2）用鼠标单击“微调器”按钮，鼠标变为“+”，在图形中画一个大小适中的微调器。

（3）设置微调器。右键单击微调器，选择“设置控件格式”，设置该控件，如图3-9所示。

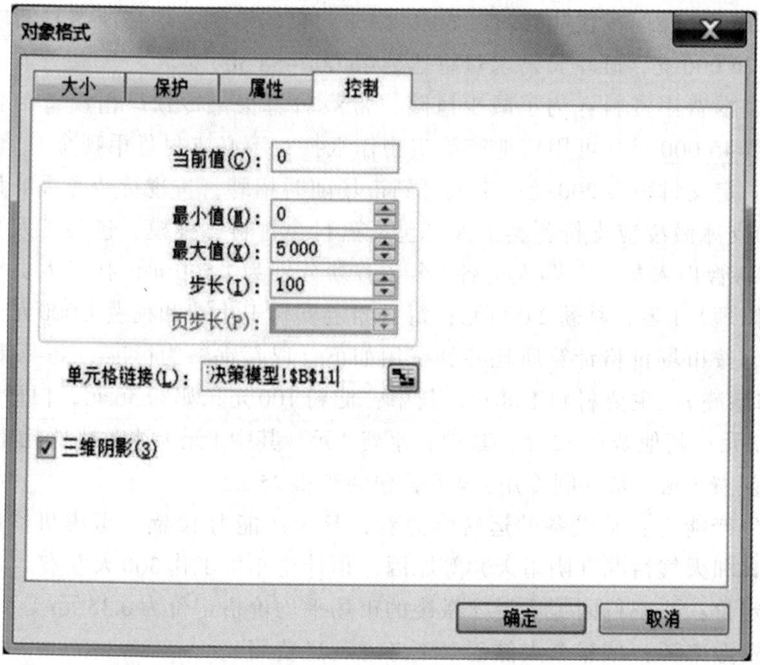

图3-9　设置控件格式

（4）添加当前销售量和利润的说明框。在图形中绘制一个大小合适的文本框，单击文本框，使其处于编辑状态，在Excel的编辑栏中输入“=盈亏平衡决策模型!D6”。这时，该文本框与单元格D6之间就建立了动态拓展。该文本框显示的内容为单元格D6的内容。

（5）用同样的方式在表格中添加当前售价、单位变动成本、固定成本的控件，并据此绘制利润敏感性分析图。

实训五　本量利分析——保本点、成本结构与产品定价①

（一）实训条件

1.企业简介

常××发现，每逢集市，都有百里以外的企业到这里批发或零售冰激凌。大小商贩、个人都要排很长的队才能买到，尤其是天气转热以后更是如此。有的人很早来排队，但到最后还是两手空空悻悻而归。他也时常看到乡村的娃娃花高价却吃了劣质的冰激凌。于是他想自己创办一个冰激凌加工厂，让家乡的父老乡亲都能吃到物美价廉的冰激凌。常××坚定了信心，开始进行市场调查。

2.历史成本资料

（1）需求量资料：周边5个乡镇，每个乡镇约有人口8万，总计约40万。按现有生活水平和消费观念估算，即使在1—4月、11—12月的淡季，每日也需要40 000支冰激凌；在5—10月，每日则需要80 000~90 000支冰激凌。经咨询有关部门，测算如下：若考虑乡间距离的远近和其他竞争因素，该加工厂只要能保证冰激

① 刘金星．管理会计实训与案例［M］．大连：东北财经大学出版社，2018：57.

凌的质量，价格合理，就能够占领60%~65%的市场份额，即在淡季日需求量将达到24 000~26 000支，旺季日需求量将达到48 000~58 500支。

（2）成本费用资料：为了减少风险，常××打算去某冷饮厂租设备，全套设备年租金需要45 000元（可用房地产等实物作抵押，不必支付货币现金）；租库房和车间每月固定支付租金200元；工人可到市场随时招聘，按现行劳务报酬计算，每生产1 000支冰激凌应支付各类工人（包括熬料、打料、拨模、包装工人）计件工资28元；聘管理人员、采购人员各1名，月薪分别为1 500元，技术人员（负责设备维护和修理）1名，月薪2 000元；每月固定支付卫生费和税费1 000元。在生产冰激凌时，按市场价格计算所耗各种费用如下（以每锅料为标准，每锅料能生产1 000支冰激凌）：主要材料188元，其中：淀粉100元，奶粉56元，白砂糖30元，食用香精2元；其他费用52元，其中：水费3元（其中1元为冰激凌所耗用），电费15元，煤炭费5元，氨（制冷用）4元，包装纸棍25元。

（3）生产能力：从设备的运转能力看，日生产能力12锅；考虑机器设备的维修、节假日和天气情况（阴雨天）等原因，预计全年可工作300天左右。

（4）定价：按现行同等质量冰激凌的市场平均价格定价为0.35元/支。

（5）资金来源：依靠个人储蓄（不考虑利息费用）。

（二）实训要求

（1）试用本量利模型分析常××冰激凌加工厂是否应开业。

（2）计算每年获利额。

（3）若要年获利18万元，能实现吗？如不能实现，可以采取哪些措施？可行吗？

（三）实训组织方式及步骤

本实训安排在本量利知识讲授结束之后进行，在实训教师的指导下，由学生本人独立完成。

实训步骤如下：

1.分析冰激凌生产的单位变动成本和固定成本，判断应否创业，相关成本分析内容见表3-5。

表3-5　冰激凌的成本分析　单位：元

项　目	金　额
单位变动成本	
直接材料	
淀粉	
白砂糖	
奶粉	

续表

项　目	金　额
食用香精	
包装纸棍	
水费	
①直接材料合计	
②直接人工	
变动性制造费用	
水费	
电费	
煤炭费	
氨	
③变动性制造费用合计	
单位变动生产成本合计①+②+③	
固定成本	
生产管理人员工资	
技术人员工资	
设备租金	
车间仓库租金	
其他固定性费用（卫生费、税费）	
固定成本合计	

2.计算当前预测市场下的获利额。

3.思考影响企业获利的因素，并计算企业可操作的空间。

实训六　本量利分析——两种成本法下的利润表编制

（一）实训条件

已知某公司从事单一产品生产，连续三年销售量均为1 000件，而三年的产量分别为1 000件、1 200件和800件。单位产品售价为200元，管理费用与销售费用均为固定成本，两项费用各年总额均为50 000元，单位产品变动生产成本为90元，固定性制造费用为20 000元。

（二）实训要求

1.不考虑税金，分别采用变动成本法和完全成本法计算各年营业利润。

2.根据上述计算结果，简单分析完全成本法与变动成本法对损益计算的影响。

（三）实训组织方式及步骤

本实训安排在本量利知识讲授结束之后进行，学生要理解变动成本法和完全成本法的利润差异形成原因，在此基础上并在实训教师的指导下，由学生本人编制两种成本法下的利润表。在实训过程中，实训教师应根据实训内容针对重点予以实例演示。

实训步骤如下：

1.编制完全成本法下的利润表。

2.编制变动成本法下的利润表。

3.讨论两种成本法对企业管理的意义。

模块四　全面预算

一、实训目的

能力目标：
1.掌握销售预算的编制；
2.掌握生产预算的编制；
3.掌握采购预算的编制；
4.掌握费用预算的编制；
5.掌握预计报表的编制。
情感目标：
1.培养哲学观：整体决定部分，部分影响整体；
2.加强现金预算编制中的风险意识；
3.结合行政单位《预算法》，理解制度约束的重要性。

价值塑造

制度约束权力

二、理论知识点

（一）全面预算的编制

1.企业战略目标的确定

企业的战略目标（strategic targets）主要有销售量目标、利润目标和价格目标。

（1）销售量目标的确定

（2）利润目标的确定

（3）价格目标的确定

2.经营预算的编制

经营决策预算（operation decision budget）是指与短期经营决策密切相关的专门决策预算。该类预算的主要目标是通过制定最优生产经营决策和存货控制决策来合理地利用或调配企业经营活动所需要的各种资源。

（1）销售预算的编制

销售预算是指在销售预测的基础上根据销售计划编制的，用于规划预算期销售活动的一种经营预算。销售预算是全面预算的起点。

（2）生产预算的编制

生产预算（production budget）是指为规划一定预算期内预计生产量（unites to be produced）水平而编制的一种经营预算。生产预算是唯一一个只涉及实物量不涉及价值量而编制的预算。当期生产量=预计销售量+期末存货量-期初存货量。

（3）直接材料预算的编制

直接材料预算（direct material budget）是指为规划一定预算期内因组织生产活动和材料采购活动预计发生的直接材料需用量、采购数量（material to be purchased）和采购成本（cost of purchases）而编制的一种经营预算。直接材料预算与现金预算的材料采购支出相关。

（4）税金及附加预算的编制

税金及附加预算是指为规划一定预算期内预计发生的应交增值税、消费税、资源税、城市维护建设税和教育费附加金额而编制的一种经营预算。

（5）直接人工预算的编制

直接人工预算（direct labor budget）是指为规划一定预算期内人工工时的消耗水平（direct labor required per hours）和人工成本水平（direct labor cost per hours）而编制的一种经营预算。

（6）制造费用预算的编制

制造费用预算（manufacturing overhead budget）是指为规划一定预算期内除直接材料和直接人工预算以外预计发生的其他生产费用水平而编制的一种经营预算，具体包括变动性制造费用预算和固定性制造费用预算。需要注意的是，变动性制造费用预算是以生产预算为基础进行编制的。固定性制造费用预算往往需要逐项估计，通常与本年产量无关。

（7）产品成本预算的编制

产品成本预算（product cost budget）是销售预算、生产预算、直接材料预算、直接人工预算、制造费用预算的汇总。其主要内容是产品的单位成本和总成本。单位产品成本的有关数据，来自直接材料预算、直接人工预算和制造费用预算。生产量、期末存货量来自生产预算，销售量数据来自销售预算。生产成本、存货成本和销货成本等数据，根据单位成本和其他数据计算得出。

（8）期末存货预算的编制

期末存货预算（final inventory budget）是指为规划一定预算期末的在产品、产成品和原材料预计成本水平而编制的一种经营预算。

（9）销售费用预算的编制

销售费用预算（selling expenses budget）是指为规划一定预算期内企业在销售阶段组织产品销售预计发生的各项费用水平而编制的一种经营预算。

（10）管理费用预算的编制

管理费用预算（administrative expenses budget）是指为规划一定预算期内因管理企业预计发生的各项费用水平而编制的一种经营预算。

3.财务预算的编制

（1）现金预算的编制

现金预算（cash budget）是现金收支预算的简称，是指为规划一定预算期内由于经营活动和资本投资活动引起的预计现金收入（cash receipts）、预计现金支出（cash disbursement）、现金余缺、现金筹措使用情况和期初期末现金余额水平而编制的一种财务预算。

（2）预计利润表的编制

预计利润表用来综合反映企业在计划期的预计经营成果，是企业主要的财务预算之一。通过编制预计利润表，可以了解企业预期的盈利水平。编制利润表预算的依据是各经营预算、专门决策预算和现金预算。需要注意的是，预计利润表中的所得税费用一般并不是利润总额与所得税税率的乘积，因为诸多纳税调整事项的存在，一般所得税费用为预估数。

（3）预计资产负债表的编制

预计资产负债表用来反映企业在计划期末预计的财务状况，能够反映企业财务状况的稳定性和流动性。预计资产负债表的编制需要以上年资产负债表为基础，结合预算期内各项经营预算、专门决策预算、现金预算和预计利润表进行编制。资产负债表预算是全面预算的终点。

（二）全面预算编制的具体方法

编制预算的方法按其业务量基础的数量特征不同，可分为固定预算方法和弹性预算方法两大类。

编制成本费用预算的方法按其出发点的特征不同，可以分为增量预算方法和零基预算方法。

编制预算的方法按照预算期的时间特征不同，可以分为定基预算方法和滚动预算方法。

全面预算编制流程图如图4-1所示。

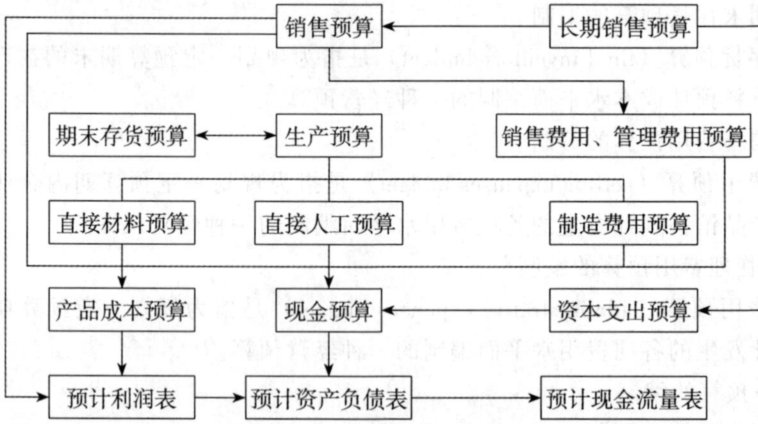

图 4-1　全面预算编制流程图

三、实训内容

实训一　全面预算的编制

(一) 实训条件

1. 企业简介

鲜花饼是以云南特有的食用玫瑰花入料的酥饼，是具有云南特色的云南经典点心代表，也是中国四大月饼流派之一的滇式月饼的经典代表之一。鲜花饼在云南当地均有销售。鲜花饼的制作起源于清代，由上等玫瑰花制得的鲜花饼，因其特色风味历来为宫廷御点，曾深得乾隆皇帝喜爱。近代滇式鲜花饼是以1945年昆明冠生园生产的鲜花饼为起源，当年在昆明的西坝地区冠生园还专门开辟一块地种植食用鲜花用来加工鲜花饼和玫瑰糖。

嘉华公司是生产和销售鲜花饼的一家公司，假设该公司只生产和销售这一种产品。

2. 计算资料

资料1：20×3年年末依据完全成本法编制的该公司的资产负债表见表4-1。

每季度销售收入中，本季度收到60%的现金，下季度收到40%的现金。20×3年第四季度销售额为6 200元。

资料2：20×4年度各季度的预计销售量和销售单价资料见表4-2。

表4-1　　资产负债表

20×3年12月31日　　单位：元

资　产	期末余额	负债和股东权益	期末余额
流动资产：		流动负债：	
货币资金	8 000	短期借款	0
应收账款	6 200	应付账款	2 350
存货	2 400	流动负债合计	2 350
流动资产合计	16 600	非流动负债：	
非流动资产：		长期借款	120 000
固定资产	43 750	非流动负债合计	120 000
在建工程	100 000	负债合计	122 350
非流动资产合计	143 750	股东权益：	
		股本	20 000
		资本公积	5 000
		盈余公积	10 000
		未分配利润	3 000
		股东权益合计	38 000
资产总计	160 350	负债和股东权益总计	160 350

表4-2　　20×4年度各季度的预计销售量和销售单价资料表

项目	季度				全年
	一	二	三	四	
预计销售量（万吨）	100	150	200	180	630
单价（元/吨）	200	200	200	200	

资料3：该公司要求在第一季度应保持产成品存货10万吨，年末留存20万吨。期末产成品数量按照下期销售量的10%确定。

资料4：单位产品耗用原材料10千克，年初材料存货量300千克，预计期末材料存货量为下期生产需用量的20%，第四季度原材料期末存货量为400千克。原材料采购价款当季度支付50%，余下的在下季度还清。

资料5：设生产每单位产品工时为10小时，每小时人工成本为2元。

资料6：假定该公司变动性制造费用分配率是0.5元/小时，固定性制造费用的预算全年为9 600元，其他具体情况见相关预算表格（每季度折旧费为1 000元）。

资料7：销售和管理费用均为预计数，具体见预算表格。

资料8：有关现金预算的其他资料如下：

第一，20×4年的资本预算表明，全年共发生投资支出130 000元，其中第一季度投资支出预算为50 000元，第四季度投资支出预算为80 000元，为满足长期投资支出预算的需要，第一季度借入长期借款30 000元，第四季度借入长期借款60 000元。其他现金短缺通过短期借款取得资金。

第二，公司所得税全年约为16 000元，平均每季度末支付4 000元。

第三，假定借款发生在季初，还款发生在下一季度季末，短期借款年利率为10%，长期借款年利率为12%。单利计息。

第四，期末现金余额不得低于3 000元。借款必须为1 000元的整数倍。

（二）实训要求

根据上述资料，以完全成本法为基础编制销售预算、生产预算、直接材料预算、直接人工预算、制造费用预算、销售及管理费用预算；在此基础上编制现金预算、预计资产负债表和预计利润表。

（三）实训组织方式及步骤

本实训安排在全面预算编制的相关知识讲授完之后进行，在实训教师的指导下，由学生本人独立完成。实训前要求学生对相关知识进行复习。

实训步骤如下：

1.根据资料2编制销售预算（见表4-3），同时编制预计现金收入表（见表4-4）。

表4-3 **销售预算**

20×4年度 金额单位：元

项 目	季 度				全 年
	一	二	三	四	
预计销售量（万吨）	100	150	200	180	630
单价（元/吨）	200	200	200	200	
预计销售额					

注：反映全年业务活动的单价可采用平均单价。

表4-4 **20×4年预计现金收入表** 金额单位：元

项 目	季 度				全年
	一	二	三	四	
预计现金收入					
收到赊销款情况					
20×3年第四季度					
20×4年第一季度					
20×4年第二季度					
20×4年第三季度					
20×4年第四季度					
现金收入合计					

20×4年第四季度末还有应收账款（　　）。

2.编制生产预算及相关材料预算表（见表4-5至表4-7），与生产预算相关的公式如下：

预计生产量=预计销售量+期末存货-期初存货　　(4.1)

预计直接材料需要量=预计生产量×单位产品材料需要量　　(4.2)

直接材料预计采购量=预计直接材料需要量+期末存货-期初存货　　(4.3)

直接材料预计采购额=单价×直接材料预计采购量　　(4.4)

表4-5　**生产预算**　单位：万吨

项　目	季　度				全　年
	一	二	三	四	
预计销售量	100				
加：预计期末存货	15				
合计	115				
减：预计期初存货	10				
预计生产量	105				

表4-6　**20×4年直接材料预算表**　金额单位：元

项　目	季　度				全　年
	一	二	三	四	
预算生产量（万吨）					
单位产品材料用量					
生产需要量（千克）					
加：预计材料期末存货（千克）					
减：预计材料期初存货（千克）					
预计原材料采购量（千克）					
单价（元/吨）					
预计直接材料采购额					

表4-7　**20×4年预计直接材料现金支出表**　单位：元

项　目	季　度				全　年
	一	二	三	四	
现金支付					
支付赊销款情况					
20×3年第四季度					
20×4年第一季度					
20×4年第二季度					
20×4年第三季度					
20×4年第四季度					
现金支出总额					

20×4年第四季度末还有应付账款（　　）。

3.根据该公司资料5和生产预算编制直接人工预算表（见表4-8）。

表4-8　　**20×4年直接人工预算表**　　金额单位：元

项　目	季　度				全　年
	一	二	三	四	
预计生产量（万吨）	105				
单位产品工时（小时）	10				
人工总工时（小时）	1 050				
每小时人工成本（元/小时）	2	2	2	2	2
人工总成本	2 100				

4.根据该公司资料6和直接人工预算编制制造费用预算表（见表4-9）。

表4-9　　**20×4年制造费用预算表**　　金额单位：元

项　目	季　度				全　年
	一	二	三	四	
变动性制造费用					
间接人工（1元/吨）					
间接材料（1元/吨）					
修理费（2元/吨）					
水电费（1元/吨）					
小计					
固定性制造费用					
修理费	1 000	1 140	900	900	3 940
折旧	1 000	1 000	1 000	1 000	4 000
管理人员工资	200	200	200	200	800
保险费	75	85	110	190	460
财产税	100	100	100	100	400
小计	2 375	2 525	2 310	2 390	9 600
固定性和变动性制造费用合计					
减：折旧					
预计现金支付的制造费用					

5.根据前述有关数据，编制该公司产成品预算（见表4-10）。

表4-10　　**产成品存货预算（完全成本法）**　　金额单位：元

项　目	单位成本			生产成本（640万吨）	期末存货（20万吨）	销货成本（630万吨）
	每千克或每小时	投入量	成本			
直接材料	5	10千克	50			
直接人工	2	10小时	20			
变动性制造费用	0.5	10小时	5			
固定性制造费用	1.5	10小时	15			
合计			90			

6.根据资料7和销售预算编制销售及管理费用预算（见表4-11）。

表4-11　　**销售及管理费用预算**　　单位：元

项　目	金　额
销售费用	
销售人员工资	2 000
广告费	5 500
包装、运输费	3 000
保管费	2 700
折旧	1 000
管理费用	
管理人员薪金	4 000
福利费	800
保险费	600
办公费	1 400
折旧	1 500
合计	22 500
减：折旧	2 500
每季度支付现金	20 000÷4=5 000

7.根据以上资料编制现金预算。首先，以资料8、销售预算现金收入、直接材料预算的现金支出、制造费用和销售及管理费用的预算为基础，并将建设规划的现金支出、所得税等因素考虑到企业现金预算的支出部分，然后加总计算企业预计的现金总支出。其次，考虑公司预先确定的最低现金余额，决定是借款还是还款，还要计算各期的利息支出数额。根据上述要求编制的现金预算见表4-12。

表4-12　**现金预算**　单位：元

项　目	季　度				全　年
	一	二	三	四	
期初现金余额	120				
加：现金收入					
可供使用的现金总额					
减：现金支出					
直接材料					
直接人工					
制造费用					
销售及管理费用					
所得税费用					
资本支出					
现金支出合计					
现金余缺					
现金筹措与运用					
借入长期借款					
取得短期借款					
归还短期借款					
短期借款利息					
长期借款利息					
期末现金余额					

8.根据以上数据编制预计利润表（见表4-13）。

表4-13　**预计利润表**　单位：元

销售收入	
销售成本	
销售毛利	
销售及管理费用	
利息费用	
利润总额	
所得税费用（估计）	
净利润	

9.根据20×4年年初的资产负债表，通过对前述各表中数字作适当调整，即可得到20×4年12月31日预计资产负债表（见表4-14）。

表4-14　**预计资产负债表**

20×4年12月31日　单位：元

资产	期末余额	负债和股东权益	期末余额
流动资产：		流动负债：	
货币资金		短期借款	
应收账款		应付账款	
存货		流动负债合计	
流动资产合计		非流动负债：	
非流动资产：		长期借款	
固定资产		非流动负债合计	
在建工程		负债合计	
非流动资产合计		股东权益：	
		股本	
		资本公积	
		盈余公积	
		未分配利润	
		股东权益合计	
资产总计		负债和股东权益总计	

实训过程中应该注意以下问题：

（1）收集并研究历史资料。

（2）利用可用的财务软件，如金蝶或者用友。如果采用ERP系统进行模拟，效果更佳。本案例中所有图表均在Excel中生成。

（3）注意在计算的过程中公式的定义和计算的应用要准确。

实训二　果然公司全面预算的编制

（一）实训条件

果然公司生产和销售某种产品，20×8年预计销售量和销售额见表4-15。

表4-15　**销售量和销售额预计表**　金额单位：元

项　目	季度				全　年
	一	二	三	四	
预计销售量（件）	2 000	3 000	4 000	3 000	12 000
销售单价	80	80	80	80	80
销售收入	160 000	240 000	320 000	240 000	960 000

该公司资产负债表的年初数见表4-16。

表4-16 **果然公司20×8年年末简要资产负债表** 单位：元

资产	期末余额	年初余额	负债和所有者权益	期末余额	年初余额
货币资金		24 000	应付账款		12 000
应收账款		70 000			
原材料		4 200	流动负债小计		12 000
产成品		9 600			
流动资产小计		107 800	实收资本		80 000
固定资产原值		200 000	未分配利润		135 800
减：累计折旧		80 000	权益小计		215 800
净值		120 000			
合计		227 800	合计		227 800

（1）该公司每季度的销售收入50%于当季度以现金收讫，30%于下一季度以现金收讫，20%于再下一季度收讫。

（2）年初应收账款余额为70 000元，其中的20 000元是上一年第三季度形成的，其余则是上一年第四季度形成的。

（3）期初存货为200件，变动性制造成本为9 600元；预计期末存货为220件，各季度的期末存货为下一季度销售量的10%。

（4）企业按变动成本法计算损益，期末存货成本按加权平均法计算。

（5）各季度期末库存量按下一季度材料耗用量的20%计算。年初预计库存材料840千克，年末预计库存材料920千克，采购单价为5元/千克，单位产品耗用量为2千克/件。

（6）材料采购款40%于当季度以现金支付，60%于下一季度支付。

（7）单位产品的生产工时为5小时，小时工资率为5元/小时。

（8）全年变动性制造费用为120 200元，全年固定性制造费用为160 000元，其中折旧30 000元。

（9）变动性销售及管理费用为5元/小时，全年固定性销售及管理费用为84 000元。

（10）企业现金收支预算见表4-17。

表4-17 **现金收支预算表** 单位：元

季度	一	二	三	四	合计
固定资产投资	40 000				40 000
预付所得税	10 000	10 000	10 000	10 000	40 000
利润分红	4 000	4 000	4 000	4 000	16 000

各季度末至少备有库存现金20 000元，若现金不足则向银行借款，年利率为10%；若收支相抵并归还借款后有现金盈余则用于短期投资，年投资回报率为12%。

（二）实训要求

根据相关资料编制公司的生产预算、现金预算、预计利润表和预计资产负债表。

（三）实训组织方式及步骤

1.指导学生根据预计销售量预测每个季度的销售额，并结合公司的收款政策预计并编制现金收入预算表（见表4-18）。

表4-18　**现金收入预算表**　单位：元

项　目	本期发生额	季度			
		一	二	三	四
期初应收账款	70 000	50 000	20 000		
第一季度销售收入					
第二季度销售收入					
第三季度销售收入					
第四季度销售收入					
期末应收账款					
现金收入合计					

2.指导学生结合当期的销售量与期初、期末库存量，确定当期的生产量，并编制生产预算表（见表4-19）。

表4-19　**生产预算表**　单位：件

项　目	季度				全　年
	一	二	三	四	
预计销售量	2 000	3 000	4 000	3 000	12 000
加：预计期末存货	300				
预计需要量	2 300				
减：期初存货	200				
预计生产量	2 100				

3.指导学生依据生产预算并结合企业的生产用料、期初库存、期末库存，确定当期的原材料的采购量，并结合企业的付款政策，预计并编制直接材料采购预算表（见表4-20）和现金支出预算表（见表4-21）。

表4-20 **直接材料采购预算表**

项 目	季度				全 年
	一	二	三	四	
预计生产量（件）	2 100				
单位产品耗用量（千克/件）	2	2	2	2	2
材料耗用总量（千克）	4 200				
加：期末存料量（千克）				920	920
减：期初存料量（千克）	840				840
预计采购量（千克）					
材料单价（元/千克）	5	5	5	5	5
预计采购金额（元）					

表4-21 **现金支出预算表** 单位：元

项 目	本期发生额	季度			
		一	二	三	四
期初数	12 000	12 000			
第一季度					
第二季度					
第三季度					
第四季度					
期末数					
预计现金支出合计					

4.指导学生依据生产预算预计并编制直接人工预算支出（见表4-22）。

表4-22 **直接人工预算表**

项 目	季度				全 年
	一	二	三	四	
预计生产量（件）	2 100				
单位产品工时定额（小时）	5	5	5	5	5
直接人工工时总数（小时）	10 500				
单位工时工资率（元/小时）	5	5	5	5	5
预计直接人工成本总额（元）	52 500				

5.指导学生结合企业资料编制预计制造费用明细表、期间费用明细表（见表4-23至表4-26），并能够依据费用的性质判断费用的付现情况。

表 4-23　　**制造费用明细表**　　单位：元

项　目	第一季度（10 500小时）	第二季度（　小时）	第三季度（　小时）	第四季度（　小时）	合计（　小时）
变动性制造费用合计					120 200
折旧	7 500	7 500	7 500	7 500	30 000
其他	32 500	32 500	32 500	32 500	130 000
固定性制造费用合计	40 000	40 000	40 000	40 000	160 000

表 4-24　　**预计制造费用现金支出表**　　单位：元

制造费用合计					280 200
减：折旧	7 500	7 500	7 500	7 500	30 000
现金支付额					250 200

表 4-25　　**产品成本预算表**　　金额单位：元

项　目	产　品
直接材料	
直接人工	
变动性制造费用	
单位产品变动成本	
期末存货（件）	220
存货变动生产成本	

表 4-26　　**销售及管理费用预计现金支出计算表**　　金额单位：元

季　度	季度				合　计
	一	二	三	四	
销售量（件）	2 000	3 000	4 000	3 000	12 000
单位生产工时（小时）	5	5	5	5	5
销售量总工时（小时）	10 000	15 000	20 000	15 000	60 000
单位工时工资率	5	5	5	5	5
变动性销售及管理费用					
固定性销售及管理费用					84 000
现金支出合计					

6. 指导学生编制现金支出预算表，并结合企业的实际情况进行资金的筹措或投资计划（见表 4-27）。

表4-27　　**现金支出预算表**　　单位：元

项　目	第一季度	第二季度	第三季度	第四季度	全　年
期初余额	24 000				
本期收入					
可用现金					
现金支出					
材料采购					
直接人工					
制造费用					
销售及管理费用					
添置固定资产	40 000				40 000
预付所得税	10 000	10 000	10 000	10 000	40 000
支付利润	4 000	4 000	4 000	4 000	16 000
现金支出合计					
现金收支差额					
加：短期借款					
减：支付利息					
期末现金余额					

注意：每个季度末至少备有库存现金20 000元，若现金余额不足20 000元，需要借款。

7.指导学生结合所有的预算资料编制预计资产负债表（见表4-28）和预计利润表（见表4-29）。

表4-28　　**预计资产负债表**

20×8年12月31日　　单位：元

资产	期末余额	年初余额	负债及所有者权益	期末余额	年初余额
货币资金		24 000	应付账款		12 000
应收账款		70 000	短期借款		
原材料		4 200	流动负债合计		12 000
产成品		9 600			
流动资产合计		107 800	实收资本		80 000
固定资产原值		200 000	未分配利润		135 800
减：累计折旧		80 000	所有者权益合计		215 800
固定资产净值		120 000			
总计		227 800	总计		227 800

表4-29　**预计利润表**

20×8年　单位：元

项　目	金　额
销售收入	
减：产品销售成本（变动成本）	
变动性销售及管理费用	
边际贡献	
减：固定性制造费用	
固定性销售及管理费用	
财务费用	
利润总额	
减：所得税费用（25%）	

实训三　零基预算的实施

（一）实训条件

郑州市财政局“建立财政教育资金零基预算管理机制”被评为2022年度郑州市特色创新典型案例。

近年来，党中央、国务院多次强调厉行节约，坚持量入为出，要积极运用零基预算理念，打破支出固化僵化格局。面对新形势新要求，郑州市财政局创新预算管理方式，改革预算编制方法，摸索建立了“以标准化定规模、以准入化筛项目、以信息化强管理、以绩效化促考核”四化合一的财政教育资金零基预算管理新机制，树立了“先有项目再安排预算”的理念，提高了预算编制效率和质量，有效破解了财政教育资金供需难题，保障了郑州教育事业长远健康发展。

与传统预算相比，零基预算具有以下特点：

（1）预算编制基础更合理。传统预算的编制基础是前期结果，本期预算额是根据前期支出情况进行调整而确定的。零基预算的编制基础是零，本期预算额是根据本期业务活动重要性和可供分配资金额确定的。

（2）预算分析内容更全面。传统预算在编制时，重点是对新增业务进行成本效益分析，而对以往已有业务活动不作分析研究，直接沿用原有预算额度或适当考虑增幅。零基预算通过对所有业务活动进行成本效益分析并确定其重要程度后，根据可供分配的资金总量进行分配。

（3）预算控制目标更科学。传统预算以金额高低为重点，着重控制预算金额的增减，以金额的多少来判断预算执行的效果。零基预算要首先考虑业务支出的必要性和对企业总体目标实现的贡献度，预算控制目标服从企业的总体目标，能够更加科学、合理、有效地分配资源。

（二）实训要求

1.各级政府实行零基预算的原因是什么？

2.零基预算的实施预计会对政府支出产生什么样的影响？

3.零基预算是否应该成为全国行政事业单位扎实推广的预算方法？

（三）实训组织方式及步骤

组织学生查阅有关公开资料，讨论中国哪些行政事业单位实施了零基预算，并评价其实施效果。

本实训安排在相关理论知识讲授完之后进行，在实训教师的指导下，由学生独立完成。实训前要求学生对相关知识进行复习。

实训步骤如下：

1.回忆零基预算的含义。

2.分析零基预算的特征。

3.讨论在行政事业单位推广零基预算的意义。

实训四　ERP下全面预算的应用

（一）实训条件

泛微建立了覆盖全集团的预算管控模式：多账套与多主体预算架构模式，支持集团型预算，支持多业态预算。通过覆盖全集团的统一流程、统一门户、统一派工池、统一预算编制、费用报销平台等，全集团预算费控有序按规范进行。泛微OA系统通过建立不同的费用类型，建立对应的预算体系，将费控体系与预算管理体系关联、融合，实现预算与费用执行一体化。

1.多样化的预算编制模式

可在系统内根据期间、费用类型、产品、区域、部门等维度建立预算体系，将多费用类型，结合项目、合同、会议形成多维度的费用合并执行体系，并且可直接与全面预算执行关联，图4-2为财务部门差旅费预算执行图。

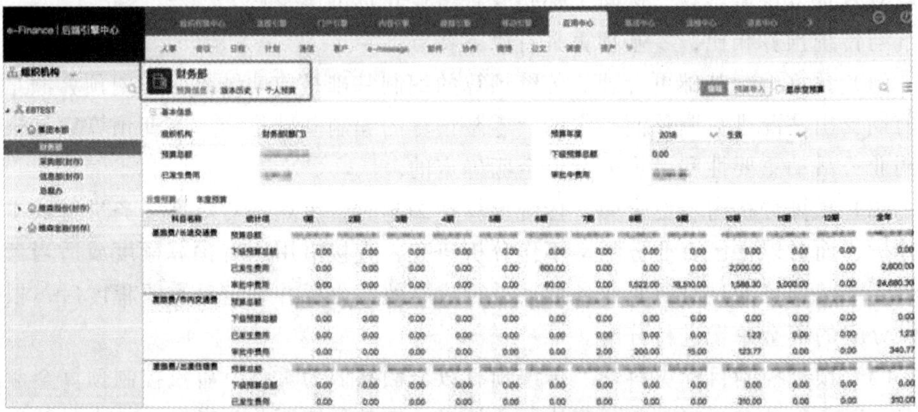

图4-2　泛微平台下的财务部门差旅费预算执行图

结合费用类型、组织体系建立一定额度的预算，从上往下进行预算的编制与发布。下属企业、部门根据预算的总体额度，并按照实际的管理需要进行预算编制，编制之后进行集中的汇总、统计与合并预算。

2.多模式的预算执行方案

泛微OA系统根据不同的费用类型以及组织结构，建立不同的费用管控方案，可以根据不同的费用类型建立预算执行审批制度，进行全局控制或者分层、分类型的方案管控。泛微OA系统通过电子化的流程审批来控制费用，根据所在的岗位、级别、费用的类型、报销的金额，自动判断，寻找对应的人员进行审批，图4-3为预算审批流程图。

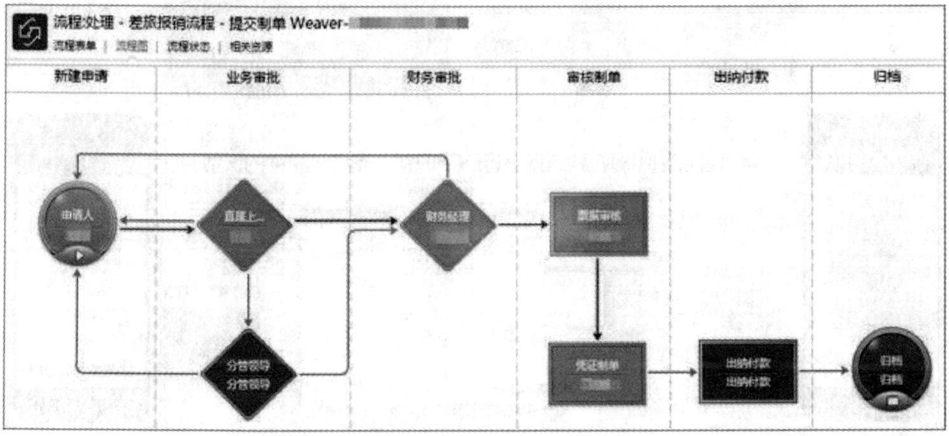

图4-3 泛微平台预算审批流程图

（1）根据费用类型，建立定额控制方案

企业有很多的费用都有定额标准，如差旅补贴、差旅标准、福利等。企业根据组织内的岗位不同、费用的类型不同，建立不同的费用定额额度，导入OA系统。在实际费用的发生过程中，如果符合定额标准，可以直接进行处理，不需要再进行审批和控制。

（2）通过申报，在实际费用发生前控制

在费用发生前，直接关联预算，而不是在费用发生后进行控制；在费用发生之后，对比之前的申请金额，通过申请金额进行审批控制，如图4-4所示。

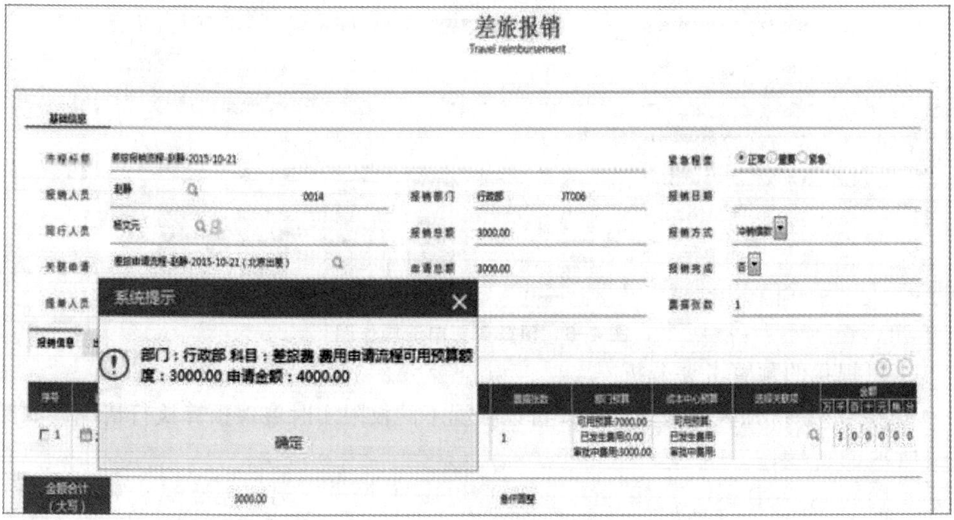

图4-4 差旅报销预算审批

(3) 与预算体系融合，实现事前预算控制

如差旅报销，通过智能填单，如图4-5所示，自动关联相关预算标准，一旦超过预算，系统自动预警。

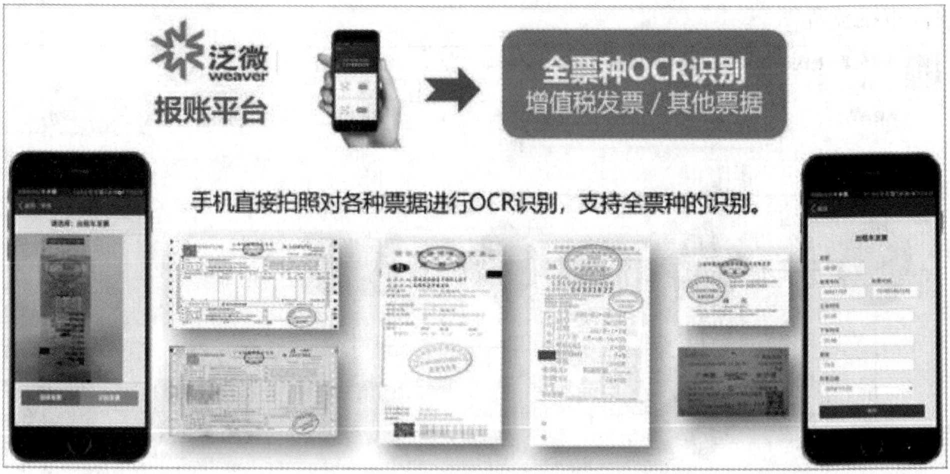

图4-5 泛微报账平台展示图

3.灵活的预算调整模式

在预算执行中，在预算管控范围内可关联项目、合同进行预算的管控和核减。如果在一定的范围内，还可支持实时预算调整，不需要进行预算的变更申请，如图4-6所示。

图4-6 预算变更申请操作图

4.可视化的预算考评分析

泛微OA系统强大的报表功能，可以根据不同权限实时展现预算执行情况，如图4-7所示。

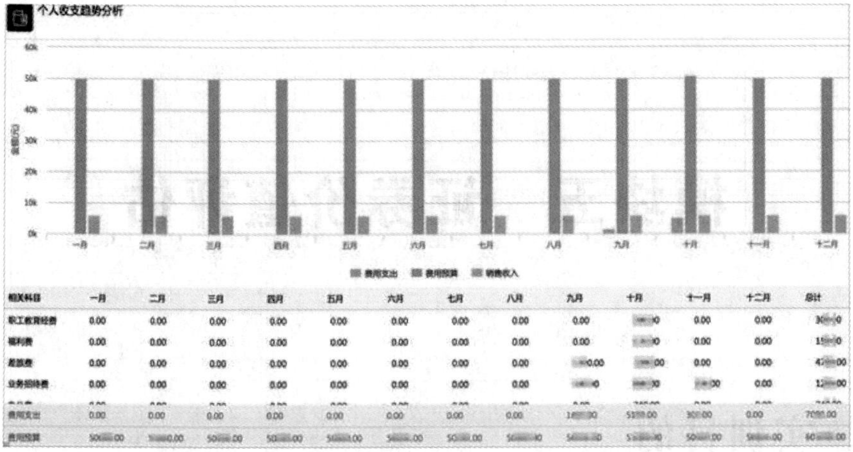

图 4-7　预算执行情况分析图

各种类型的报表都是按照不同的预算类型、组织体系以及不同的期间来展现当前的预算执行情况的。同时，根据预算的图表化展现，直接可以透视到预算执行的详细列表数据，做到以点带面的预算执行分析。

通过流程建立所有费用类型的审批原则，实现自动化的规则流转。通过流程控制实现对预算费用从事前控制到事后分析的全过程监督，如图 4-8 所示。

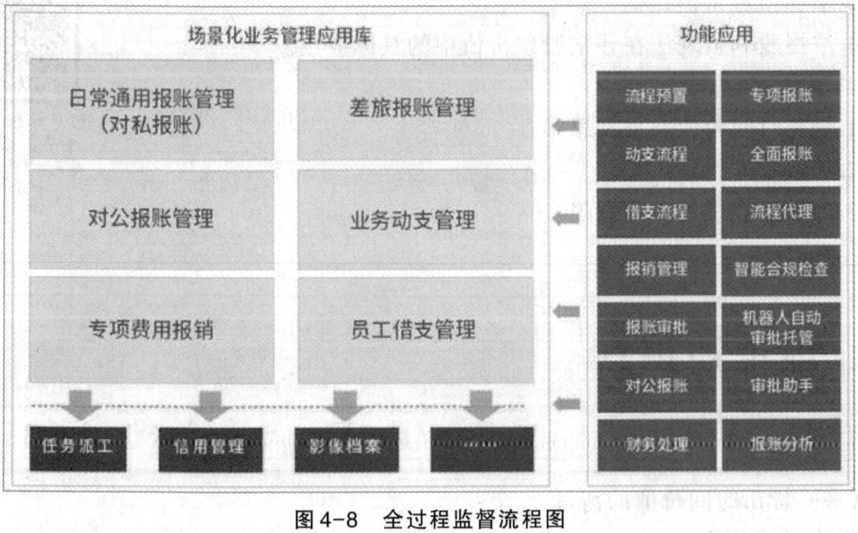

图 4-8　全过程监督流程图

（二）实训要求

1. 讨论信息系统下全面预算实施的程序。

2. 讨论信息系统下全面预算实施的作用。

3.ERP 下企业的全面预算实施过程中应该注意的问题。

（三）实训组织方式及步骤

实地应用某公司的预算软件并讨论全面预算的有关内容是一种理想状态。教师应从理论上说明全面预算实施的程序、作用以及实施过程中应该注意的问题。

模块五　证券价值评估

一、实训目的

能力目标：

1.掌握货币时间价值的基本原理和计算方法；

2.掌握Excel在货币时间价值衡量中的实际操作技术；

3.掌握债券价值评估；

4.掌握股利折现法在评估股票价值中的具体应用。

情感目标：

1.培养时间价值与复利思维；

2.加强ESG投资理念；

3.加强证券投资风险意识。

价值塑造

阿里绿色可持续发展，近10亿美元“绿债”用于ESG项目

二、理论知识点

（一）货币时间价值的衡量

货币时间价值（time value of money）是指货币经历一定时间的投资和再投资所增加的价值，也称资金的时间价值，通常表示为没有通货膨胀和风险条件下的社会平均资金利润率。

由于货币在不同时点的价值不同，所以货币时间价值分为现值和终值两种表现形式。与货币时间价值衡量相关的概念、符号与说明见表5-1。

表 5-1　　与货币时间价值衡量相关的概念、符号与说明

概念	符号	说明
终值	F	一个或多个现金流量相当于未来时刻的价值
现值	P	一个或多个发生在未来的现金流量相当于现在时刻的价值
现金流量	CF_t	第 t 期期末的现金流量（或收付款项）
年金	A	连续发生在一定周期内的等额的现金流量
利率或者折现率	r	计算现值或终值时所采用的利息率，即资本的机会成本
预期增长率	g	现金流量预期增长率
计算期数	n	收到或付出现金流量的期数

单利和复利是货币时间价值计算中两种不同的计息方式。在单利计息法下，仅在原有本金基础上计算利息，对本金所产生的利息不再计算利息。目前我国商业银行个人储蓄利息按单利计算①。简单现金流量下单利终值计算公式为：

$$F=P(1+r\cdot n) \tag{5.1}$$

复利计息是把上期期末的本利和作为下一期的本金，在计算时每一期本金的数额都是不同的。由于货币时间价值是时间的函数，因此复利计息更为准确。在财务价值判断中，通常采取复利计息。不同形式现金流量按复利计算的终值与现值公式见表 5-2。

表 5-2　　不同形式现金流量的终值与现值及其计算一览表（复利计息）

项　目	含　义	计算公式
1. 简单现金流量——某一特定时间内的一次性现金流量		
复利终值	一次性现金流量按复利计算的一期或多期后的价值	$F=P(1+r)^n=P(F/P, r, n)$ 式中，$(F/P, r, n)$ 为复利终值系数
复利现值	将未来预期发生的一次性现金流量按折现率计算的现在时点的价值	$P=F(1+r)^{-n}=F(P/F, r, n)$ 式中，$(P/F, r, n)$ 为复利现值系数
2. 系列现金流量——年金：系列等额现金流量		
（1）普通年金：从第一期起，一定时期每期期末等额发生的系列现金流量，又称后付年金		
普通年金终值	一定时期内每期期末现金流量的复利终值之和	$F=A\frac{(1+r)^n-1}{r}=A(F/A, r, n)$ 式中，$(F/A, r, n)$ 为普通年金终值系数
年偿债基金	为了在约定的未来某一时点清偿某笔债务或积聚一定数额的资本而必须分次等额提取的存款准备金	$A=\frac{F}{\frac{(1+r)^n-1}{r}}=\frac{F}{(F/A,r,n)}$

① 有人认为，国内银行计息的单利是经过计算后的复利，这种计息方式的应用主要是为了计算的方便。对于资金的运作，尤其是对不同固定期限的存贷款而言，年利率的逐年增加不仅是因为风险的累加，其中更重要的原因就是复利概念的引进。

续表

项　目	含　义	计算公式
普通年金现值	一定时期内每期期末现金流量的复利现值之和	$P=A\frac{1-(1+r)^{-n}}{r}=A(P/A, r, n)$ 式中，(P/A，r，n) 为普通年金现值系数
年资本回收额	在给定的年限内等额回收投入的资本或清偿初始所欠的债务	$A=\frac{P}{\frac{1-(1+r)^{-n}}{r}}=\frac{P}{(P/A,r,n)}$
(2) 预付年金：从第一期起，一定时期内每期期初等额发生的系列现金流量，又称先付年金		
预付年金终值	一定时期内每期期初现金流量的复利终值之和	$F=A\left[\frac{(1+r)^{n+1}-1}{r}-1\right]$ $=A[(F/A,r,n+1)-1]$ $=A(F/A, r, n)(1+r)$
预付年金现值	一定时期内每期期初现金流量的复利现值之和	$P=A\left[\frac{1-(1+r)^{-(n-1)}}{r}+1\right]$ $=A[(P/A,r,n-1)+1]$ $=A(P/A, r, n)(1+r)$
(3) 递延年金：第一次现金流量发生的时间与第一期无关，而是相隔若干期（假设为m期，1≤ m<n）后才开始发生的系列等额现金流量，也称延期年金		
递延年金终值	n-m期每期期末现金流量的复利终值之和	同普通年金终值的计算，计算期数为n-m期
递延年金现值	n-m期每期期末现金流量的复利现值之和	方法1："两阶段计算"方式 $P=A(P/A, r, n-m)(P/F, r, m)$ 方法2："假设计算"方式 $P=A[(P/A,r,n)-(P/A,r,m)]$
(4) 永续年金：无限期系列等额的现金流量		
永续年金现值	无限期每期期末现金流量的复利现值之和	$P=\frac{A}{r}$
(5) 增长年金：按固定比率增长，在相等间隔期连续支付的现金流量 永续增长年金：无限期按固定增长率增长的现金流序列		
增长年金现值	一定时期内每期期末现金流量的复利现值之和	$P=A(1+g)\left[\frac{1-\frac{(1+g)^n}{(1+r)^n}}{r-g}\right]$ 式中，A为第0期的现金流量
永续增长年金现值	无限期每期期末现金流量的复利现值之和	$P=\frac{A(1+g)}{r-g}$ 式中，A为第0期的现金流量

表5-2列示了简单现金流量和年金不同形式的终值与现值的计算，有时在一项业务中可能包含不同类型的现金流量（简单现金流量、普通年金、递延年金等），此时必须独立计算每一项现金流量的终值或现值。如每期定期支付利息、到期一次

还本的债券，计算其价值时必须分别计算利息现值和到期本金现值。此外，在遇到求解折现率或计算期间的问题时，一般需要通过插值法实现。

在计算货币时间价值的过程中，除了采用上述计算公式外，还可以借助Excel进行计算。Excel提供了相应的财务函数，不仅减少了计算的工作量，而且有效地解决了利率或计算期间为非整数、无法利用系数表的计算困难。Excel的财务函数见表5-3[①]。

表5-3　　Excel货币时间价值计算的财务函数

项目	函数	函数功能	输入方式
终值	FV	基于固定利率及等额分期付款方式，返回某项投资的未来值	FV（rate，nper，pmt，pv，type）
	说明：① FV函数既可用于计算复利终值，也可用于计算普通年金、预付年金的终值，主要取决于各参数的输入。当pmt=0（或忽略）时，计算复利终值；当pv =0时，计算年金终值。如果现金流量发生在每期期末，则“type”项为0或省略；如果现金流量发生在每期期初，则“type”项为1（其他函数的用法与此相同） ② pmt与pv现金流量的方向与计算出的终值现金流量的方向相反，因此，为使计算出的终值能显示为正数，应在输入pmt与pv参数时加上负号（其他函数的用法与此相同）		
现值	（1）简单现金流量或年金形式的现值		
	PV	基于固定利率及等额分期付款方式，返回某项投资的现值	PV（rate，nper，pmt，fv，type）
	（2）混合现金流量（各期现金流量不相等或变化没有规律）的现值		
	NPV	基于一系列现金流和固定的各期贴现率，返回一项投资的净现值	NPV（rate，value1，value2，…）
		注：① value1，value2，…所属各期的长度必须相等，且现金流均发生在期末 ② NPV函数只计算基于同一贴现率下的普通年金形式的现值，如果现金流从第一期期初开始发生，则该现金流不参与value参数计算，而是加到NPV的计算结果中	
每期等额现金流量	PMT	基于固定利率及等额分期付款方式，返回投资或贷款的每期付款额	PMT（rate，nper，pv，fv，type）
	投资或贷款的某期付款额中本金与利息的计算		
	PPMT	返回在定期偿还、固定利率条件下给定期次内某项投资回报（或贷款偿还）的本金部分	PPMT（rate，per，nper，pv，fv，type）
	IPMT	返回在定期偿还、固定利率条件下给定期次内某项投资回报（或贷款偿还）的利息部分	IPMT（rate，per，nper，pv，fv，type）
利率或折现率	（1）简单现金流量或年金形式的利率或折现率		
	RATE	返回未来款项的各期利率	RATE（nper，pmt，pv，fv，type，guess）
	（2）混合现金流量的利率或折现率		
	IRR	返回由数值代表的一组现金流量的内部收益率	IRR（values，guess）
期数	NPER	基于固定利率及等额分期付款方式，返回某项投资（或贷款）的总期数	NPER（rate，pmt，pv，fv，type）

① 如果对表5-3中列示的各种输入公式不熟悉，可在Excel电子表格中，点击菜单栏中的“插入”→“函数”，或工具栏中的“fx”项，在插入函数对话框或“选择类别”中选择“财务”，在“选择函数”中点击需要的函数，如FV（终值）、PV（现值）等，点击“确定”后，即可根据对话框中的提示进行操作并求解。此外，还可以点击插入函数对话框中“有关该函数的帮助”了解各函数的功能、语法、各参数的意义及操作方法。

（二）债券价值评估

债券是筹资者为筹集资本而发行的、约定在一定时期内向债权人还本付息的有价证券。

1.债券现值估价模型

债券的价值是其预期现金流量的现值。假设债券投资者要求的收益率各期不变，定期支付债券利息，到期偿还本金，其价值计算公式为：

$$P_b=\frac{I_1}{1+r_b}+\frac{I_2}{(1+r_b)^2}+\cdots+\frac{I_n}{(1+r_b)^n}+\frac{F}{(1+r_b)^n} \tag{5.2}$$

式中：I_t代表第t期的利息；F代表到期的本金（面值）；r_b代表债券投资者要求的收益率。

2.债券收益率估价模型

（1）债券到期收益率

债券到期收益率（yield to maturity，YTM）是指债券按当前市场价格购买并持有至到期日所产生的预期收益率，即债券预期利息和到期本金（面值）的现值与债券现行市场价格相等时的折现率。对于每期期末付息、到期一次还本的债券，其到期收益率的计算公式为：

$$P_b=\sum_{t=1}^{n}\frac{I_t}{(1+YTM)^t}+\frac{F}{(1+YTM)^n} \tag{5.3}$$

式中：P_b代表债券当前的市场价格；其他符号同前。

计算债券到期收益率一般采用插值法或利用Excel财务函数“RATE”来完成。实务中也可以采用简化方式计算到期收益率，其计算公式为：

$$YTM=\frac{I+(F-P_b)/n}{(F+P_b)/2} \tag{5.4}$$

（2）持有期间收益率

持有期间收益率是指投资者购买并持有的债券未至到期日便中途转卖时所获得的收益率，其计算公式为：

$$\text{持有期间收益率}=\frac{\text{卖出价格}-\text{买入价格}+\text{债券持有期间利息}}{\text{买入价格}\times\text{持有年限}}\times 100\% \tag{5.5}$$

3.债券的久期与凸性

债券久期（duration）也称持续期，是1938年由F. R. Macaulay提出的。它是指债券各期现金流量现值加权平均年份，权数是每一现金流量的现值在总现金流量现值中的比例，其计算公式①为：

$$D=\frac{\sum_{t=1}^{n}\left[\frac{CF_t}{(1+r_b)^t}\times t\right]}{\sum_{t=1}^{n}\left[\frac{CF_t}{(1+r_b)^t}\right]}=\sum_{t=1}^{n}\frac{P_t}{P_b}\times t \tag{5.6}$$

式中：D代表债券久期；r_b代表债券到期收益率；CF_t代表债券第t期预期现金

① 利用该公式计算债券久期时，通常假设债券现金流量并不随着市场收益率或利率的变动而变动，但这一假设对于浮动利率债券、含有赎回或售回条款的债券是无效的。

流量；P_t代表第t期现金流量的现值；其他符号同前。

可见，久期实质上是一个经过修正的投资标准期限，但在债券价值分析中，久期已经超越了时间的概念，投资者更多地用它来衡量债券价格变动对利率变化的敏感度，并且经过一定修正，使其能确切地度量利率变动对债券价格的影响。在债券收益率有微小变动的条件下，久期与债券价格之间的关系①可以表示为：

$$\frac{dP_b}{P_b}=-\frac{1}{(1+r_b)}\times D\times dr_b \tag{5.7}$$

式中：$D/(1+r_b)$项称为“修正久期（modified duration）”。该式表明对于给定的到期收益率的微小变动，债券价格的相对变动与修正久期之间存在严格的比例关系。修正久期越长，债券价格对收益率的变动就越敏感，收益率上升所引起的债券价格下降幅度就越大，而收益率下降所引起的债券价格上升幅度也就越大。正是久期的这种特征为债券投资提供了参照，如果预测当前的利率水平可能上升，就可以集中投资于短期品种，缩短债券久期；如果预测当前的利率水平可能下降，则拉长债券久期，加大对长期债券的投资，使投资者能够在债市的上涨中获得更高的溢价。

如果债券定期支付利息（等额），到期一次还本，则债券久期与修正久期的计算也可以借助Excel中的DURATION与MDURATION财务函数实现。其输入方式分别为：

DURATION（settlement，maturity，coupon，yld，frequency，basis）

MDURATION（settlement，maturity，coupon，yld，frequency，basis）

式中：settlement代表债券的成交日，即购买者买入债券的日期；maturity代表债券的到期日②；coupon代表债券的年息票率；yld代表债券的年到期收益率；frequency代表频数，即每年利息支付的次数，如果按年支付，frequency=1，按半年期支付，frequency=2，按季支付，frequency=4；basis代表日计数基准类型，即1年的天数，用代号0~4表示，具体含义见表5-4。

表5-4　**日计数基准类型的符号及其代表含义**

basis	日计数基准
0或省略	US（NASD）30/360
1	实际天数/实际天数
2	实际天数/360
3	实际天数/365
4	欧洲 30/360

① 从数学上看，久期是债券价格对收益率的一阶导数，该公式的推导过程参见刘淑莲．公司理财[M]．北京：北京大学出版社，2007：75.

② 注意，参数settlement与maturity应使用DATE函数来输入日期，或者将日期作为其他公式或函数的结果输入。例如，使用函数DATE（2020，8，8）输入2020年8月8日。如果日期以文本的形式输入，则会出现问题。

修正久期度量了收益率与债券价格的近似线性关系。但实际上，债券价格随着利率变化而变化的关系是一条向下凸的曲线而不是直线，如图5-1所示。在图5-1中，对于价格-收益率曲线B而言，债券价格随利率下降（$r_0 \to r_1$）而上升的幅度（P_0P_1）要大于债券价格随利率上升相同幅度（$r_0 \to r_2$）而下降的幅度（P_0P_2）。可见，由修正久期计算得出的债券价格变动幅度存在误差，而且债券价格随利率变化的波动性越大，这种误差就越大。衡量这种误差的方法就是计算债券的凸性（convexity）。严格地定义，凸性是指在某一到期收益率下，到期收益率发生变动而引起的价格变动幅度的大小，其计算公式[①]为：

$$\text{凸性}=\frac{1}{P_b}\left[\sum_{t=1}^{n}\frac{I_t(t^2+t)}{(1+r_b)^{t+2}}+\frac{(n^2+n)F}{(1+r_b)^{n+2}}\right] \tag{5.8}$$

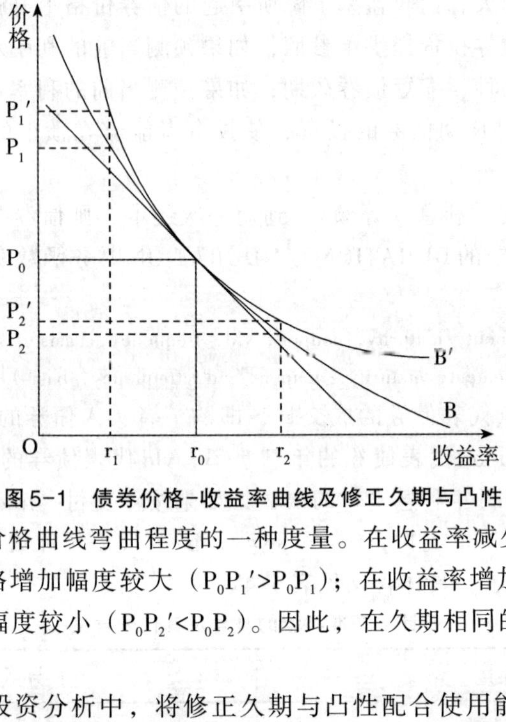

图5-1 债券价格-收益率曲线及修正久期与凸性

凸性是对债券价格曲线弯曲程度的一种度量。在收益率减少相同单位时，凸性大的债券（B′）价格增加幅度较大（$P_0P_1' > P_0P_1$）；在收益率增加相同单位时，凸性大的债券价格减少幅度较小（$P_0P_2' < P_0P_2$）。因此，在久期相同的情况下，凸性大的债券的风险较小。

总之，在债券投资分析中，将修正久期与凸性配合使用能够提高预测的精确度。收益率变化对债券价格的影响归结为两方面：修正久期与凸性。其中凸性对债券价格的影响表现为：

$$\text{凸性对价格变化的影响}=\frac{1}{2}\times\text{凸性}\times(\Delta\text{收益率})^2 \tag{5.9}$$

（三）股票价值评估

股票是一种有价证券，投资者购买公司股票成为公司股东，并拥有参与重大决策权、收益分配权、股票转让权及优先认购权等。

股票价值评估主要有现金流量折现法、乘数估价法和期权估价法三种。本实训

① 从数学上看，凸性是债券价格对收益率的二阶导数，该公式的推导过程参见刘淑莲，牛彦秀．企业财务管理［M］．大连：东北财经大学出版社，2007：62-63.

主要练习现金流量折现法之股利折现模型，包括股利零增长模型、股利稳定增长模型和两阶段股利折现模型。

在现金流量折现法下，股票价值等于其未来现金流量的现值。股票现金流量一般指股利或股权自由现金流量，因此，现金流量折现法主要有股利折现模型和股权自由现金流量折现模型。在股利折现模型下，股票投资的现金流量包括两部分：一是每期的预期股利；二是股票的预期出售价格。由于持有期期末股票的预计价格是由股票未来的股利决定的，因此股票当前的价格应等于无限期股利的现值，即：

$$P_0=\frac{D_1}{(1+r_s)}+\frac{D_2}{(1+r_s)}+\cdots=\sum_{t=1}^{\infty}\frac{D_t}{(1+r_s)^t} \tag{5.10}$$

式中：D_t代表各期预期股利（t=1，2，…，n）；r_s代表普通股投资必要收益率或股本成本。

与债券现金流量不同，股票现金流量有更大的不确定性。因此，根据对未来增长率的不同假设构造出几种不同形式的具体股利折现模型：

1.股利零增长模型

假设未来股利零增长，即每期发放的股利都相等，均为固定值D，则股票的价值计算为：

$$P_0=\frac{D}{r_s} \tag{5.11}$$

如果投资者按现行市价购买股票，则股票的预期收益率（r'_s）为预期股利与其市场价值之比，即：

$$r'_s=\frac{D}{P_0} \tag{5.12}$$

2.股利稳定增长模型

股利稳定增长模型是高登（Gordon）于1962年提出的，因此又称Gordon模型。这一模型假设：（1）股利支付是永久性的，即$t\to\infty$；（2）股利增长率为一常数（g），即$g_t=g$；（3）模型中的折现率大于股利增长率，即$r_s>g$。根据上述假设条件，股票价值的计算公式为：

$$P_0=\frac{D_1}{r_s-g} \tag{5.13}$$

该模型中，股票的价值主要取决于三个因素，即预期股利（D_1）、股票投资必要收益率（r_s）及股利增长率（g），其中投资必要收益率可以采用资本资产定价模型确定[①]，而股利增长率可以采用因素分析法预测，即假设公司净资产收益率保持不变，且公司不能通过发行新股筹资，则股利增长率可按下式计算：

股利增长率（g）=（1−股利支付率）×净资产收益率

=留存收益比率×净资产收益率　　(5.14)

如果投资者按现行市价购买股票，则股票的预期收益率（r'_s）为：

① 本实训中利用资本资产定价模型计算股票投资必要收益率时，所需的参数直接给出，而关于各参数确定的实际方法，参见模块四的相关内容。

$$r'_s=\frac{D_1}{P_0}+g \tag{5.15}$$

该模型适用于以一个与名义经济增长率相当或稍低的速度增长的公司，并且公司在未来会继续奉行已制定的股利支付政策。公司的股利支付必须与稳定性的假设一致，因为稳定的公司通常会支付大量的股利。特别地，对于那些一贯支付低于它们能够支付的股利并且在此过程中积累现金的公司而言，该模型将会低估其股票的价值。

3.两阶段股利折现模型

两阶段股利折现模型将公司未来发展分为两个阶段：高速增长阶段和随后的稳定增长阶段。这类公司的股票价值由两部分构成：高速增长阶段股利现值与期末股票价值的现值。其计算分析过程如图5-2所示。

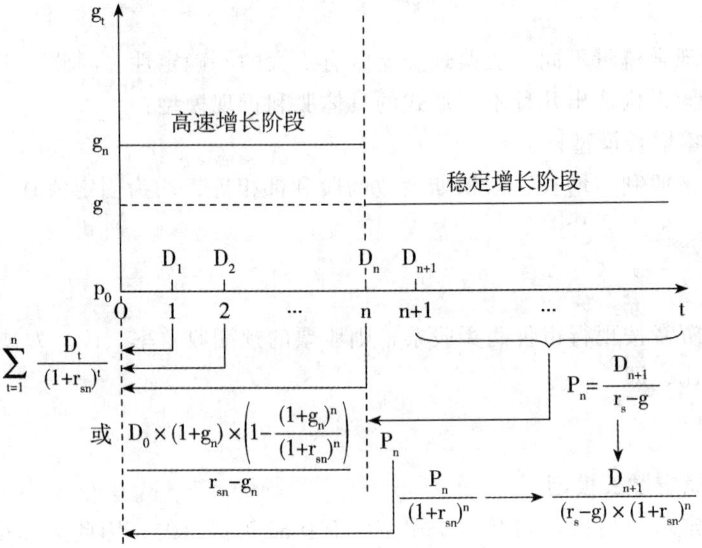

图5-2 两阶段股利折现模型的价值计算分析

$$P_0=\sum_{t=1}^{n}\frac{D_t}{(1+r_{sn})^t}+\frac{D_{n+1}}{(r_s-g)\times(1+r_{sn})^n} \tag{5.16}$$

如果在前n年高增长率（g）和股利支付率固定不变，则股票的价值为：

$$P_0=\frac{D_0\times(1+g_n)\times\left[1-\frac{(1+g_n)^n}{(1+r_{sn})^n}\right]}{r_{sn}-g_n}+\frac{D_{n+1}}{(r_s-g)\times(1+r_{sn})^n} \tag{5.17}$$

式中：r_{sn}与r_s分别代表高速增长时期与稳定增长时期的投资必要收益率或股本成本；g_n与g分别代表高速增长时期与稳定增长时期的股利增长率；其他符号同前。

该模型一般适用于具有下列特征的公司：（1）公司当前处于高速增长阶段，并预期在今后一段时间内仍保持这一较高的增长率，随后，支持高速增长率的因素消失，公司进入稳定增长阶段。例如，某公司拥有一种在未来几年内能够产生高额利润的产品专利权，在这段时间，公司将实现超常增长；一旦专利到期，公司将无法保持超常增长率，从而进入稳定增长阶段。(2) 一家公司处于一个超常增长的行业，而这个行业之所以能够超常增长，是因为存在着很高的进入壁垒（法律或必要的基础设施所导致的），并预计这一进入壁垒在今后几年内能够继续阻止新的进入者进入该行业。

三、实训内容

实训一　货币时间价值的衡量

实训1.1　个人储蓄业务

（一）实训条件

1.银行储蓄业务简介。

中国人民银行是经国务院授权的利率主管机关，代表国家依法行使利率管理权，主要负责制定中央银行的存、贷款利率和金融机构的存、贷款利率等，而各金融机构根据中国人民银行有关规定，主要负责确定内部资金往来利率、贴现和转贴现利率，并对同业拆借利率进行协商等。

目前，我国银行提供的个人储蓄存款业务采取单利计息制度，根据存款期限不同，储蓄方式主要有活期存款、定期存款和通知存款等。定期存款又可分为整存整取、零存整取、整存零取、存本取息、定活两便等不同的类型。其中，整存整取是在存款时约定存期，整笔存入，到期一次整笔支取本息的一种个人存款。通常50元起存，存期分为3个月、6个月、1年、2年、3年和5年。零存整取是指约定存期、分次每月存入固定存款金额、到期一次支取本息的一种个人存款。一般5元起存，存款金额由客户自定，每月存入一次，中途如有漏存，应在次月补齐。存期通常分为1年、3年、5年。

2.个人储蓄业务资料。

(1) 假设你到中国建设银行办理80 000元的人民币整存整取储蓄业务，存款期限可以选择3个月、6个月、1年、2年、3年和5年。

(2) 假设你准备在3年后积攒一笔旅游基金，为积攒这笔钱你决定每个月从生活费中提出500元，并到中国工商银行办理3年期的零存整取储蓄业务。

（二）实训要求

1.当你到中国建设银行办理80 000元的人民币整存整取储蓄业务时，在存款期限分别为3个月、6个月、1年、2年、3年和5年的情况下（不考虑利息的个人所得税）：

(1) 利用Excel电子表格，按现行银行的单利计息制度分别计算不同存款期限下到期时的本利和及利息；按复利计息制度分别计算不同存款期限下到期的本利和。

（2）比较两种计息制度下本利和的变化，利用Excel制图并予以说明。

（3）登录中国建设银行、中国工商银行的网站，利用其提供的理财计算器计算单利计息下有关内容，并检验与Excel电子表格计算的一致性。

（4）如果最终你选择的是将80 000元办理存期1年、到期转存1年的储蓄业务，计算连续5年后你将会得到的本利和。

2.在你办理3年期每月存入500元的零存整取业务时，利用Excel电子表格及其财务函数进行以下实训：

（1）按现行银行的单利计息制度计算到期时存款的利息与到期的本息合计。

（2）按复利计息制度计算到期的本利和。

（3）如果到期时你希望取出的本利和为20 000元，则按复利计息，计算每月应零存的金额。

（4）如果到期时你希望取出的本利和为20 000元，则按复利计息，理论上而言，计算你应该存款的期限。

（提示：零存整取每笔现金流出发生在每期期初）

（三）实训组织方式及步骤

本实训安排在相关理论知识讲授结束之后进行，在实训教师的组织和指导下，每位学生独立完成实训任务。学生利用课余时间到各银行对银行个人储蓄业务进行实地考察之后，以班级为单位统一在财务管理模拟实验室内进行实训，实验室需配备计算机，装有Excel等软件，并与互联网相联。实训前要求学生对货币时间价值衡量的理论知识点进行预习。

实训步骤如下：

1.实地访问中国人民银行、中国建设银行、中国工商银行等或登录其网站等，查找现行人民币存款基准利率，完成表5-5。

2.实地访问中国建设银行、中国工商银行、上海浦东发展银行、中国民生银行等商业银行，或登录其网站等，了解各银行实际提供的人民币个人储蓄服务的种类、特点，不同储蓄服务的存款期限、起存金额等规定。

3.当你到中国建设银行办理80 000元的人民币整存整取储蓄业务时，在存款期限分别为3个月、6个月、1年、2年、3年和5年的情况下：

（1）分别按单利计息制度和复利计息制度，利用Excel电子表格完成实训要求的各项内容，见表5-6。

在上述计算结果的基础上，比较两种计息方式下的本利和，并利用Excel电子表格绘图。选择菜单栏中“插入”→“图表”→“折线图”，进而根据图表折线向导依次完成表格绘制。

（2）登录中国建设银行或中国工商银行的网站，利用其提供的理财计算器，根据提示性信息进行计算。图5-3为中国建设银行网上理财计算器。[1]

---

① 一般地，各银行网站都提供相应的理财计算器，如中国建设银行在其主页的“存款服务”栏中提供的“理财计算器”。

表5-5　**金融机构人民币存款基准利率**

	A	B
1	项　　目	年利率（%）
2	一、活期存款	
3	二、定期存款	
4	1.整存整取	
5	3个月	
6	6个月	
7	1年	
8	2年	
9	3年	
10	5年	
11	2.零存整取、整存零取、存本取息	
12	1年	
13	3年	
14	5年	
15	3.定活两便	
16	三、通知存款	
17	1天	
18	7天	

表5-6　**整存整取个人储蓄业务计算表**

	D	E	F	G	H	I	M
1	存款期限种类	本金	期限	利率	单利计息		复利计息
2					本利和	利息	本利和
3	3个月						
4	6个月						
5	1年						
6	2年						
7	3年						
8	5年						

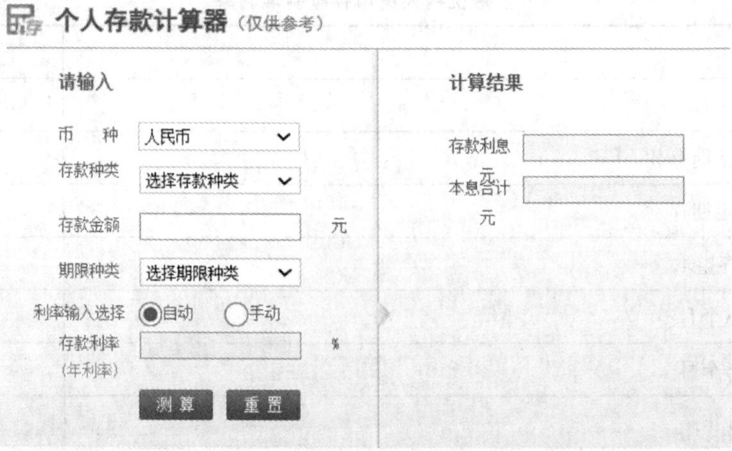

图5-3 中国建设银行网上理财计算器（个人存款计算器）

（3）在将80 000元选择办理存期1年、到期转存1年的储蓄业务情况下，采用Excel电子表格计算连续5年后将会得到的本利和，完成表5-7。

表5-7 1年期、到期转存储蓄业务计算表

	A	B	C
1	本金		
2	利率		
3	转存期		
4	本利和		提示：采用Excel中的FV函数计算

4.当你办理3年期每月存入500元的零存整取业务时：

首先，按现行银行的单利计息制度计算到期时存款的利息及本利和，完成表5-8。

表5-8 零存整取储蓄业务计算表——单利计息

	A	B	C
1	零存金额		
2	存期（年）		
3	存期（月）		
4	年利率		
5	到期利息合计		考虑各期500元的计息期数采用等差数列求和计算
6	本利和		

其次，按复利计息制度计算实训各项内容，完成表5-9。

表5-9　　零存整取储蓄业务计算表——复利计息

	D	E	F
1	（1）复利计息下本利和的计算		
2	零存金额		
3	存期（年）		
4	存期（月）		
5	年利率		
6	月利率		
7	本利和		可利用Excel中的FV财务函数计算
8	到期利息合计		
9	（2）到期拟取出本利和20 000元时的零存金额		
10	拟到期的本利和	20 000	
11	每月零存金额		可利用Excel中的PMT财务函数计算
12	（3）到期拟取出本利和20 000元时的存款期		
13	拟到期的本利和	20 000	
14	存款月数		可利用Excel中的NPER财务函数计算

实训1.2　个人住房贷款业务

（一）实训条件

1.银行个人住房贷款业务简介。

各商业银行大都可以向个人提供用于购买自用的各类型住房的人民币贷款。该种贷款通常是一种担保性贷款，可采取抵押、质押、保证或上述三种担保方式并用。贷款一般有公积金贷款和商业贷款两种主要的形式。不同的银行对贷款对象和条件、贷款额度与期限、贷款还款方式的规定不同。但总体来看，贷款本息的偿还方式主要有以下几种：（1）一次性利随本清法，通常是贷款期限在1年（含1年）内的，实行到期一次还本付息的方法；（2）等额本息法，又称等额法，即借款人每月以相等的金额偿还贷款本息；（3）等额本金法，又称递减法，即借款人每月等额偿还本金，贷款利息随本金逐月递减，还款额逐月递减。还款方式通常在借款合同中事先约定，如果借款人想提前还款，应事先征得贷款人的同意，并办理相关手续。

2.个人住房贷款业务资料。

假设你准备购置一套120平方米、总价款200万元的房子（首套），首付款为购房价款的40%，其余款项通过中国工商银行办理公积金贷款，贷款期限为20年。

（二）实训要求

1.利用Excel电子表格计算等额本息法和等额本金法两种还款方式下，每月的还款额、应还本金、应还利息以及贷款余额。

2.比较上述两种还款方式的偿还额，分析两种还款方式发生差异的原因，并说明不同偿还方式的特点，你在选择偿还方式时会考虑的因素。

3.利用Excel财务函数PMT、PPMT和IPMT快速计算等额本息法还款下，贷款第5年至第8年每年最后一个月的还款额、应还本金及应还利息，并与1中的计算核对。

4.登录中国建设银行或中国工商银行的网站，利用网站提供的理财计算器计算1的有关内容，并检验与上述计算的一致性。

（三）实训组织方式及步骤

本实训安排在相关理论知识讲授结束之后进行，在实训教师的组织和指导下，每位学生独立完成实训任务。学生利用课余时间到各银行对个人住房贷款业务进行实地考察之后，以班级为单位统一在财务管理模拟实验室内进行实训，实验室需配备计算机，装有Excel等软件，并与互联网相联。

实训步骤如下：

1.实地访问中国人民银行、中国建设银行、中国工商银行等或登录其网站等，查找现行人民币贷款基准利率，完成表5-10。

表5-10　**金融机构人民币贷款基准利率**

<table>
<tr><th></th><th colspan="2">A</th><th>B</th></tr>
<tr><td>1</td><td colspan="2">项　目</td><td>年利率（%）</td></tr>
<tr><td>2</td><td colspan="2">一、短期贷款</td><td></td></tr>
<tr><td>3</td><td colspan="2">　　1年以内（含1年）</td><td></td></tr>
<tr><td>4</td><td colspan="2">二、中长期贷款</td><td></td></tr>
<tr><td>5</td><td colspan="2">　　1年至5年（含5年）</td><td></td></tr>
<tr><td>6</td><td colspan="2">　　5年以上</td><td></td></tr>
<tr><td>7</td><td colspan="2">三、个人住房公积金贷款</td><td></td></tr>
<tr><td>8</td><td rowspan="2">首套</td><td>5年以下（含5年）</td><td></td></tr>
<tr><td>9</td><td>5年以上</td><td></td></tr>
<tr><td>10</td><td rowspan="2">第二套</td><td>5年以下（含5年）</td><td></td></tr>
<tr><td>11</td><td>5年以上</td><td></td></tr>
</table>

2.实地访问中国工商银行、中国建设银行、上海浦东发展银行、中国民生银行等商业银行，或登录其网站等，了解各银行提供的个人贷款业务的种类，尤其是个

人住房贷款，包括个人住房公积金贷款、个人住房商业贷款的申请条件、贷款额度、贷款期限、贷款利率、还款方式等相关规定。

3.在Excel电子表格中计算等额本息法和等额本金法两种还款方式下每月的还款额、应还本金、应还利息以及贷款余额，表格内容与格式设计见表5-11、表5-12。（提示：利用Excel电子表格自动填充功能能够更快地完成计算过程）

表5-11　　**个人住房贷款分期付款时间表（等额本息法）**

	D	E	F	G	H	I	J	K
1	公积金贷款利率					财务函数应用		
2	还款期	月还款额	应还本金	应还利息	贷款余额	PMT	PPMT	IPMT
3	0							
4	1							
5	2							
6	3							
7	4							
8	5							
9	6							
10	7							
11	8							
⋮	⋮							
63	60							
⋮	⋮							
75	72							
⋮	⋮							
87	84							
⋮	⋮							
99	96							
⋮	⋮							
243	240							
244	合计							

表5-12　　个人住房贷款分期付款时间表（等额本金法）

	M	N	O	P	Q
1	公积金贷款利率				
2	还款期	月还款额	应还本金	应还利息	贷款余额
3	0				
4	1				
5	2				
6	3				
7	4				
8	5				
9	6				
10	7				
11	8				
⋮	⋮				
243	240				
244	合计				

根据上述计算结果，实训教师引导学生分析两种还款方式下偿还额发生差异的原因、不同偿还方式的特点，以及选择还款方式时考虑的因素。

4. 利用Excel财务函数PMT、PPMT和IPMT分别计算表5-11中单元格I63：K63、I75：K75、I87：K87、I99：K99的内容，得出贷款第5年至第8年每年最后一个月的还款额、应还本金及应还利息，并将其结果与前面的计算核对。

5. 登录中国建设银行或中国工商银行的网站，利用网站提供的理财计算器，根据提示信息进行计算，并将最终计算结果列示出来。图5-4是中国建设银行网上个人贷款计算器。

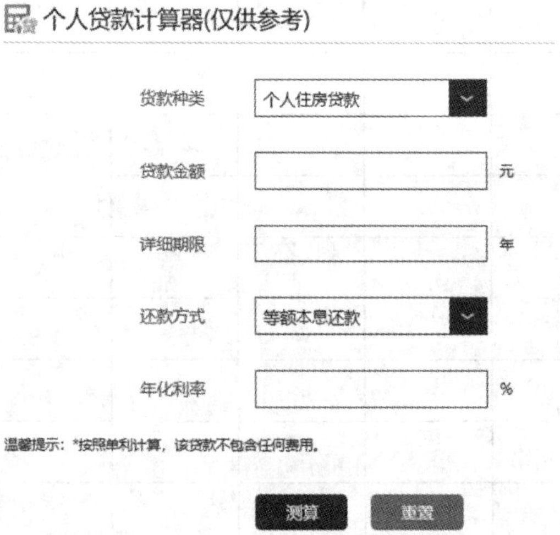

图5-4　中国建设银行网上个人贷款计算器

实训二　债券价值评估

（一）实训条件

1.武汉地铁集团有限公司

武汉地铁集团有限公司（简称“武汉地铁”）成立于2000年11月2日，是由武汉市国资委出资并依照《中华人民共和国公司法》在原武汉市轨道交通有限公司基础上改组成立的国有控股有限责任公司，注册资本88亿元。作为武汉市城市轨道交通建设的唯一主体，武汉地铁经过多年的发展，各项业务均取得了较好成绩。截至2022年年底，公司资产总额近4 366亿元，2019年实现营业总收入100亿元，利润总额16.27亿元。

2. G18武铁1债券基本资料

2018年4月11日，武汉地铁按面值100元向社会公开发行第一期绿色债券（债券简称“G18武铁1”）20亿元，息票率为5.29%（固定利率），期限15年，到期日为2033年4月11日。采用单利计息，每年4月11日付息一次，到期偿还本金。本期债券募集的20亿元资金中5亿元用于武汉市轨道交通5号线工程项目、3亿元用于8号线二期工程项目、2亿元用于蔡甸线工程项目、10亿元用于补充营运资金。该债券为无担保债券，信用级别为AAA级，由国泰君安证券股份有限公司及海通证券股份有限公司作为主承销商。2018年4月27日，经发行人申请，G18武铁1在上海证券交易所上市，债券代码为127788。

（二）实训要求

1.进行债券的现值估价，估价中可自行假设相关的条件。

2.进行债券的收益率估价，包括到期收益率与持有期间收益率。

3.计算债券的久期与凸性，并利用久期与凸性进行债券价格分析。

（三）实训组织方式及步骤

本实训安排在相关理论知识讲授完之后进行，在实训教师的组织和指导下，由学生自由组成3~4人为一组的实训小组，确定小组负责人，并以小组为单位自主完成实训任务。学生利用课余时间到证券机构或交易所进行实地考察之后，以班级为单位统一在财务管理模拟实验室内进行实训，实验室需配备计算机，装有Excel等软件，并与互联网相联。实训前要求熟悉债券现值估价、收益率计算以及债券久期与凸性等相关的理论知识。实训过程中，首先由实训教师以“G18武铁1”为例，引导学生利用互联网查找该债券的相关资料，并按照实训要求完成实训内容。然后，由学生自行选择一只或几只债券，参考“G18武铁1”的计算过程分小组独立进行实训。实训的具体步骤如下：

1.“G18武铁1”相关资料的查询过程

登录中国证券网、证券之星、和讯、新浪等相关网站，查看债券的相关资料。如证券之星会发布每个交易日的债券收益率排行列表，表5-13和表5-14分别列示了2023年3月13日部分国债和企业债券的行情收益表。

表5-13　　国债收益率排行列表

2023年3月13日

序号	债券代码	债券简称	年利率	到期收益率	到期日	剩余年限（年）	付息方式	利率类型	修正久期	凸性	相关功能
1	020392	20贴债59	99.30%	87.87%	2021-03-08	0.01	贴现	贴现	0.02	0.01	行情 资讯
2	130024	13附息国债24	5.31%	3.88%	2063-11-18	40.68	半年付息	固定利率	18.95	552.57	行情 资讯
3	019325	13国债25	5.05%	3.60%	2043-12-09	20.74	半年付息	固定利率	13.45	239.22	行情 资讯
4	130025	13附息国债25	5.05%	4.03%	2043-12-09	20.74	半年付息	固定利率	13.20	232.91	行情 资讯
5	080013	08国债13	4.94%	2.24%	2028-08-11	5.41	半年付息	固定利率	4.79	27.00	行情 资讯
6	140009	14附息国债09	4.77%	3.37%	2034-04-28	11.13	半年付息	固定利率	8.64	91.12	行情 资讯
7	019319	13国债19	4.76%	3.10%	2043-09-16	20.51	半年付息	固定利率	13.67	244.49	行情 资讯
8	130019	13附息国债19	4.76%	3.81%	2043-09-16	20.51	半年付息	固定利率	13.26	234.23	行情 资讯
⋮	⋮	⋮	⋮	⋮	⋮	⋮	⋮	⋮	⋮	⋮	⋮

表5-14　　企业债收益率排行列表

2023年3月13日

序号	债券代码	债券简称	年利率	到期收益率	到期日	剩余年限（年）	付息方式	利率类型	修正久期	凸性	相关功能
1	175505	20方圆01	10.00%	9.97%	2024-12-03	2.01	按年付息	固定利率	1.59	4.27	行情 资讯
2	167902	20万通03	9.00%	8.95%	2022-10-30	1.81	按年付息	固定利率	1.59	4.05	行情 资讯
3	122765	11泛海02	8.90%	6 030.82%	2021-12-13	0.09	按年付息	固定利率	0.01	0.00	行情 资讯
4	151467	19天房01	8.90%	15.49%	2022-04-23	0.35	按年付息	固定利率	0.31	0.36	行情 资讯
5	127102	PR襄矿债	8.80%	449.14%	2022-02-11	0.33	按年付息	固定利率	0.08	0.02	行情 资讯
6	127856	18安发01	8.80%	38.74%	2025-09-11	2.61	按年付息	固定利率	1.64	4.13	行情 资讯
⋮	⋮	⋮	⋮	⋮	⋮	⋮	⋮	⋮	⋮	⋮	⋮
4509	127788	G18武铁1	5.29%	4.28%	2033-04-11	10.23	按年付息	固定利率	7.63	75.88	行情 资讯
4510	127820	PR鄂交投	5.29%	31.61%	2025-06-05	2.24	按年付息	固定利率	1.55	3.75	行情 资讯
4511	135397	16迈瑞02	5.29%	3.92%	2023-04-18	0.10	按年付息	固定利率	0.09	0.10	行情 资讯
4512	136897	17绿原01	5.29%	4.29%	2022-02-13	0.31	按年付息	固定利率	0.30	0.38	行情 资讯
4513	139106	PR新开元	5.29%	944.49%	2023-04-27	0.37	按年付息	固定利率	0.07	0.01	行情 资讯
⋮	⋮	⋮	⋮	⋮	⋮	⋮	⋮	⋮	⋮	⋮	⋮

2.“G18武铁1”现值估价

假设某投资者在“G18武铁1”发行3年后于2021年4月11日欲购买该债券，若该投资者要求的必要收益率为5%，则该债券的价值为：

$$P_b=\sum_{t=1}^{12}\frac{100\times 5.29\%}{(1+5\%)^t}+\frac{100}{(1+5\%)^{12}}=102.57\text{（元）}$$

债券发行价格的计算也可借助Excel中的PV财务函数，输入方式为：PV（折现率，发行期限，-利息，-面值），即输入“=PV（5%，12，-100*5.29%，-100）”，得到债券价值为102.57元。

假设“G18武铁1”当日收盘价为104.60元，若投资者以此价格进行投资，从理论上看，该投资者不应该购买该债券。

假设2023年3月13日，该投资者再次考虑购买“G18武铁1”，此时，债券的剩余期限为10.2274年，若该投资者要求的必要收益率为5.15%，则该债券的价值为：

$$P_b=\frac{100\times5.29\%}{(1+5.15\%)^{0.2274}}+\frac{100\times5.29\%}{(1+5.15\%)^{1.2274}}+\frac{100\times5.29\%}{(1+5.15\%)^{2.2274}}+\frac{100\times5.29\%}{(1+5.15\%)^{3.2274}}+\frac{100\times5.29\%}{(1+5.15f\%)^{4.2274}}+$$

$$\frac{100\times5.29\%}{(1+5.15\%)^{5.2274}}+\frac{100\times5.29\%}{(1+5.15\%)^{6.2274}}+\frac{100\times5.29\%}{(1+5.15\%)^{7.2274}}+\frac{100\times5.29\%}{(1+5.15\%)^{8.2274}}+\frac{100\times5.29\%}{(1+5.15\%)^{9.2274}}+$$

$$\frac{100\times5.29\%+100}{(1+5.15\%)^{10.2274}}$$

$$=105.16（元）$$

或通过Excel电子表格计算，见表5-15。

表5-15　　“G18武铁1”价值计算（2023年3月13日）

投资者要求的必要收益率为5.15%

	D	E	F	G	H
9	债券剩余期限	各期现金流量	必要收益率	现金流量现值	函数公式输入
10	0.2274	5.2900	4.15%	5.24	
11	1.2274	5.2900	4.15%	5.03	
12	2.2274	5.2900	4.15%	4.83	
13	3.2274	5.2900	4.00%	4.66	
14	4.2274	5.2900	4.15%	4.45	
15	5.2274	5.2900	4.15%	4.28	G10=PV（F10，D10，，-E10），G11：G20单元格依此填充
16	6.2274	5.2900	4.15%	4.11	
17	7.2274	5.2900	4.15%	3.94	
18	8.2274	5.2900	4.15%	3.79	
19	9.2274	5.2900	4.15%	3.64	
20	10.2274	105.2900	4.15%	69.47	
21	合计			113.44	G21=SUM（G10：G20）

2023年3月13日，“G18武铁1”当日收盘价为112.29元，从理论上看，该投资者可以购买该债券。

3.“G18武铁1”的收益率分析

根据证券之星网站公布的具体数据，2023年3月13日“G18武铁1”的剩余年限为10.2274年，如果某投资者于当天按收盘价112.29元购买该债券并一直持有至到期，则税前到期收益率的计算公式为：

$$P_b=112.29=\frac{100\times5.29\%}{(1+YTM)^{0.2274}}+\frac{100\times5.29\%}{(1+YTM)^{1.2274}}+\frac{100\times5.29\%}{(1+YTM)^{2.2274}}+\frac{100\times5.29\%}{(1+YTM)^{3.2274}}+\frac{100\times5.29\%}{(1+YTM)^{4.2274}}+\frac{100\times5.29\%}{(1+YTM)^{5.2274}}+\frac{100\times5.29\%}{(1+YTM)^{6.2274}}+\frac{100\times5.29\%}{(1+YTM)^{7.2274}}+\frac{100\times5.29\%}{(1+YTM)^{8.2274}}+\frac{100\times5.29\%}{(1+YTM)^{9.2274}}+\frac{100\times5.29\%+100}{(1+YTM)^{10.2274}}$$

利用Excel中单变量求解YTM[①]计算如下：

首先，假设YTM=4.00%，据此计算各期的现金流量及现值，见表5-16。

表5-16　“G18武铁1”预期各期的现金流量及其现值

按4.00%的收益率计算

	A	B	C	D
1	期数（年）	各期现金流量（元）	现金流量现值（元）	函数公式输入
2	0.2274	5.29	5.24	C2=PV（$C$14，A2，，-B2），C3：C12单元格依此填充
3	1.2274	5.29	5.04	
4	2.2274	5.29	4.85	
5	3.2274	5.29	4.66	
6	4.2274	5.29	4.48	
7	5.2274	5.29	4.31	
8	6.2274	5.29	4.14	
9	7.2274	5.29	3.98	
10	8.2274	5.29	3.83	
11	9.2274	5.29	3.68	
12	10.2274	105.29	70.50	
13	现金流量现值合计		114.73	C13=SUM（C2：C12）
14	到期收益率		4.00%	预先设定

然后，点击菜单栏中的“数据”，在下拉菜单中选择“模拟分析”中的“单变量求解”，在出现的对话框中根据提示分别输入相关数据，如图5-5所示。点击“确定”按钮后，出现如表5-17所示的结果，即该债券的到期收益率为4.2804%。

① 此处不可以直接利用Excel中的RATE函数求解，因为第一期的现金流量与其他各期的间隔时间不一致。

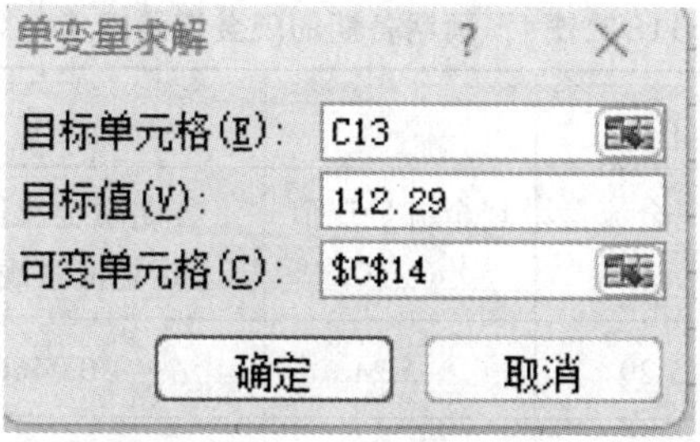

图 5-5　Excel 单变量求解过程图

表 5-17　“G18武铁 1”预期各期的现金流量及其现值、到期收益率

	A	B	C	D
1	期数（年）	各期现金流量（元）	现金流量现值（元）	函数公式输入
2	0.2274	5.29	5.24	C2=PV（$C$14，A2，，-B2），C3：C12 单元格依此填充
3	1.2274	5.29	5.02	
4	2.2274	5.29	4.82	
5	3.2274	5.29	4.62	
6	4.2274	5.29	4.43	
7	5.2274	5.29	4.25	
8	6.2274	5.29	4.07	
9	7.2274	5.29	3.91	
10	8.2274	5.29	3.75	
11	9.2274	5.29	3.59	
12	10.2274	105.29	68.58	
13	现金流量现值合计		112.29	单变量求解时设定
14	到期收益率		4.2804%①	单变量求解所得

也可采用简化公式计算：

$$YTM=\frac{100\times 5.29\%+(100-112.29)\div 10.2274}{(100+112.29)\div 2}\times 100\%=3.85\%$$

4.“G18武铁 1”的久期与凸性

根据税前到期收益率 4.2804% 计算的现金流量现值进一步计算“G18武铁 1”的久期，见表 5-18。

① 此处不可以直接利用 Excel 中的 RATE 函数求解，因为第一期的现金流量与其他各期的间隔时间不一致。

表5-18 "G18武铁1"预期各期的现金流量现值与久期

	A	B	C	D	E
1	期数（年）	各期现金流量（元）	现金流量现值（元）	各期现金流量现值占总现金流量现值的比重	久期（年）
2	0.2274	5.29	5.24	0.04666	0.01061
3	1.2274	5.29	5.02	0.04475	0.05492
4	2.2274	5.29	4.82	0.04291	0.09558
5	3.2274	5.29	4.62	0.04115	0.13281
6	4.2274	5.29	4.43	0.03946	0.16682
7	5.2274	5.29	4.25	0.03784	0.19781
8	6.2274	5.29	4.07	0.03629	0.22598
9	7.2274	5.29	3.91	0.03480	0.25150
10	8.2274	5.29	3.75	0.03337	0.27455
11	9.2274	5.29	3.59	0.03200	0.29528
12	10.2274	105.29	68.58	0.61077	6.24660
13	合计	—	112.29	1.00000	7.95245
14	注：C2=PV（4.2804%，A2,，-B2），C3：C12单元格依此填充，C13=SUM（C2：C12） D2=C2/$C$13，D3：D12单元格依此填充 E2=A2*D2，E3：E12单元格依此填充，E13=SUM（E2：E12）				

$$修正久期=\frac{7.95245}{1+4.2804\%}=7.62603（年）$$

在Excel电子表格中输入"=DURATION（DATE（2023，3，13），DATE（2033，4，11），5.29%，4.2804%，1，3）"得到"G18武铁1"的久期为7.80450年，输入"=MDURATION（DATE（2023，3，13），DATE（2033，4，11），5.29%，4.2804%，1，3）"得到"G18武铁1"的修正久期为7.48415年。

"G18武铁1"凸性的计算过程见表5-19。

如果"G18武铁1"的收益率由4.2804%下降到3.2804%，即下降100个基点，则随着利率的下降，债券价格将由112.29元上升到121.30元，上升8.02%。首先根据修正久期估计价格变化的百分比为：-7.62603×（-1%）=7.63%，然后考虑凸性对价格变化的影响，即：

$$凸性对价格变化的影响=\frac{1}{2}\times 75.0982\times(-0.01)^2=0.38\%$$

表5-19　　“G18武铁1”凸性计算表

	A	B	C	D	E	F
1	期数n（年）	n^2+n	各期现金流量（元）	现金流量折现（折现期为n+2）（元）	各期现金流量折现值占债券市场价格的比重	凸性
2	0.2274	0.27911	5.29	4.82	0.04248	0.01186
3	1.2274	2.73391	5.29	4.62	0.04073	0.11136
4	2.2274	7.18871	5.29	4.43	0.03906	0.28081
5	3.2274	13.64351	5.29	4.25	0.03746	0.51107
6	4.2274	22.09831	5.29	4.07	0.03592	0.79380
7	5.2274	32.55311	5.29	3.91	0.03445	1.12135
8	6.2274	45.00791	5.29	3.75	0.03303	1.48673
9	7.2274	59.46271	5.29	3.59	0.03168	1.88359
10	8.2274	75.91751	5.29	3.45	0.03038	2.30612
11	9.2274	94.37231	5.29	3.30	0.02913	2.74904
12	10.2274	114.82711	105.29	63.07	0.55599	63.84248
13	合计					75.09819
14	注：B2=A2^2+A2，B3：B12单元格依此填充 D2=PV（4.2804%，（A2+2），，-C2），D3：D12单元格依此填充 E2=D2/112.29，E3：E12单元格依此填充 F2=B2*E2，F3：F12单元格依此填充，F13=SUM（F2：F12）					

将凸性调整与以修正久期为基础的估计结合起来，得到对“G18武铁1”价格变化的总估计为8.01%（7.63%+0.38%），这和实际价格变化8.02%仅相差0.01%。可见，通过考虑修正久期与凸性的影响，可以提高预测的准确性。

5.学生自主实训

学生以小组为单位，分别选择一只固定利率的国债与企业债券（不包括赎回或售回条款），了解债券的详细情况，并参考上述“G18武铁1”实训的具体内容，练习这两只债券到期收益率以及久期、修正久期与凸性等指标的计算（计算标准日期自行设定）。

实训三　股票价值评估

实训3.1　股票预期收益率的估计：江苏国泰

（一）实训条件

江苏国泰国际集团国贸股份有限公司（002091），简称“江苏国泰”，于1998年5月7日经江苏省人民政府批准设立，主要从事纺织、服装、机电、轻工、化工等商品进出口贸易和外派劳务业务。2006年12月8日公司股票在深圳证券交易所上市，向社会公开发行人民币普通股3 200万股。经查询，该公司上市以来每股收益与股利分配情况见表5-20。

表5-20　　江苏国泰（002091）分红送股

报告期	每股收益（元）	10股分红（元）	10股送股（股）	10股转增（股）	登记日	除权除息日
2006	0.66	2.50	0	2.50	2007-04-27	2007-04-30
2007	0.50	2.00	0	5.00	2008-04-09	2008-04-10
2008	0.53	1.50	0	0.00	2009-04-17	2009-04-20
2009	0.61	1.50	0	2.50	2010-04-19	2010-04-20
2010	0.59	1.20	1	1.00	2011-04-28	2011-04-29
2011	0.55	1.50	0	0.00	2012-04-20	2012-04-23
2012	0.53	1.20	0	0.00	2013-04-16	2013-04-17
2013	0.47	1.20	0	0.00	2014-05-14	2014-05-15
2014	0.57	1.50	0	0.00	2015-04-24	2015-04-27
2015	0.67	5.00	5	0.00	2016-04-21	2016-04-22
2016	0.75	2.00	0	3.00	2017-05-25	2017-05-26
2017	0.50	2.00	0	0.00	2018-06-28	2018-06-29
2018	0.65	2.00	0	0.00	2019-06-27	2019-06-28
2019	0.60	2.00	0	0.00	2020-09-21	2020-09-22
2020	0.63	2.50	0	0.00	2021-05-26	2021-05-27
2021	0.79	2.50	0	0.00	2022-05-25	2022-05-26
2022	1.07	2.50	0	0.00	2023-05-30	2023-05-31

资料来源：https://vip.stock.finance.sina.com.cn/corp/go.php/vISSUE_ShareBonus/stockid/002091.phtml.

（二）实训要求

1.计算江苏国泰各年的每股股利及股利支付率。

2.假设江苏国泰预计以后每年均维持每10股分红2.50元的股利政策，某投资者于2017年6月2日按当日股票收盘价购入该公司股票，计算该投资者投资股票的预期收益率。

3.计算各年股利增长率，并将各年股利增长率的平均值作为预期股利增长率，且保持不变。假设某投资者于2017年5月31日按当日股票收盘价购入该公司股票，计算该投资者投资股票的预期收益率。

（三）实训组织方式及步骤

本实训首先由实训教师引导学生通过互联网查找上市公司股票价格资料，然后由每位学生运用所学的知识独立完成实训要求。实训主要在财务管理模拟实验室中进行。实验室需配备计算机，装有Microsoft、Excel等软件，并与互联网相连。

实训的具体步骤如下：

1.登录新浪财经、中国上市公司资讯网、和迅股票等相关网站，可以查看股票相关资料，如新浪财经提供的行情走势、技术分析、公司资料、发行分配、股本股东、公司公告、财务数据、重大事项等。通过查询江苏国泰的［行情走势］→［历史交易］项目，可以获得该股票特定日期的收盘价信息。

2.根据实训条件与要求，完成Excel电子表格，见表5-21。

表5-21　　江苏国泰（002091）收益率估价

	A	B	C	D	E	F
1	报告期	每股收益（元）	10股分红（元）	每股股利（元）	股利支付率	股利增长率
2	2006	0.66	2.50			
3	2007	0.50	2.00			
4	2008	0.53	1.50			
5	2009	0.61	1.50			
6	2010	0.59	1.20			
7	2011	0.55	1.50			
8	2012	0.53	1.20			
9	2013	0.47	1.20			
10	2014	0.57	1.50			
11	2015	0.67	5.00			
12	2016	0.75	2.00			
13	股利增长率均值					
14	（1）各年维持10股分红2.50元的股利政策					
15	2017年6月2日收盘价					
16	预期收益率					
17	（2）各年股利预期按平均股利增长率稳定增长					
18	2017年5月31日收盘价					
19	预期收益率					

实训3.2　稳定增长股票估价模型：中国银行

（一）实训条件

中国银行股份有限公司（简称“中国银行”，601988）是中国四大国有商业银行之一，业务范围涵盖商业银行、投资银行和保险领域，其中，商业银行业务包括公司金融、个人金融、资金业务、资金国际业务和金融机构业务等。中国银行机构遍及中国内地及61个国家和地区，旗下有中银国际、中银投资、中银基金、中银保险、中银航空租赁、中银消费金融、中银金融商务、中银香港等控股金融机构。2019年12月18日，人民日报发布中国品牌发展指数100榜单，中国银行排名第21位。2020年3月，中国银行入选全球品牌价值500强第20位。2006年6月1日和7月5日，中国银行分别在香港联合交易所和上海证券交易所成功上市。经查询，中国银行自上市以来的每股收益与股利分配情况见表5-22。

表5-22　**中国银行（601988）分红送股**

报告期	每股收益（元）	10股分红（元）	10股送股（股）	10股转增（股）	登记日	除权日
2006	0.18	0.400	0	0	2007-07-02	2007-07-03
2007	0.22	1.000	0	0	2008-06-26	2008-06-27
2008	0.25	1.300	0	0	2009-06-25	2009-06-26
2009	0.31	1.400	0	0	2010-06-03	2010-06-04
2010	0.39	1.460	0	0	2011-06-09	2011-06-10
2011	0.45	1.550	0	0	2012-06-12	2012-06-13
2012	0.50	1.750	0	0	2013-06-17	2013-06-18
2013	0.56	1.960	0	0	2014-06-26	2014-06-27
2014	0.61	1.900	0	0	2015-07-02	2015-07-03
2015	0.56	1.750	0	0	2016-06-23	2016-06-24
2016	0.54	1.680	0	0	2017-07-13	2017-07-14
2017	0.56	1.760	0	0	2018-07-12	2018-07-13
2018	0.59	1.840	0	0	2019-05-31	2019-06-03
2019	0.61	1.910	0	0	2020-07-14	2020-07-15
2020	0.61	1.970	0	0	2021-06-03	2021-06-04
2021	0.70	2.210	0	0	2022-07-14	2022-07-15
2022	0.73	2.320	0	0	2023-07-14	2023-07-17

资料来源：https://vip.stock.finance.sina.com.cn/corp/go.php/vISSUE_ShareBonus/stockid/601988.phtml.

假设以国债“21国债03（019651）”的年利率3.76%作为无风险利率，上证综合指数的收益率为11.5%，中国银行的β系数为1.20①。

（二）实训要求

1.计算中国银行各年的每股股利、股利支付率及平均股利支付率（算术平均），利用Excel制图分析该公司每股收益与每股股利的变化情况。

2. 2022年中国银行的净资产收益率为11.49%，并假设其保持不变，再结合1中计算的平均股利支付率采用因素分析法估计预期增长率（提示：预期增长率=（1-股利支付率）×净资产收益率）。

① 上证综指收益率和中国银行β系数为笔者自行设定数据，具体估算过程见模块六。

3.估计该公司的股权投资必要收益率（或股权资本成本）。

4.利用稳定增长股票估价模型计算中国银行的股票价值。

（三）实训组织方式及步骤

本实训首先由实训教师引导学生通过互联网查找上市公司的相关资料，并针对模型中相关参数的估计方法予以说明，然后由每位学生独立完成实训任务，并能够自行选择一家或几家上市公司练习稳定增长股票估价模型的应用。实训主要在财务管理模拟实验室中进行。实验室需配备计算机，装有Excel等软件，并与互联网相联。

实训步骤如下：

1.登录相关的财经网站，如通过新浪财经等查询中国银行的基本资料，包括分红配股、每股收益、净资产收益率等相关指标。

2.计算中国银行各年的每股股利、股利支付率及平均股利支付率（算术平均），完成表5-23中D2：E18单元格区域的内容，并借助Excel中的绘图工具绘制并分析每股收益与每股股利之间的变化趋势。选择菜单栏中的"插入"→"图表"→"折线图"，根据图表向导依次完成。

表5-23　**中国银行（601988）股票估价——稳定增长股票**

	A	B	C	D	E
1	报告期	每股收益（元）	10股分红（元）	每股股利（元）	股利支付率
2	2006	0.18	0.400		
3	2007	0.22	1.000		
4	2008	0.25	1.300		
5	2009	0.31	1.400		
6	2010	0.39	1.460		
7	2011	0.45	1.550		
8	2012	0.50	1.750		
9	2013	0.56	1.960		
10	2014	0.61	1.900		
11	2015	0.56	1.750		
12	2016	0.54	1.680		
13	2017	0.56	1.760		
14	2018	0.59	1.840		
15	2019	0.61	1.910		
16	2020	0.61	1.970		
17	2021	0.70	2.210		
18	2022	0.73	2.320		
19	平均股利支付率				
20	2022年净资产收益率		11.49%		
21	预期增长率（因素分析法）				
22	投资必要收益率计算过程				
23	无风险收益率				
24	市场组合（上证综指）收益率				
25	中国银行β系数				
26	投资必要收益率				
27	中国银行股票价值				

3.根据实训条件与要求，采用因素分析法估计预期增长率，填入表5-23中C21单元格；利用资本资产定价模型估计中国银行的投资必要收益率，完成表5-23中的C23：C26单元格区域。

4.利用稳定增长模型，计算中国银行的股票价值（表5-23中单元格C27）。

5.参考上述中国银行案例分析过程，自行选定一家上市公司（你认为适合采用股利稳定增长模型估价的公司），查询相关的数据，设定必要的参数，采用稳定增长股票估价模型进行股票价值评估。

实训3.3　两阶段股票估价模型：明德生物①

（一）实训条件

武汉明德生物科技股份有限公司，简称“明德生物（002932）”，成立于2008年，主要从事体外诊断试剂和诊断仪器的研发、生产、销售和服务，致力于成为一家为医疗机构提供创新、领先医疗服务产品的龙头企业。2017年7月10日在深圳证券交易所挂牌上市，注册资本23 252.1万元。近年来，公司快速稳定发展，2022年实现营业收入1 053 027.78万元，同比上涨272.12%，归属上市公司股东的净利润为420 843.28万元，同比增长197.79%。公司总资产规模达919 094.84万元，同比增加168.97%；净资产649 995.14万元，同比增加133.07%。

公司一直高度重视技术积累和产品研发创新。截至2022年12月31日，公司已取得产品注册证书达到304项，取得欧盟CE认证70项；取得专利数量99项。同时公司在研产品超过100个，高效的项目开发模式为公司的快速发展提供了充足的动力。假设明德生物从2023年到2027年处于高速增长期，随后进入稳定增长阶段，并采用两阶段股利折现模型评估该公司股票的价值。

相关资料如下：

1.背景信息。经查询，2022年度明德生物实现的每股收益（EPS）为27.50元，并于2023年4月21日公告2022年利润分配方案：每10股发放现金股利37元，即每股股利3.7元。

2.高增长时期相关参数。预计高增长期有5年，根据对公司每股收益历史增长率的计算以及未来经营前景的分析，假设每股收益年均增长率为8%，股利支付率各年均保持2022年的水平。

假设无风险利率为4.25%，明德生物的β系数为1.15，深证综指的市场风险溢价为8%。

3.稳定增长时期相关参数。假设稳定增长时期的每股收益增长率为5%，净资产收益率为6.25%，则该时期公司留存收益比率为80%（g/ROE=5%/6.25%），股利支付率为20%。

假设稳定增长时期公司的β系数将下降为0.90，其他因素保持不变。

① 本案例仅以2022年以前的财务报表等数据计算该公司的股票价格，个别相关数据是笔者自行设定的，只是为了练习股票价格的评估方法，并不能充分反映该股票的风险与收益，也不能说明该股票是否具备投资价值。

（二）实训要求

1.计算高增长期的股利现值。

2.计算稳定增长期的股利现值。

3.计算股票的内在价值。

（三）实训组织方式及步骤

本实训首先由实训教师针对模型中相关参数的估计方法予以说明，然后由每位学生独立完成实训内容。实训主要在财务管理模拟实验室中进行。实验室需配备计算机，装有Excel等软件，并与互联网相联。

实训的具体步骤如下：

1.根据实训条件，利用资本资产定价模型分别估计高增长时期与稳定增长时期的投资必要收益率，计算并填列表5-24中C3：D6单元格区域。

2.根据当前的每股收益、每股收益增长率以及每股股利，计算高增长5年期间各年的每股收益、股利支付率、每股股利以及股利现值，得到高增长时期股利现值合计，计算并填列表5-24中C10：F15单元格区域。

3.根据稳定增长时期的每股收益增长率、股利支付率等信息，计算稳定增长时期的股利现值，计算并填列表5-24中的单元格F17。

4.计算明德生物的内在价值，计算并填列表5-24中的单元格F18。

表5-24　**明德生物（002932）股票价值评估——两阶段股票价值评估模型**

	A	B	C	D	E	F
1	投资必要收益率计算过程					
2			高增长时期	稳定增长时期		
3	无风险收益率					
4	市场风险溢价					
5	明德生物β系数					
6	投资必要收益率					
7	（1）高增长时期股利现值					
8	年份	每股收益增长率	每股收益（元）	股利支付率	每股股利（元）	股利现值（元）
9	0		27.5		3.7	
10	1	8%				
11	2	8%				
12	3	8%				
13	4	8%				
14	5	8%				
15	小计					
16	（2）稳定增长时期股利现值					
17	6	5%		20%		
18	（3）股票内在价值					

模块六　风险与收益

一、实训目的

能力目标：

1.学会查找公司股价历史数据，进行投资收益率与风险的度量；

2.掌握单项资产预期收益率与风险的度量；

3.掌握投资组合预期收益率与风险的度量；

4.掌握Excel投资风险度量技术；

5.掌握资本资产定价模型在投资预期收益率计算中的应用。

情感目标：

1.树立风险与收益相匹配的投资理念；

2.加强组合投资、风险防范意识。

价值塑造

倒塌的巨人大厦

二、理论知识点

（一）风险与收益的含义与类别

1.收益

收益一般是指初始投资的价值增量。财务学中，收益率通常有必要收益率、预期收益率与实际收益率之分。

必要收益率是指投资者进行投资（购买资产）要求得到的最低收益率，通常由无风险利率和风险溢价两部分构成。

预期收益率是投资者在下一个时期所能获得的预期的收益率。在一个完善的资本市场中，如果证券的价格为公平市价，所有投资的净现值都为零。此时，预期收益率等于必要收益率。

实际收益率是在特定时期实际获得的收益率，它是已经发生的、不可能通过这一次决策改变的收益率。由于存在着风险，实际收益率很少与预期收益率相同，这两者之间的差异越大，风险就越大，反之亦然。

2.风险

风险是与收益相伴而生的。从财务学的角度来说，风险是指资产未来实际收益相对于预期收益变动的可能性和变动幅度。

一般根据风险的不同特征将其进行分类。按照风险是否可以分散，分为系统风险和非系统风险；按照风险形成的来源，分为经营风险和财务风险。

在没有通货膨胀的影响下，投资必要收益率包括两部分：一部分是资金的时间价值，即无风险收益率；另一部分是风险溢价，即风险报酬率。风险溢价是对投资者承担风险进行投资的一种价值补偿，风险越高，这种价值补偿越大。因此，风险与收益是一种对等关系，从整个资本市场平均看，等量风险会带来等量收益，即风险与收益的均衡。

（二）实际收益率与风险的衡量

实际收益率或历史收益率是投资者在一定期间实现的收益率。假设投资者在第t-1期期末购买股票，在第t期期末出售该股票，则第t期股票投资收益率可按离散型与连续型两种方法计算。

离散型股票投资收益率可定义为：

$$r_t=\frac{P_t-P_{t-1}+D_t}{P_{t-1}} \tag{6.1}$$

式中：r_t表示第t期股票投资收益率；P_t和P_{t-1}分别表示第t期和第t-1期股票价格；D_t表示第t期股利。

连续型股票投资收益率可定义为：

$$r_t=\ln\left(\frac{P_t+D_t}{P_{t-1}}\right) \tag{6.2}$$

连续型股票投资收益率比离散型股票投资收益率要小，但一般差别不大。

值得注意的是，上述计算公式不仅适用于计算投资于股票的实际收益率（根据历史数据计算），也适用于预测未来的投资收益率（根据预期未来的股价及股利计算）。

公式（6.1）与公式（6.2）用于对股票持有单一期间收益率的衡量，而在一个多期投资中，给定各期的收益率，可以计算持有期间的平均收益率，包括算术平均收益率（$\bar{r}_{AM}$）和几何平均收益率（$\bar{r}_{GM}$）。其计算公式分别为：

$$\bar{r}_{AM}=\sum_{i=1}^{n}r_i/n \tag{6.3}$$

$$\bar{r}_{GM}=\left[(1+r_1)(1+r_2)\cdots(1+r_n)\right]^{1/n}-1 \tag{6.4}$$

式中：$\bar{r}_{AM}$、$\bar{r}_{GM}$分别表示算术平均收益率和几何平均收益率；r_i代表收益率数据系列r_1，r_2，…，r_n（其中n是序列观测值的数目）。

投资风险通常用收益率的方差（σ^2）和标准差（σ）两种统计量来衡量。它们是观测值与其均值之间离散程度的衡量指标。其计算公式如下：

$$VARP(r) = \sigma^2 = \frac{1}{n}\sum_{i=1}^{n}\left(r_i - \bar{r}\right)^2 \tag{6.5}$$

$$VAR(r) = \sigma^2 = \frac{1}{n-1}\sum_{i=1}^{n}\left(r_i - \bar{r}\right)^2 \tag{6.6}$$

$$STDEVP(r) = \sigma = \sqrt{VARP} \tag{6.7}$$

$$STDEV(r) = \sigma = \sqrt{VAR} \tag{6.8}$$

通常，方差与标准差越大，说明收益率围绕其平均值变化的程度越剧烈，收益率有很大的不确定性，投资风险较高。

在Excel中可以借助相关的财务函数计算实际收益率的方差与标准差，见表6-1。

表6-1　**Excel方差与标准差度量的财务函数**

函数	函数功能	输入方式
VAR	基于给定样本的方差	VAR（number1，number2，...）
VARP	基于整个样本总体的方差	VARP（number1，number2，...）
STDEV	基于给定样本的标准差	STDEV（number1，number2，...）
STDEVP	基于给定样本总体的标准差	STDEVP（number1，number2，...）

（三）预期收益率与风险的衡量

通常有两种方法估计预期收益率：一种是以某项资产收益率历史数据的样本均值作为估计数，这种方法假设该种资产未来收益率的变化服从其历史上实际收益率的大致概率分布；另一种是根据未来影响收益率的各种可能结果及其概率分布大小估计预期收益率。

1.单项资产的预期收益率与风险

（1）单项资产的预期收益率

单项资产的预期收益率是该资产在各种可能情况下收益率的加权平均数，权数为各种可能情况出现的概率。其计算公式为：

$$E(r) = \sum_{i=1}^{n} r_i P_i \tag{6.9}$$

式中：E（r）表示预期收益率；r_i表示在第i种可能情况下的收益率；P_i表示第i种可能情况出现的概率；n表示可能情况的个数。

（2）单项资产预期收益率的风险

单项资产预期收益率的风险可用方差（σ^2）和标准差（σ）来衡量，表示未来可能收益率水平围绕预期收益率变化的程度。其计算公式分别为：

$$\sigma^2 = \sum_{i=1}^{n}[r_i - E(r)]^2 P_i \tag{6.10}$$

$$\sigma = \sqrt{\sum_{i=1}^{n}[r_i - E(r)]^2 P_i} \tag{6.11}$$

对预期收益率相同的投资项目进行风险比较，方差与标准差越大，说明该项投资的风险越大；但对于预期收益率不相同的投资项目，不能直接通过方差或标准差来比较项目之间的风险状况，而需通过标准离差率（CV）比较。标准离差率是标准差与预期收益率之比，是将标准差单位化来度量单位投资收益率的风险的指标。其计算公式为：

$$CV=\frac{\sigma}{E(r)} \tag{6.12}$$

标准离差率越大，投资项目风险越大。

（3）正态分布与投资收益率分析

如果投资收益率的概率分布符合正态分布，实际收益率将会有68.26%的概率落在预期收益率左右各1个标准差范围内，如图6-1所示。

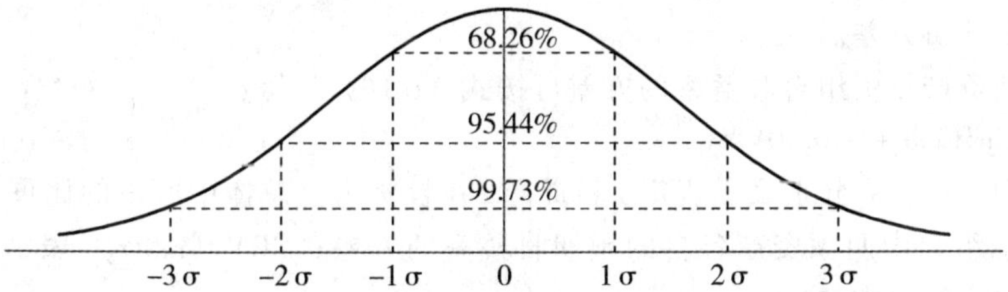

图6-1　正态分布图

从图6-1中可以看出：

①正态分布曲线下的面积等于1或100%。

②正态分布的密度函数是对称的，并呈钟形。这意味着实际收益率有50%的可能会小于预期收益率。

③在正态分布曲线下，收益率围绕其均值左右各1个标准差区间波动的概率为68.26%；收益率围绕其均值左右各2个标准差区间波动的概率为95.44%；收益率围绕其均值左右各3个标准差区间波动的概率为99.73%。

④对于正态分布而言，标准差越大，说明实际收益率变化的差异越大。

在正态分布下，通过均值和标准差能够确定分布的全部性质。标准化的正态分布Z统计量可按下列公式计算：

$$Z=\frac{r-\mu}{\sigma} \tag{6.13}$$

式中：μ表示收益率均值；Z表示收益率（r）偏离收益率标准差的个数。

通过式（6.13）的转化，结合标准正态分布曲线面积表，可以估计实际收益率落在某一区间的概率，在Excel中，则可以借助NORMDIST财务函数实现。该函数返回指定平均值和标准偏差的正态分布函数，其输入方式为：NORMDIST（x，mean，standard_dev，cumulative）。其中，x为需要计算其分布的数值；mean为分布的算术平均值；standard_dev为分布的标准偏差；cumulative为一逻辑值，指明函数的形式。如果cumulative为TRUE，函数NORMDIST返回累积分布函数；如果为FALSE，返回概率密度函数。

2.投资组合的预期收益率与风险

（1）投资组合的预期收益率

对于投资组合来说，预期收益率是投资组合中单项资产预期收益率的加权平均数，权数是单项资产在总投资价值中所占的比重。其计算公式为：

$$E(r_P)=\sum_{i=1}^{n}w_iE(r_i) \tag{6.14}$$

式中：E（r_P）表示投资组合的预期收益率；w_i表示第i项资产在投资组合总价值中所占的比重；E（r_i）表示第i项资产的预期收益率；n表示投资组合中资产的个数。

（2）投资组合预期收益率的方差和标准差

投资组合预期收益率的方差是各项资产收益率方差的加权平均数，加上各项资产收益率的协方差。

两项资产投资组合收益率的方差可按式（6.15）计算：

$$\sigma_P^2=w_1^2\sigma_1^2+w_2^2\sigma_2^2+2w_1w_2COV(r_1,r_2) \tag{6.15}$$

式中：w_1、w_2分别表示资产1和资产2在投资组合总体中所占的比重；σ_1^2、σ_2^2分别表示组合中两项资产各自的预期收益率的方差；COV（r_1，r_2）表示两项资产预期收益率的协方差。

协方差是反映两个随机变量相互关系的统计量，两项资产之间的协方差COV（r_1，r_2）可按式（6.16）计算：

$$COV(r_1,r_2)=\sum_{i=1}^{n}[r_{1i}-E(r_1)][r_{2i}-E(r_2)]P_i \tag{6.16}$$

或 $$COV(r_1,r_2)=\frac{1}{n}\sum_{i=1}^{n}[r_{1i}-E(r_1)][r_{2i}-E(r_2)] \tag{6.17}$$

式中：[r_{1i}-E（r_1）]表示资产1的收益率在经济状态i下对其预期值的离差；[r_{2i}-E（r_2）]表示资产2的收益率在经济状态i下对其预期值的离差；P_i表示经济状态i发生的概率。

协方差是两个变量（资产收益率）离差之积的预期值。如果协方差大于0，表明两项资产预期收益率的变动方向相同；如果协方差小于0，表明两项资产预期收益率的变动方向相反；如果协方差等于0，表明两项资产预期收益率的变动不相关。

相关系数是标准化的协方差，在财务学中，相关系数被用来描述投资组合中各项资产收益率变化的数量关系，即一项资产的收益率发生变化时，另一项资产的收益率将如何变化。两项资产收益率的相关系数（ρ_{12}）可按式（6.18）计算：

$$\rho_{12}=\frac{COV(r_1,r_2)}{\sigma_1\sigma_2} \tag{6.18}$$

相关系数的取值范围在-1~1。如果两项资产收益率的相关系数等于1，表明它们之间完全正相关，即两项资产收益率的变动方向相同；如果两项资产收益率的相关系数等于-1，表明它们之间完全负相关，即两项资产收益率的变动方向相反；如果两项资产收益率的相关系数等于0，表明它们之间零相关或相互独立。

相关系数（ρ_{12}）与协方差的关系可用式（6.19）描述：

$$COV(r_1, r_2)=\rho_{12}\sigma_1\sigma_2 \tag{6.19}$$

进而，投资组合预期收益率的方差还可以写成：

$$\sigma_P^2=w_1^2\sigma_1^2+w_2^2\sigma_2^2+2w_1w_2\rho_{12}\sigma_1\sigma_2 \tag{6.20}$$

根据投资组合预期收益率的方差就可以计算组合预期收益率的标准差。在一个由两项资产构成的投资组合中，组合投资预期收益率的标准差可以通过式（6.21）计算：

$$\sigma_P=\sqrt{w_1^2\sigma_1^2+w_2^2\sigma_2^2+2w_1w_2COV(r_1,r_2)} \tag{6.21}$$

或 $$\sigma_P=\sqrt{w_1^2\sigma_1^2+w_2^2\sigma_2^2+2w_1w_2\rho_{12}\sigma_1\sigma_2} \tag{6.22}$$

在Excel中，可借助相关的财务函数计算两项资产预期收益率的协方差与相关系数。COVAR函数用于返回协方差，即每对数据点的偏差乘积的平均数，实现公式$COV(r_1,r_2)=\frac{1}{n}\sum_{i=1}^{n}[r_{1i}-E(r_1)][r_{2i}-E(r_2)]$的计算。其输入方式为：COVAR（array1，array2），其中，array1、array2分别代表第一个、第二个所含数据为整数的单元格区域，且两个单元格区域的数据点个数要相等。在两项资产预期收益率的协方差计算中，array1、array2分别代表两项资产的预期收益率序列。CORREL函数用于返回单元格区域array1和array2之间的相关系数。其输入方式为：CORREL（array1，array2）。

（四）资本资产定价模型

投资者进行投资承担的风险越高，其要求的风险补偿越高。但是，通过投资组合分析可知，投资者可以通过增加投资组合中的资产数目来降低其风险水平。因此，真正可以得到补偿的风险只是那些不可分散的市场风险，即投资者会更关心单一资产风险对市场组合投资风险的影响。资本资产定价模型（capital asset pricing model，CAPM）就是衡量这种影响的一种工具。

1.资本资产定价模型的基本假设

（1）所有的投资者都追求单期最终财富的效用最大化，他们根据投资组合预期收益率和标准差来优化投资组合；

（2）所有的投资者都能以给定的无风险利率借入或贷出资本，其数额不受任何限制，市场上对卖空行为无任何约束；

（3）所有的投资者对每一项资产收益率的均值、方差的估计相同，即投资者对未来的展望相同；

（4）所有的资产都可完全细分，并可完全变现，即可按市价卖出，且不发生任何交易费；

（5）无任何税收；

（6）所有的投资者都是价格的接受者，即所有的投资者各自的买卖活动都不影响市场价格。

上述基本假设可能与现实经济生活并不符合，但采用这些简化的形式，有助于进行基本的理论分析，且资本资产定价模型的实际应用可以不受这些基本假设的严格限制。

在投资者理性、资本市场完全竞争与有效等的情况下，资本资产定价模型描述了充分多元化的投资组合中风险与收益之间的均衡关系，即在市场均衡的状态下，某项资产的预期收益率与预期所承担的风险之间的关系如式（6.23）所示：

$$E(r_j)=r_f+\beta_j(r_m-r_f) \tag{6.23}$$

式中：$E(r_j)$ 表示第j项资产或组合的预期收益率或必要收益率；r_f表示无风险利率，通常用国债的利率度量；β_j表示第j项资产的贝塔系数，用于衡量系统风险；r_m表示市场投资组合收益率；(r_m-r_f) 表示市场风险溢价；$\beta_j(r_m-r_f)$ 表示第j项资产或投资组合的风险溢价。

资本资产定价模型表明，资产（或资产组合）的预期收益率包括无风险收益率和风险溢价两部分。在该模型中，风险是影响某项资产收益率的唯一因素。而这里的风险即为某项资产收益率变动之于市场组合收益率变动的相对程度，通常用β系数来衡量。

2.系统风险与β系数

风险按照是否可以分散分为系统风险与非系统风险。其中，非系统风险可以通过构建充分分散化的投资组合予以消除，而系统风险则无法通过分散化投资来消除。因此，对于一个投资组合而言，投资者应该关注的是整个投资组合风险的大小，而不是组合中每一项资产的单项风险。每一项资产对充分分散化的资产组合总风险（非系统风险已被完全分散，所以只存在系统风险）的贡献，可以用β系数来衡量。

β系数是某项资产的收益率与市场组合收益率之间的相关性，它反映了个别资产收益率的变化与市场上全部资产平均收益率变化的关联程度，即相对于市场全部资产平均风险水平来说，一项资产所包含的系统风险的大小，即：

$$\beta=\frac{\text{个别资产对市场组合系统风险的贡献}}{\text{市场组合的系统风险水平}} \tag{6.24}$$

其计算公式可以表达为：

$$\beta_j=\frac{COV(r_j,r_m)}{VAR(r_m)}=\frac{COV(r_j,r_m)}{\sigma_m^2} \tag{6.25}$$

式中：β_j表示第j项资产的贝塔系数；$COV(r_j, r_m)$ 表示第j项资产的收益率同市场资产组合收益率之间的协方差；$VAR(r_m)$ 表示市场组合收益率的方差，也记作σ_m^2。

特别地，对于市场组合的β系数，有：

$$\beta_j=\frac{COV(r_j, r_m)}{\sigma_m^2}=\frac{\sigma_m^2}{\sigma_m^2}=1 \tag{6.26}$$

因此，市场组合的β系数等于1。而β系数大于1则表明该项资产的系统风险大于市场组合的风险；β系数小于1则表明该项资产的系统风险小于市场组合的风险。

根据式（6.25），β系数的计算公式也可以写成：

$$\beta_j=\frac{COV(r_j, r_m)}{\sigma_m^2}=\frac{\rho_{jm}\sigma_j\sigma_m}{\sigma_m^2}=\rho_{jm}\frac{\sigma_j\sigma_m}{\sigma_m^2} \tag{6.27}$$

从定义可以看出，某项资产的β系数是该资产收益率变动与整个市场收益率变动的相对程度。因此，从方法上，只要有某项资产（如第j项）的收益率r_j与市场组合收益率r_m之间的相关性及其程度，即可计算β系数。因此，可以借助式（6.27）并以回归方式确定β系数。

$$r_j=\alpha_j+\beta_j\times r_m+\varepsilon_j \tag{6.28}$$

式中：r_j表示第j项资产的收益率；α_j表示回归截距；β_j表示回归线斜率COV（r_j，r_m）$/\sigma_m^2$；ε_j表示随机误差，反映某给定期间实际收益率与回归预测收益率之间的差异。

式（6.28）中的参数α_j和β_j可通过回归分析软件（如Excel①）确定。回归过程中输出的数据R^2，其统计意义在于它提供了回归适宜度的衡量指标，其财务意义就在于它提供了一家公司的风险（方差）中市场风险所占的比例的估计，$(1-R^2)$则代表了公司特有的风险。②

式（6.28）表明第j项资产的收益率与市场组合收益率之间的线性关系，β_j为回归线斜率，在Excel中也可以借助财务函数SLOPE进行计算。该函数用于计算经过给定数据点线性回归拟合线方程的斜率，其输入方式：SLOPE（known_y′s, known_x′s）。其中，known_y′s为数字型因变量数据点数组或单元格区域；known_x′s为自变量数据点集合。

投资组合的β系数，则是单项资产β系数的加权平均数，权数为各项资产在投资组合中所占的比重，其计算公式为：

$$\beta_P=\sum_{j=1}^{n}w_j\beta_j \tag{6.29}$$

式中：β_P表示投资组合的β系数；w_j表示第j项资产在投资组合总价值中所占的比重；β_j表示第j项资产的β系数；n表示投资组合中资产的个数。

3.证券市场线

根据资本资产定价模型，资产（或资产组合）的风险可由β系数度量，且风险与收益之间的关系也可以通过资本资产定价模型来确定，并形成证券市场线（security market line，SML），如图6-2所示。

---

① 利用Excel进行回归分析，在Excel工作表中选择“工具”→“数据分析”→“回归”。
② R^2测量了由一个或几个自变量解释的因变量的变异性比率。

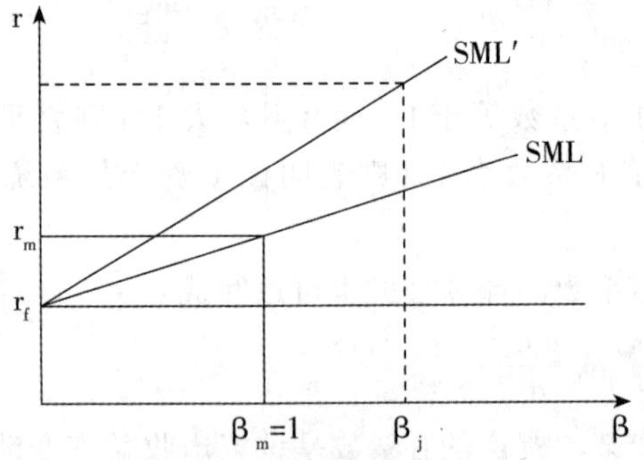

图 6-2 证券市场线

证券市场线是对任何一项资产（证券）或资产组合的预期收益率与风险之间关系的一种描述，它清晰地反映了风险资产的预期收益率与其所承担的系统风险β系数之间呈线性关系，充分体现了高风险高收益的原则。

关于证券市场线，应当注意以下几点：

(1) 证券市场线表明单项证券的预期收益率与其市场风险或系统风险之间的关系，因此，在均衡条件下，所有证券都将落在一条直线——证券市场线上。

(2) 纵轴表示预期收益率，横轴则是以β系数表示的风险，r_f则为证券市场线在纵轴的截距。证券市场线的斜率不是β系数，而是市场风险溢价，即 (r_m-r_f)。

(3) 根据投资组合理论，任一证券对市场组合的贡献都与该证券的预期收益率有关；对市场组合风险的影响与该证券与市场组合的协方差有关，但通常不用协方差表示风险，而是采用相对协方差概念，即β系数。

从证券市场线可以看出，投资者要求的收益率不仅仅取决于市场风险，而且取决于无风险利率和风险溢价。由于这些因素经常处于变动之中，因此，证券市场线也不可能一成不变。例如，如果预期通货膨胀增加，投资者所要求的无风险收益率就会提高，从而导致SML线向上平移；如果投资者的风险厌恶感增强，便会引起SML线的斜率增大，如在图6-2中，证券市场线由SML上升为SML′。

三、实训内容

实训一　实际收益率与风险的衡量

（一）实训条件

宜宾五粮液股份有限公司（000858），简称“五粮液”，是1997年8月19日经四川省人民政府以川府函〔1997〕295号文批准，由四川省宜宾五粮液酒厂有限公司独家发起，采取募集方式设立的股份有限公司，注册资本379 597万元。1998年

3月27日在深圳证券交易所上网定价发行人民币普通股8 000万股。截至2022年12月31日，公司总股数388 160.801万股，其中，宜宾发展控股集团有限公司作为其第一大股东持股34.43%。

五粮液主要从事酒类产品的生产、销售以及物业管理等。2022年，公司扎实推进高质量营销工作，持续加大消费者培育力度、提升五粮液市场地位、满足新时代消费需求、筑牢五粮液命运共同体，核心竞争力不断增强。全年实现营业收入739.69亿元，同比增长11.72%；实现归属于上市公司股东的净利润266.91亿元，同比增长14.17%。良好的经营业绩支持了其股票市场上较好的股价表现。经查询，2021年12月至2022年12月五粮液各月股票价格与交易情况见表6-2。

表6-2　**五粮液股票价格与交易情况**

2021年12月至2022年12月

日期	开盘价（元）	收盘价（元）	最低价（元）	最高价（元）	成交量（股）	成交额（元）
2021-12-31	223.02	222.66	218.11	257.21	622 748 837	147 833 324 443
2022-01-28	222.66	198.38	198.00	227.28	360 580 079	76 767 101 388
2022-02-28	200.00	190.00	184.90	203.96	299 893 482	58 310 128 553
2022-03-31	190.10	155.06	149.11	193.89	616 463 394	102 678 991 864
2022-04-29	155.00	162.13	152.85	174.00	470 403 139	76 490 750 097
2022-05-31	160.00	171.40	149.60	172.82	449 931 251	71 858 284 671
2022-06-30	172.99	201.93	166.58	205.00	554 167 823	100 778 868 528
2022-07-29	202.08	178.40	177.80	205.00	370 856 902	70 953 481 937
2022-08-31	178.50	167.19	162.19	181.53	372 249 673	64 196 062 207
2022-09-30	166.00	169.23	157.07	172.54	390 906 555	63 967 394 778
2022-10-31	169.50	133.50	132.33	170.10	345 234 203	51 569 609 193
2022-11-30	135.55	156.86	133.41	159.97	518 077 636	77 065 239 374
2022-12-30	165.00	180.69	162.26	185.80	535 770 822	94 502 195 307

资料来源：http://webapi.cninfo.com.cn/#/marketData.

（二）实训要求

如果某投资者于2021年12月31日按当日收盘价购买五粮液股票，并持有至2022年12月30日，根据五粮液股票2021年12月至2022年12月的收盘价资料，练习：

1.采用离散型和连续型两种方法计算该股票投资每月的月收益率。

2.根据1中按离散型计算的该股票投资月收益率，分别采用算术平均法和几何平均法计算持有期间（2021年12月31日至2022年12月30日）该股票投资的月平均收益率。

3.根据1中按离散型计算的该股票投资月收益率，以及2中计算出的算术平均月收益率计算该股票投资月收益率的方差和标准差，并将月标准差转化为年标准差。

（三）实训组织方式及步骤

本实训在实训教师的组织和指导下，由学生自主完成。实训前学生要熟悉实际收益率与风险衡量的相关理论知识。实训过程中，首先由实训教师以五粮液股票为例，引导学生利用互联网查找该股票交易相关的信息，并按照实训要求完成实训内容。实训主要在财务管理模拟实验室中进行。实验室需配备计算机，装有Excel等软件，并与互联网相联。然后，由学生自行选择几家上市公司的股票，参考五粮液股票的实际收益率与风险的衡量过程独立进行实训。实训的具体步骤如下：

1.登录相关的财经网站，如巨潮资讯查询五粮液股票的基本交易情况。通过"行情中心"→"国内个股行情"，按照设定日期范围即可查询所需的开盘价、收盘价、最高价、最低价以及成交量与成交金额等信息。

2.利用五粮液股票收盘价信息，进行2021年12月至2022年12月的投资实际风险与收益的衡量，按以下步骤依次完成表6-3的相关内容。

表6-3 **五粮液股票投资收益率与风险的衡量——计算表**

2021年12月至2022年12月

	A	B	C	D	E	F
1	日期	月收盘价	收益率（r_i）		$r_i-\bar{r}_{AM}$	$(r_i-\bar{r}_{AM})^2$
2		（元）	离散型	连续型		
3	2021-12-31	222.66				
4	2022-01-28	198.38				
5	2022-02-28	190.00				
6	2022-03-31	155.06				
7	2022-04-29	162.13				
8	2022-05-31	171.40				
9	2022-06-30	201.93				
10	2022-07-29	178.40				
11	2022-08-31	167.19				
12	2022-09-30	169.23				
13	2022-10-31	133.50				
14	2022-11-30	156.86				
15	2022-12-30	180.69				
16	合计					
17	算术平均值（月）					
18	几何平均值（月）			样本总体方差（月）		
19				样本总体标准差（月）		
20				样本总体标准差（年）		

（1）根据离散型和连续型股票投资收益率的计算公式，计算股票投资月收益率，完成单元格C4：C15，D4：D15区域的内容。

（2）根据（1）计算的离散型的每月投资收益率，计算该持有期间平均收益率，包括算术平均收益率（C17）和几何平均收益率（C18）。

（3）计算该股票投资的月方差（F18）、月标准差（F19）和年标准差（F20）。

3.上述计算过程及结果见表6-4，由学生独立完成步骤2的相关内容后进行核对与检验。

表6-4　　　　五粮液股票投资收益率与风险的衡量——计算结果

2021年12月至2022年12月

	A	B	C	D	E	F
1	日期	月收盘价	收益率（r_i）		$r_i-\bar{r}_{AM}$	$(r_i-\bar{r}_{AM})^2$
2		（元）	离散型	连续型		
3	2021-12-31	222.66				
4	2022-01-28	198.38	-10.90%	-11.55%	-10.02%	1.00%
5	2022-02-28	190.00	-4.22%	-4.32%	-3.34%	0.11%
6	2022-03-31	155.06	-18.39%	-20.32%	-17.51%	3.07%
7	2022-04-29	162.13	4.56%	4.46%	5.44%	0.30%
8	2022-05-31	171.40	5.72%	5.56%	6.60%	0.44%
9	2022-06-30	201.93	17.81%	16.39%	18.69%	3.49%
10	2022-07-29	178.40	-11.65%	-12.39%	-10.77%	1.16%
11	2022-08-31	167.19	-6.28%	-6.49%	-5.40%	0.29%
12	2022-09-30	169.23	1.22%	1.21%	2.10%	0.04%
13	2022-10-31	133.50	-21.11%	-23.72%	-20.23%	4.09%
14	2022-11-30	156.86	17.50%	16.13%	18.38%	3.38%
15	2022-12-30	180.69	15.19%	14.14%	16.07%	2.58%
16	合计		-10.57%	-20.89%		19.96%
17	算术平均值（月）		-0.88%			
18	几何平均值（月）		-1.73%	样本总体方差（月）		1.663%
19				样本总体标准差（月）		12.90%
20				样本总体标准差（年）		44.67%
21	注：（1）每月投资实际收益率 C4=（B4-B3）/B3，C5：C15依此填充；D4=LN（B4/B3），D5：D15依此填充 （2）持有期间月平均收益率 算术平均： C16=SUM（C4：C15）；C17=C16/12，或者C17=AVERAGE（C4：C15） 几何平均： C18=（（1+C4）*（1+C5）*（1+C6）*（1+C7）*（1+C8）*（1+C9）*（1+C10）*（1+C11）*（1+C12）*（1+C13）*（1+C14）*（1+C15））^（1/12）-1，或者C18=（B15/B3）^（1/12）-1 （3）投资风险（月收益率方差与标准差） E4=C4-$C$17，E5：E15依此填充；F4=E4^2，F5：F15依此填充；F16=SUM（F4：F15）；F18=F16/12；F19=SQRT（F18）；F20=F19*SQRT（12） 也可利用Excel财务函数直接计算月收益率的方差和标准差，即F18=VARP（C4：C15），F19=STDEVP（C4：C15）						

4.学生独立选取两家上市公司，下载其近60个月的月收盘价（注意调整股利政策），制成Excel表格。参考五粮液股票投资实际收益率与风险的衡量过程，利用Excel电子表格计算这两家公司股票投资风险与收益的相关指标，并进行两家公司风险程度的比较。

实训二　预期收益率与风险的衡量

实训2.1　单项资产预期收益率与风险的衡量

（一）实训条件

假设某投资者拥有10 000元，拟从A、B、C三家公司股票中选择一只股票进行投资。该投资者了解到三家公司的基本情况为：A公司主要从事计算机应用服务行业，经营范围是电子计算机软件、硬件及外部设备的技术开发、技术咨询、技术转让、技术服务、技术培训等；B公司是一家汽车制造企业，主要从事轻型越野汽车及其零部件制造、销售，并提供与上述产品相关的技术咨询服务；C公司是一家日用电子器具制造企业，主要从事家用电器、电子产品及零配件、通信设备、计算机及其他电子设备、电子电工机械、电池系列产品、电子医疗产品、电力设备等的生产。该投资者根据当前市场以及各公司的实际情况等分别预测三只股票未来的收益率及其概率分布，见表6-5。

表6-5　**三只股票的收益率及其概率分布**

A公司股票		B公司股票		C公司股票	
收益率	概率	收益率	概率	收益率	概率
-20%	0.15	-10%	0.05	-15%	0.10
-5%	0.25	-5%	0.30	-6%	0.20
12%	0.30	8%	0.40	10%	0.35
20%	0.20	12%	0.15	12%	0.25
30%	0.10	20%	0.10	15%	0.10

（二）实训要求

1.分别计算三只股票的预期收益率与方差、标准差。

2.比较三只股票的风险程度，从风险与收益的角度进行投资选择。

3.如果三只股票的收益率均符合连续正态分布，分别计算三只股票实际收益率将在5%以上的概率。

（三）实训组织方式及步骤

本实训在学生熟练掌握单项资产投资的预期收益率与风险度量的基础上进行。实训主要在财务管理模拟实验室中进行。实验室需配备计算机，装有Excel等软件，并与互联网相联。在实训教师的组织和指导下，由学生利用Excel电子表格自主完成实训内容。实训的具体步骤如下：

1.根据实训条件与要求设计Excel电子表格，见表6-6。

表6-6　　三只股票的预期收益率与风险

	A	B	C	D	E	F	G
1	类别	收益率	概率	预期收益率	方差	标准差	标准离差率
2	A公司股票	-20%	0.15				
3		-5%	0.25				
4		12%	0.30				
5		20%	0.20				
6		30%	0.10				
7		合计	1.00				
8		A公司股票收益率大于5%的概率					
9	B公司股票	-10%	0.05				
10		-5%	0.30				
11		8%	0.40				
12		12%	0.15				
13		20%	0.10				
14		合计	1.00				
15		B公司股票收益率大于5%的概率					
16	C公司股票	-15%	0.10				
17		-6%	0.20				
18		10%	0.35				
19		12%	0.25				
20		15%	0.10				
21		合计	1.00				
22		C公司股票收益率大于5%的概率					

2.根据单项资产投资预期收益率、方差、标准差、标准离差率的计算公式，利用Excel电子表格分别度量三只股票的风险与收益，完成表6-6中D2：G7，D9：G14，D16：G21单元格区域中的相关内容，并根据计算结果进行风险评估与投资选择。

3.利用Excel中的NORMDIST函数分别计算三只股票实际收益率将大于5%的概率，完成表6-6中单元格G8、G15和G22的内容。

实训2.2　投资组合预期收益率与风险的衡量

（一）实训条件

E公司是一家主要从事热轧钢卷、钢带、钢板压延加工等业务的上市公司。公司注重加强投资管理，坚持以良好的业绩回报股东，自2008年上市以来已连续分红派现。

F公司成立于2005年，主要从事房地产开发与经营业务。该公司凭借一贯的创新精神及专业开发优势，树立了住宅品牌，并为投资者带来了稳定增长的回报。

某投资者拥有200 000元资金，其中，40%拟投资于E公司的股票，而其余的60%拟投资于F公司的股票。该投资者分析预测这两家公司股票预期收益率的概率分布见表6-7。

表6-7　　E、F公司股票预期收益率概率分布

<table>
<tr><th rowspan="2">概率</th><th colspan="2">收益率</th></tr>
<tr><th>E公司股票</th><th>F公司股票</th></tr>
<tr><td>0.10</td><td>-8.00%</td><td>-4.00%</td></tr>
<tr><td>0.25</td><td>-2.00%</td><td>-16.00%</td></tr>
<tr><td>0.30</td><td>15.00%</td><td>18.00%</td></tr>
<tr><td>0.20</td><td>8.00%</td><td>25.00%</td></tr>
<tr><td>0.15</td><td>2.00%</td><td>4.00%</td></tr>
</table>

（二）实训要求

1.计算该投资者所持投资组合的预期收益率。

2.计算E公司股票与F公司股票预期收益率之间的协方差与相关系数，以及该投资组合的方差与标准差。

（三）实训组织方式及步骤

本实训在学生熟练掌握投资组合的预期收益率与风险度量的基础上进行。实训主要在财务管理模拟实验室中进行。实验室需配备计算机，装有Excel等软件，并与互联网相联。在实训教师的组织和指导下，由学生利用Excel电子表格自主完成实训内容。实训的具体步骤如下：

1.根据实训条件与要求设计Excel电子表格，见表6-8。

表6-8　　E、F公司股票投资组合预期收益率与风险

<table>
<tr><th></th><th>A</th><th>B</th><th>C</th><th>D</th><th>E</th><th>F</th><th>G</th><th>H</th><th>I</th><th>J</th><th>K</th><th>L</th></tr>
<tr><td>1</td><td rowspan="2">概率</td><td colspan="2">收益率</td><td colspan="2">预期收益率</td><td colspan="2">均值-收益率</td><td colspan="2">(均值-收益率)²</td><td colspan="2">方差</td><td rowspan="2">协方差</td></tr>
<tr><td>2</td><td>E公司股票</td><td>F公司股票</td><td>E公司股票</td><td>F公司股票</td><td>E公司股票</td><td>F公司股票</td><td>E公司股票</td><td>F公司股票</td><td>E公司股票</td><td>F公司股票</td></tr>
<tr><td>3</td><td>0.10</td><td>-8.00%</td><td>-4.00%</td><td></td><td></td><td></td><td></td><td></td><td></td><td></td><td></td><td></td></tr>
<tr><td>4</td><td>0.25</td><td>-2.00%</td><td>-16.00%</td><td></td><td></td><td></td><td></td><td></td><td></td><td></td><td></td><td></td></tr>
<tr><td>5</td><td>0.30</td><td>15.00%</td><td>18.00%</td><td></td><td></td><td></td><td></td><td></td><td></td><td></td><td></td><td></td></tr>
<tr><td>6</td><td>0.20</td><td>8.00%</td><td>25.00%</td><td></td><td></td><td></td><td></td><td></td><td></td><td></td><td></td><td></td></tr>
<tr><td>7</td><td>0.15</td><td>2.00%</td><td>4.00%</td><td></td><td></td><td></td><td></td><td></td><td></td><td></td><td></td><td></td></tr>
<tr><td>8</td><td>合计</td><td></td><td></td><td></td><td></td><td></td><td></td><td></td><td></td><td></td><td></td><td></td></tr>
<tr><td>9</td><td colspan="3">标准差</td><td></td><td></td><td></td><td></td><td></td><td></td><td></td><td></td><td></td></tr>
<tr><td>10</td><td colspan="3">相关系数</td><td></td><td></td><td></td><td></td><td></td><td></td><td></td><td></td><td></td></tr>
<tr><td>11</td><td colspan="3">投资比重</td><td>40%</td><td>60%</td><td></td><td></td><td></td><td></td><td></td><td></td><td></td></tr>
<tr><td>12</td><td colspan="3">投资组合预期收益率</td><td></td><td></td><td></td><td></td><td></td><td></td><td></td><td></td><td></td></tr>
<tr><td>13</td><td colspan="3">投资组合方差</td><td></td><td></td><td></td><td></td><td></td><td></td><td></td><td></td><td></td></tr>
<tr><td>14</td><td colspan="3">投资组合标准差</td><td></td><td></td><td></td><td></td><td></td><td></td><td></td><td></td><td></td></tr>
</table>

2. 利用Excel电子表格分别计算E、F公司股票的预期收益率，完成表中D3：E8单元格区域的内容；结合两只股票的投资比重，计算该投资组合的预期收益率（D12）。

3. 根据两项资产收益率之间协方差及相关系数计算公式，利用Excel电子表格计算E、F公司股票的协方差与相关系数，完成单元格区域F3：L10的相关内容，在此基础上计算该投资组合的方差（D13）与标准差（D14）。

实训2.3　投资组合预期收益率与风险的衡量

（一）实训条件

格力电器股份有限公司（000651），简称“格力电器”，创立于2000年4月7日，前身为顺德市美托投资有限公司（简称美托公司）。该公司是一家民营相对控股企业，主要从事家用电器、电机及其零部件的生产经营，中央空调、采暖设备、通风设备、热泵设备、照明设备、燃气设备、压缩机及相关通用设备、专用设备、家用空调设备及其零部件的研发、制造、销售、安装、维修及售后服务，以及家用电器、家电原材料及零配件的进出口、批发及加工业务等。2013年9月18日在深圳证券交易所发行上市。

通过巨潮资讯网站查询，格力电器股票2021年12月至2022年12月的基本交易情况见表6-9。

表6-9　**格力电器股票基本交易情况**

2021年12月至2022年12月

日期	开盘价（元）	收盘价（元）	最低价（元）	最高价（元）	成交量（股）	成交额（元）
2021-12-31	34.41	37.03	34.23	38.14	1 363 742 012	49 601 127 062
2022-01-28	37.03	37.83	36.84	41.11	1 428 826 681	55 939 965 473
2022-02-28	38.27	36.77	36.19	40.38	741 641 669	28 517 832 872
2022-03-31	36.70	32.30	30.65	37.07	978 088 200	32 446 562 282
2022-04-29	32.10	31.21	29.65	33.41	671 220 032	21 292 010 222
2022-05-31	32.50	32.17	31.35	34.23	808 785 942	26 592 945 482
2022-06-30	32.18	33.72	31.01	35.2	1 578 751 666	51 621 209 564
2022-07-29	33.68	33.26	32.65	35.83	1 157 209 074	39 325 579 863
2022-08-31	33.20	31.93	29.85	33.24	786 724 134	24 469 394 014
2022-09-30	31.90	32.43	31.83	35.72	1 122 878 244	37 887 294 135
2022-10-31	32.60	28.67	28.49	32.82	644 470 071	19 815 083 012
2022-11-30	28.75	32.17	28.6	32.63	798 752 532	24 684 249 638
2022-12-30	32.50	32.32	32.01	34.1	655 119 917	21 576 959 478

资料来源：http://webapi.cninfo.com.cn/#/marketData.

（二）实训要求

结合实训一中的五粮液的相关资料（收盘价），分析格力电器与五粮液两只股票构成的投资组合预期收益率与风险。

1.根据格力电器与五粮液股票的月收盘价分别计算其离散型月收益率。

2.计算格力电器与五粮液股票月收益率的方差、标准差，以及协方差与相关系数。

3.假设某投资者拟于2022年12月30日购买这两家公司的股票，其预期的月收益率与上述1中计算的月收益率一致。该投资者将其资金的30%投资于格力电器股票，而其余的70%投资于五粮液股票，计算该投资者持有的这两家公司股票所构成的投资组合的预期收益率、方差与标准差。

（三）实训组织方式及步骤

本实训安排在投资组合预期收益率与风险衡量的相关理论知识讲授完之后进行。实训主要在财务管理模拟实验室中进行。实验室需配备计算机，装有Excel等软件，并与互联网相联。在实训教师的组织和指导下，由学生自主完成实训内容。在实训过程中，首先由实训教师以格力电器与五粮液股票为例，引导学生利用互联网查找股票交易相关的信息，并按照实训要求完成实训内容。然后，由学生自行选择两家公司的股票，参考格力电器与五粮液股票投资组合的预期收益率与风险衡量过程独立进行实训。实训的具体步骤如下：

1.登录相关的财经网站，如巨潮资讯分别查询格力电器、五粮液股票的基本交易情况。通过“行情中心”→“国内个股行情”，按照设定日期范围即可查询所需的开盘价、收盘价、最高价、最低价以及成交量与成交金额等信息。

2.利用格力电器与五粮液股票月收盘价信息，进行2021年12月至2022年12月期间该投资组合预期收益率与风险的衡量，按以下步骤依次完成表6-10的相关内容。

（1）根据格力电器与五粮液股票月收盘价，分别计算两家公司股票离散型月收益率，完成表中D4：E15单元格区域的内容。

（2）根据格力电器与五粮液股票的月收益率数据，计算两家公司股票月收益率的方差与标准差，完成表中F4：I15以及D18：E19单元格区域的内容。

（3）根据格力电器与五粮液股票的月收益率数据，计算两家公司股票月收益率的协方差与相关系数，完成表中H4：J15单元格区域的内容以及J20、J21单元格的内容。

（4）根据投资组合的投资比重，计算该投资组合的预期收益率、方差与标准差，完成表中D23：D25单元格区域的内容。

3.上述计算过程及结果见表6-11。由学生独立完成步骤2的相关内容后进行核对与检验。

表6-10　　格力电器与五粮液股票投资组合预期收益率与风险的衡量——计算表

2021年12月至2022年12月

	A	B	C	D	E	F	G	H	I	J
1	日期	月收盘价（元）		收益率		均值-收益率		（均值-收益率）^{2}		乘积
2		格力电器股票	五粮液股票	格力电器股票	五粮液股票	格力电器股票	五粮液股票	格力电器股票	五粮液股票	
3	2021-12-31	37.03	222.66							
4	2022-01-28	37.83	198.38							
5	2022-02-28	36.77	190.00							
6	2022-03-31	32.30	155.06							
7	2022-04-29	31.21	162.13							
8	2022-05-31	32.17	171.40							
9	2022-06-30	33.72	201.93							
10	2022-07-29	33.26	178.40							
11	2022-08-31	31.93	167.19							
12	2022-09-30	32.43	169.23							
13	2022-10-31	28.67	133.50							
14	2022-11-30	32.17	156.86							
15	2022-12-30	32.32	180.69							
16	合计									
17	收益率均值									
18	方差									
19	标准差									
20	协方差									
21	相关系数									
22	投资比重			30%	70%					
23	投资组合预期收益率（月）									
24	投资组合方差（月）									
25	投资组合标准差（月）									

4.学生独立选取两家上市公司，下载其股票近60个月的月收盘价（注意调整股利政策），制成Excel电子表格。参考格力电器与五粮液股票投资组合的预期收益率与风险的衡量过程，利用Excel电子表格计算所选取的两家公司股票所构成的投资组合的预期收益率与风险的相关指标（两种股票的投资比重自行设定）。

表6-11 格力电器与五粮液股票投资组合预期收益率与风险的衡量——计算结果

2021年12月至2022年12月

	A	B	C	D	E	F	G	H	I	J
1	日期	月收盘价（元）		收益率		均值-收益率		(均值-收益率)^2		乘积
2		格力电器股票	五粮液股票	格力电器股票	五粮液股票	格力电器股票	五粮液股票	格力电器股票	五粮液股票	
3	2021-12-31	37.03	222.66							
4	2022-01-28	37.83	198.38	2.16%	-10.90%	3.08%	-10.02%	0.09%	1.00%	-0.31%
5	2022-02-28	36.77	190.00	-2.80%	-4.22%	-1.88%	-3.34%	0.04%	0.11%	0.06%
6	2022-03-31	32.30	155.06	-12.16%	-18.39%	-11.24%	-17.51%	1.26%	3.07%	1.97%
7	2022-04-29	31.21	162.13	-3.37%	4.56%	-2.45%	5.44%	0.06%	0.30%	-0.13%
8	2022-05-31	32.17	171.40	3.08%	5.72%	4.00%	6.60%	0.16%	0.44%	0.26%
9	2022-06-30	33.72	201.93	4.82%	17.81%	5.74%	18.69%	0.33%	3.49%	1.07%
10	2022-07-29	33.26	178.40	-1.36%	-11.65%	-0.44%	-10.77%	0.00%	1.16%	0.05%
11	2022-08-31	31.93	167.19	-4.00%	-6.28%	-3.08%	-5.40%	0.09%	0.29%	0.17%
12	2022-09-30	32.43	169.23	1.57%	1.22%	2.49%	2.10%	0.06%	0.04%	0.05%
13	2022-10-31	28.67	133.50	-11.59%	-21.11%	-10.67%	-20.23%	1.14%	4.09%	2.16%
14	2022-11-30	32.17	156.86	12.21%	17.50%	13.13%	18.38%	1.72%	3.38%	2.41%
15	2022-12-30	32.32	180.69	0.47%	15.19%	1.39%	16.07%	0.02%	2.58%	0.22%
16	合计			-11.00%	-10.57%					
17	收益率均值			-0.92%	-0.88%					
18	方差			0.42%	1.66%					
19	标准差			6.44%	12.90%					
20	协方差									0.67%
21	相关系数									0.8008
22	投资比重			30.00%	70.00%					
23	投资组合预期收益率（月）			-0.89%						
24	投资组合方差（月）			1.13%						
25	投资组合标准差（月）			10.64%						
26	注：（1）格力电器、五粮液股票月收益率 D4=（B4-B3）/B3，D5：D15依此填充；E4=（C4-C3）/C3，E5：E15依此填充 D16=SUM（D4：D15）；E16=SUM（E4：E15） D17=AVERAGE（D4：D15），或=D16/12；E17=AVERAGE（E4：E15），或=E16/12 （2）格力电器、五粮液股票月收益率方差、标准差 F4=D4-$D$17，F5：F15依此填充；G4=E4-$E$17，G5：G15依此填充 H4=F4^2，H5：H15依此填充；I4=G4^2，I5：I15依此填充 D18=AVERAGE（H4：H15），或=VARP（D4：D15）；E18=AVERAGE（I4：I15），或=VARP（E4：E15） D19=SQRT（D18），或=STDEVP（D4：D15）；E19=SQRT（D19），或=STDEVP（E4：E15） （3）格力电器、五粮液股票月收益率的协方差与相关系数 J20=AVERAGE（J4：J15），或=COVAR（D4：D15，E4：E15） J21=J20/（D19*E19），或=CORREL（D4：D15，E4：E15） （4）投资组合的预期收益率、方差与标准差 D23=SUMPRODUCT（D17：E17*D22：E22） D24=D22^2*D19^2+E22^2*E19^2+2*D22*E22*J20 或=D22^2*D19^2+E22^2*E19^2+2*D22*E22*D19*E19*J21 D25=SQRT（D24）									

实训三　资本资产定价模型

实训3.1　β系数的衡量

（一）实训条件

万华化学集团股份有限公司（简称“万华化学”）系由烟台万华合成革集团有限公司为主发起人，联合烟台东方电子信息产业集团有限公司、烟台冰轮股份有限公司、烟台氨纶集团有限公司和红塔兴业投资有限公司，以发起方式设立的股份有限公司，主要从事聚氨酯及助剂、异氰酸酯及衍生产品的开发、生产、销售，铁路专线运输、货物装卸、仓储和仓库租赁等业务。2001年1月5日在上海证券交易所挂牌上市，股票代码600309。经查询，2021年6月至2023年6月期间万华化学股票及上海证券交易所综合指数（上证综指，000001）月收盘价见表6-12。

表6-12　**万华化学股票与上证综指月收盘价**

2021年6月至2023年6月

日期	月收盘价	
	万华化学（元）	上证综指
2021-06-30	108.82	3 591.20
2021-07-30	113.72	3 397.36
2021-08-31	106.70	3 543.94
2021-09-30	106.75	3 568.17
2021-10-29	105.47	3 547.34
2021-11-30	95.75	3 563.89
2021-12-31	101.00	3 639.78
2022-01-28	90.35	3 361.44
2022-02-28	94.80	3 462.31
2022-03-31	80.89	3 252.20
2022-04-29	77.85	3 047.06
2022-05-31	84.12	3 186.43
2022-06-30	96.99	3 398.62
2022-07-29	83.70	3 253.24
2022-08-31	88.57	3 202.14
2022-09-30	92.10	3 024.39
2022-10-31	80.36	2 893.48
2022-11-30	89.50	3 151.34
2022-12-30	92.65	3 089.26
2023-01-31	96.61	3 255.67
2023-02-28	104.26	3 279.61
2023-03-31	95.88	3 272.86
2023-04-28	92.18	3 323.27
2023-05-31	82.26	3 204.56
2023-06-30	87.84	3 202.06

资料来源：http://webapi.cninfo.com.cn/#/marketData.

（二）实训要求

1.根据万华化学股票与上证综指的月收盘价分别计算其离散型月收益率。

2.根据万华化学股票与上证综指的月收益率，利用Excel回归分析计算万华化学股票收益率的β系数，并对回归参数予以说明。

3.根据收益率数据，利用Excel中的图表功能绘制万华化学股票对上证综指的回归线，写出回归方程。

4.利用Excel中财务函数SLOPE快速计算万华化学股票收益率的β系数。

（三）实训组织方式及步骤

本实训在实训教师的组织和指导下，主要由学生完成实训内容。实训主要在财务管理模拟实验室中进行。实验室需配备计算机，装有Excel等软件，并与互联网相联。实训前学生要深入理解β系数的含义，熟悉β系数的计算方式。实训过程中，首先由实训教师以万华化学为例，引导学生按照实训要求完成实训内容。然后，由学生自行选择几家公司的股票，根据万华化学股票收益率的β系数的计算过程独立进行实训。实训的具体步骤如下：

1.根据实训要求及所要计算的内容，设计Excel电子表格，见表6-13。

表6-13 **万华化学股票与上证综指收益率**

2021年6月至2023年6月

	A	B	C	D	E
1		月收盘价		月收益率	
2	日期	万华化学（元）	上证综指	万华化学（r_j）	上证综指（r_m）
3	2021-06-30	108.82	3 591.20		
4	2021-07-30	113.72	3 397.36	4.50%	-5.40%
5	2021-08-31	106.70	3 543.94	-6.17%	4.31%
6	2021-09-30	106.75	3 568.17	0.05%	0.68%
7	2021-10-29	105.47	3 547.34	-1.20%	-0.58%
8	2021-11-30	95.75	3 563.89	-9.22%	0.47%
9	2021-12-31	101.00	3 639.78	5.48%	2.13%
10	2022-01-28	90.35	3 361.44	-10.54%	-7.65%
11	2022-02-28	94.80	3 462.31	4.93%	3.00%
12	2022-03-31	80.89	3 252.20	-14.67%	-6.07%
13	2022-04-29	77.85	3 047.06	-3.76%	-6.31%
14	2022-05-31	84.12	3 186.43	8.05%	4.57%
15	2022-06-30	96.99	3 398.62	15.30%	6.66%
16	2022-07-29	83.70	3 253.24	-13.70%	-4.28%
17	2022-08-31	88.57	3 202.14	5.82%	-1.57%
18	2022-09-30	92.10	3 024.39	3.99%	-5.55%
19	2022-10-31	80.36	2 893.48	-12.75%	-4.33%
20	2022-11-30	89.50	3 151.34	11.37%	8.91%
21	2022-12-30	92.65	3 089.26	3.52%	-1.97%
22	2023-01-31	96.61	3 255.67	4.27%	5.39%
23	2023-02-28	104.26	3 279.61	7.92%	0.74%
24	2023-03-31	95.88	3 272.86	-8.04%	-0.21%
25	2023-04-28	92.18	3 323.27	-3.86%	1.54%
26	2023-05-31	82.26	3 204.56	-10.76%	-3.57%
27	2023-06-30	87.84	3 202.06	6.78%	-0.08%
28	注：D4=（B4-B3）/B3，D5：D27依此填充；E4=（C4-C3）/C3，E5：E27依此填充				
29	利用SLOPE函数计算β系数		1.1773	←C29=SLOPE（D4：D27，E4：E27）	

2.利用万华化学股票与上证综指的月收盘价信息，分别计算2021年6月至2023年6月期间两只股票各自的离散型月收益率，见表6-13中D4：E27单元格区域。

3.利用Excel回归分析方法计算万华化学股票收益率的β系数。

在Excel电子表格中，在“数据”菜单下选择“数据分析”，在“分析工具”项下选择“回归”项，在Y值输入区域中选择单元格区域D4：D27的万华化学股票收益率序列，在X值输入区域中选择单元格区域E4：E27的上证综指收益率序列，选择“确定”后即可输出回归分析结果，见表6-14。

表6-14　　**万华化学股票对上证综指收益率回归分析结果**

SUMMARY OUTPUT

回归统计

Multiple R	0.611467
R Square	0.373892
Adjusted R Square	0.345433
标准误差	0.069473
观测值	24

方差分析

项目	df	SS	MS	F	Significance F
回归分析	1	0.06341	0.06341	13.13773	0.0015
残差	22	0.106184	0.004827		
总计	23	0.169594			

项目	Coefficients	标准误差	t Stat	P-value	Lower 95%	Upper 95%	下限95%	上限95%
Intercept	−0.00079	0.014235	−0.05582	0.955986	−0.03032	0.028727	−0.03032	0.028727
X Variable 1	1.177264	0.324798	3.624601	0.0015	0.503674	1.850855	0.503674	1.850855

回归方程为：$r_j=-0.00079+1.177264\times r_m$

（1）回归斜率为1.177264，即为万华化学股票2021年6月至2023年6月月收益率的β系数。表明若市场平均（上证综指）收益率上升1%，则万华化学股票的收益率将上升1.177264%；若市场平均（上证综指）收益率下降1%，则万华化学股票的收益率将下降1.177264%。

（2）根据回归输出的数据，回归R^2=0.3739，表明万华化学股票37.39%的风险来自市场风险（如利率、通货膨胀等风险），62.61%的风险来自公司特有风险，后一种风险是可以分散的，因此在资本资产定价模型中不能获得相应的补偿。

4.根据收益率数据，利用Excel中的图表功能绘制反映万华化学股票月收益率与上证综指月收益率之间的特征线图形，如图6-3所示。

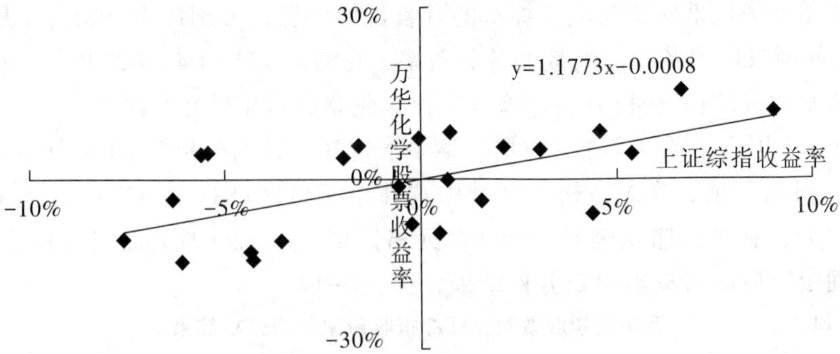

图6-3 万华化学股票对上证综指回归线（2021年6月至2023年6月）

在Excel电子表格中，在“插入”菜单下选择“图表”，在图表向导对话框的“模版”中选择“XY（散点图）”，点击“下一步”，在“数据区域”中选择单元格区域D4：E27，系列产生在“列”；在“系列”中，在“X值输入区域”中选择单元格区域E4：E27，在“Y值输入区域”中选择单元格区域D4：D27，点击“下一步”，在数值X轴输入“上证综指收益率”，数值Y轴输入“万华化学股票收益率”，点击“下一步”，选择“作为其中的对象插入”，点击“完成”。选择上述完成的图中的数据点，点击右键，选择“添加趋势线（R）”，在出现的对话框中，在“类型”项下选择“线性”，在“选项”项下选择“显示公式（E）”，点击“确定”后便得出最终的图6-3。

5.在Excel单元格C29中输入公式“=SLOPE（D4：D27，E4：E27）”，即可得到万华化学股票收益率的β系数为1.1773。

6.学生独立选取几家上市公司，下载其股票近60个月的月收盘价，同时将所选公司所在的证券市场综合指数作为市场指数，下载该市场指数同期的月收盘价，制成Excel电子表格。参考万华化学股票收益率β系数的计算过程，利用Excel电子表格练习计算所选取公司股票收益率的β系数。

实训3.2　资本资产定价模型的应用

（一）实训条件

河北建投能源投资股份有限公司（000600），简称“建投能源”，是经河北省经济体制改革委员会以冀体改委股字〔1993〕第59号文批准，于1994年1月18日由原石家庄国际酒店公司（现石家庄国大集团有限责任公司）等联合发起成立的定向募集股份有限公司，注册资本161 516万元。1996年6月6日，该公司向社会公开发行股票并在深圳证券交易所上市交易。公司主营发电业务，是河北南部电网最大的独立发电公司之一。

北京燕京啤酒股份有限公司（000729），简称“燕京啤酒”，是由北京燕京啤酒有限公司、北京市西单商场股份有限公司及北京市牛栏山酒厂共同发起，以募集设立方式设立的股份有限公司，主要从事制造、销售啤酒、矿泉水、啤酒原料、饮料等业务。公司股票于1997年6月25日在深圳证券交易所上网发行，7月16日挂牌上市交易，上市时总股数达30 953万股。

经查询，2021年6月至2023年6月期间建投能源、燕京啤酒股票及其所在的深圳证券交易所综合指数（深证成指，399001）月收盘价见表6-15。

表6-15　**建投能源、燕京啤酒股票与深证成指月收盘价**

2021年6月至2023年6月

日期	月收盘价		
	建投能源（元）	燕京啤酒（元）	深证成指
2021-06-30	4.91	7.24	15 161.70
2021-07-30	4.42	6.25	14 473.21
2021-08-31	4.51	6.67	14 328.38
2021-09-30	5.78	6.55	14 309.01
2021-10-29	5.13	6.63	14 451.38
2021-11-30	4.51	6.80	14 795.73
2021-12-31	5.09	8.47	14 857.35
2022-01-28	4.37	7.58	13 328.06
2022-02-28	4.50	7.60	13 455.73
2022-03-31	4.10	7.27	12 118.25
2022-04-29	4.15	6.86	11 021.44
2022-05-31	4.41	7.43	11 527.62
2022-06-30	4.22	9.66	12 896.20
2022-07-29	5.04	8.29	12 266.92
2022-08-31	4.82	9.15	11 815.79
2022-09-30	4.40	9.33	10 778.61
2022-10-31	5.13	8.53	10 397.04
2022-11-30	5.86	10.24	11 108.50
2022-12-30	5.25	10.62	11 015.99
2023-01-31	5.50	11.24	12 001.26
2023-02-28	5.53	13.49	11 783.80
2023-03-31	5.12	14.01	11 726.40
2023-04-28	5.97	13.09	11 338.67
2023-05-31	7.56	11.56	10 793.85
2023-06-30	7.73	12.47	11 026.59

资料来源：http://webapi.cninfo.com.cn/#/marketData.

（二）实训要求

1.分别计算建投能源、燕京啤酒股票及深证成指的离散型月收益率。

2.根据月收益率数据，利用Excel电子表格分别计算建投能源、燕京啤酒股票收益率的β系数。

3.若年无风险收益率为4.25%，市场组合的收益率为9.15%，根据资本资产定价模型，分别计算建投能源与燕京啤酒股票的预期收益率。

4.若某投资者将其所拥有的资金60%投资于建投能源股票，其余的40%投资于燕京啤酒股票，计算该投资组合的β系数，以及该投资组合的预期收益率。

(三)实训组织方式及步骤

本实训在学生熟练掌握β系数的计算以及资本资产定价模型应用的基础上进行。实训主要在财务管理模拟实验室中进行。实验室需配备计算机，装有Excel等软件，并与互联网相联。在实训教师的组织和指导下，由学生设计并利用Excel电子表格自主完成实训内容。实训的具体步骤如下：

1.根据实训条件和要求设计Excel电子表格，见表6-16。

表6-16 **建投能源、燕京啤酒股票与深证成指收益率**

2021年6月至2023年6月

	A	B	C	D	E	F	G
1		月收盘价			月收益率		
2	日期	建投能源(元)	燕京啤酒(元)	深证成指	建投能源	燕京啤酒	深证成指
3	2021-06-30	4.91	7.24	15 161.70			
4	2021-07-30	4.42	6.25	14 473.21			
5	2021-08-31	4.51	6.67	14 328.38			
6	2021-09-30	5.78	6.55	14 309.01			
7	2021-10-29	5.13	6.63	14 451.38			
8	2021-11-30	4.51	6.80	14 795.73			
9	2021-12-31	5.09	8.47	14 857.35			
10	2022-01-28	4.37	7.58	13 328.06			
11	2022-02-28	4.50	7.60	13 455.73			
12	2022-03-31	4.10	7.27	12 118.25			
13	2022-04-29	4.15	6.86	11 021.44			
14	2022-05-31	4.41	7.43	11 527.62			
15	2022-06-30	4.22	9.66	12 896.20			
16	2022-07-29	5.04	8.29	12 266.92			
17	2022-08-31	4.82	9.15	11 815.79			
18	2022-09-30	4.40	9.33	10 778.61			
19	2022-10-31	5.13	8.53	10 397.04			
20	2022-11-30	5.86	10.24	11 108.50			
21	2022-12-30	5.25	10.62	11 015.99			
22	2023-01-31	5.50	11.24	12 001.26			
23	2023-02-28	5.53	13.49	11 783.80			
24	2023-03-31	5.12	14.01	11 726.40			
25	2023-04-28	5.97	13.09	11 338.67			
26	2023-05-31	7.56	11.56	10 793.85			
27	2023-06-30	7.73	12.47	11 026.59			
28	β系数						
29	年无风险收益率				4.25%		
30	年市场组合收益率				9.15%		
31	年预期收益率						
32	投资组合						
33	投资比重				60%	40%	
34	投资组合的β系数						
35	投资组合的预期收益率						

2. 利用建投能源、燕京啤酒股票与深证成指的月收盘价信息，分别计算2021年6月至2023年6月期间各股票的离散型月收益率，完成表6-16中E4：G27单元格区域的内容。

3. 利用Excel电子表格中的回归分析技术、SLOPE财务函数等分别计算建投能源、燕京啤酒股票收益率的β系数，填写表6-16中的E28与F28单元格。

4. 利用资本资产定价模型，分别计算建投能源与燕京啤酒股票的年预期收益率，填写表6-16中E31与F31单元格。

5. 根据投资比重，计算该投资组合的β系数，填写表6-16中的E34单元格。

6. 根据资本资产定价模型，计算该投资组合的预期收益率，填写表6-16中的E35单元格。

模块七　短期筹资

一、实训目的

能力目标：

1.掌握不同筹资方式的资本成本计算；

2.运用销售百分比法进行资金需求量预测。

情感目标：

1.坚定信用对金融体系的重要性；

2.树立“诚信乃立身之本”的终身信念。

价值塑造

加强信用经济建设

二、理论知识点

短期筹资是指为满足公司临时性流动资产需要而进行的筹资活动。与长期负债筹资相比，短期负债筹资具有如下特点：

（1）速度快。短期筹资相对于长期筹资来说，因其归还时间短，对债权人风险较小，顾虑较少，容易取得。

（2）弹性高。在短期借款中，债权人对债务人的限制较少，因此短期筹资较为灵活、富有弹性。对于季节性生产的公司，短期借款比长期借款具有更大的灵活性。

（3）成本低。在正常情况下，短期借款利率比长期借款利率低，因此短期筹资成本较低。

（4）风险大。一是短期债务的利率变化波动大；二是如果过分依赖短期筹资，一旦到期没有筹措到资金偿还，就会使企业陷入财务危机。

（一）筹资方式选择

短期筹资方式主要包括商业信用、短期借款等。

1.商业信用

商业信用是指企业在商品或劳务交易中，以延期付款或预收货款方式进行购销活动而形成的借贷关系，是企业之间的直接信用行为，也是企业短期资金的重要来源。商业信用产生于企业生产经营的商品、劳务交易之中，是一种“自动性筹资”。商业信用占短期筹资很大比重，主要有应付账款、应付票据、预收账款。

（1）应付账款

应付账款是供应商给企业提供的一种商业信用。由于购买者往往在到货一段时间后才付款，商业信用就成为企业短期资金来源。如企业规定对所有账单均见票后若干日付款，商业信用就成为随生产周转而变化的一项内在的资金来源。当企业扩大生产规模时，其进货和应付账款相应增长，商业信用就提供了增产所需要的部分资金。

公司在一定时期应付账款筹资额度的大小不但与公司生产经营状况有关，也与供应商（卖方）提供的信用条件有关。如供应商的信用条件是“net 30”，表示购货方必须在30天内支付货款。有时供应商为促使购货方按期付款、及早付款，通常给予购货方一定的现金折扣。如信用条件“2/10，N/30”，即购货方如于购货后10天内付款，可以享受2%的购货折扣；如在10天到30天内付款，购货方必须支付全额货款，允许购货方付款的期限最长为30天。假设某公司按“net 30”的条件平均每天从供货商处采购货物价值5 000元，如果公司在信用期限末（第30天）付款，则它相当于通过应付账款获得了价值15万元（30×0.5）的筹资。如果公司的采购计划随着生产计划进行调整，其应付账款筹资额度也将随之变动。

①应付账款筹资的成本。

如果卖方提供现金折扣，买方企业购买货物后在卖方规定的折扣期内付款，可以获得免费信用，这种情况下企业没有因为取得延期付款信用而付出代价，但买方在非折扣期付款就不会享有现金折扣，这部分多付出的现金折扣就是应付账款的筹资成本。

公司放弃现金折扣的实际利率（或机会成本）可按式（7.1）计算：

$$\text{放弃现金折扣的实际利率}=\frac{\text{折扣率}}{1-\text{折扣率}}\times\frac{360}{\text{信用期限}-\text{折扣期限}} \tag{7.1}$$

公式（7.1）表明，放弃现金折扣的信用成本率与折扣率大小、折扣期长短和付款期长短有关系，与货款和折扣额没有关系。企业在放弃折扣的情况下，推迟付款的时间越长，其信用成本便会越小，但展期信用的结果是企业信誉恶化导致信用度的严重下降，日后可能招致更加苛刻的信用条件。

②放弃现金折扣的信用决策。

企业放弃应付账款现金折扣的原因，可能是企业资金暂时缺乏，也可能是基于将应付的账款用于临时性短期投资，以获得更高的投资收益。如果企业将应付账款用于短期投资，所获得的投资报酬率高于放弃折扣的信用成本率，则应当放弃现金折扣。

公司是否放弃现金折扣，通常应与其短期筹资成本相比较，如果其他筹资成本低于这一水平，就不应放弃赊销方提供的折扣优惠，公司可通过其他渠道融通成本较低的资本，来提前支付这笔应付款。

公司在利用商业信用时，还必须将其在一定条件下可自由使用的资本来源，用于短期投资所获得的收益与放弃现金折扣的实际利率及延期付款而导致的信用等级下降的机会成本之间进行权衡，以求取得利益最大化。

延期付款在降低筹资成本的同时，也会给企业带来损失，主要包括：信用损失、利息罚金、停止送货、法律追索等。

（2）应付票据

应付票据是买卖双方在商品交易过程中延期付款时开具的表示债权债务关系的凭证。根据承兑人的不同，应付票据分为商业承兑汇票和银行承兑汇票两种。

应付票据的承兑期限由交易双方商定，一般不超过6个月。应付票据可以带息，也可以不带息。带息应付票据利率通常低于其他筹资方式的利率，且不用保持相应的补偿性余额，也不用支付各种手续费等。

企业需要资金时，可持未到期的商业承兑汇票或银行承兑汇票向其开户银行申请贴现。贴现银行需要资本时，可持未到期的汇票向其他银行转贴现。贴现和转贴现的期限一律从其贴现之日起到汇票到期日止。实际支付贴现金额按票面金额扣除贴现息后计算。

票据贴现实际上是持票人把未到期的汇票转让给银行，贴付一定利息以取得银行借款的行为。因此，它是商业信用发展的产物，实为一种银行信用。应付票据贴现息及应付贴现票款的计算方法如下：

贴现息=汇票金额×贴现天数×月贴现率÷30天 (7.2)

应付贴现票款=汇票金额-贴现息 (7.3)

（3）预收账款

预收账款是卖方公司在交付货物之前向买方预先收取部分或全部货款的信用形式。对于卖方来说，预收账款相当于向买方借用资本后用货物抵偿。预收账款一般用于生产周期长、资本需要量大的货物。

在非商品交易的生产经营活动中，企业还会形成其他的应付费用自发性筹资，如应付水电费、应付工资、应付税金、应付利息等。这些项目的发生受益在先，支付在后，支付期晚于发生期，在一定程度上满足了企业的资金需求，但其支付期限通常有强制性规定，对于企业来说，弹性很小。

（4）商业信用筹资的优缺点

①商业信用筹资的优点。

首先，商业信用容易获得。商业信用的载体是商品购销行为，企业总有一批既有供需关系又有相互信用基础的客户，所以对于大多数企业而言，应付账款和预收账款是自然的、持续的信贷形式。商业信用的提供方一般不会对企业的经营状况和风险作严格的考量，企业无须办理像银行借款那样复杂的手续便可取得商业信用，有利于应对企业生产经营之急需。

其次，企业有较大的机动权。企业能够根据需要，选择决定筹资的金额大小和期限长短，同样要比银行借款等其他方式灵活得多，甚至如果在期限内不能付款或交货时，一般还可以通过与客户协商，请求延长时限。

最后，企业一般不用提供担保。通常，商业信用筹资不需要第三方担保，也不会要求筹资企业用资产进行抵押。这样，在出现逾期付款或交货的情况时，可以避免像银行借款那样面临抵押资产被处置的风险，企业的生产经营能力在相当长的一段时间内不会受到限制。

②商业信用筹资的缺点。

首先，商业信用筹资成本高。在附有现金折扣条件的应付账款融资方式下，其筹资成本与银行信用相比较高。

其次，容易恶化企业的信誉。商业信用的期限短，还款压力大，对企业现金流量管理的要求很高。如果长期和经常性地拖欠账款，会造成企业的信誉恶化。

最后，受外部环境影响较大。商业信用筹资受外部环境影响较大，稳定性较差，即使不考虑机会成本，也是不能无限利用的。一是受商品市场的影响，如当求大于供时，卖方可能停止提供信用。二是受资金市场的影响，当市场资金供应紧张或有更好的投资方向时，商业信用筹资就可能遇到阻碍。

2.短期借款

短期借款是指企业向银行和其他非银行金融机构借入的期限在1年以内的借款。在短期负债筹资中，短期借款的重要性仅次于商业信用。短期借款可以随企业的需要安排，便于灵活使用，且取得较简便。但其突出的缺点是短期内要归还，特别是在带有诸多附加条件的情况下更使风险加剧。

(1) 短期借款的种类

我国目前的短期借款按照目的和用途分为若干种，主要有生产周转借款、临时借款、结算借款等。按照国际通行做法，短期借款还可以依偿还方式的不同，分为一次性偿还借款和分期偿还借款；依利息支付方法的不同，分为收款法借款、贴现法借款和加息法借款；依有无担保，分为抵押借款和信用借款等。

(2) 短期借款的取得

企业举借短期借款，首先必须提出申请，经审查同意后借贷双方签订借款合同，注明借款的用途、金额、利率、期限、还款方式、违约责任等；然后企业根据借款合同办理借款手续；借款手续办理完毕，企业便可取得借款。

(3) 短期借款的信用条件

按照国际通行做法，银行发放短期借款往往带有一些信用条件，主要有：

①信贷限额。

信贷限额是银行对借款人规定的无担保贷款的最高额。信贷限额有效期限通常为1年，但根据情况也可延期1年。一般来讲，企业在批准的信贷限额内，可随时使用银行借款。但是，银行并不承担必须提供全部信贷限额的义务。如果企业信誉恶化，即便银行曾同意过按信贷限额提供贷款，企业也可能得不到借款。这时，银行不会承担法律责任。

②周转信贷协定。

周转信贷协定是银行具有法律义务的、承诺提供不超过某一最高限额的贷款协定。在协定的有效期内，只要企业的贷款总额未超过最高限额，银行就必须满足企业任何时候提出的借款要求。企业享用周转信贷协定，通常要就贷款限额的未使用部分付给银行一笔承诺费。

例如，某周转信贷额为100万元，承诺费率为0.5%，借款企业年度内使用了80万元，余额20万元，借款企业该年度就要向银行支付承诺费0.1万元（20×0.5%）。这是银行向企业提供此项贷款的一种附加条件。

周转信贷协定的有效期通常超过1年，但实际上贷款每几个月发放一次，所以这种信贷具有短期和长期借款的双重特点。

③补偿性余额。

补偿性余额是银行要求借款企业在银行中保持的按贷款限额或实际借用额一定百分比（一般为10%～20%）的最低存款余额。从银行的角度讲，补偿性余额可降低贷款风险，补偿遭受的贷款损失。对于贷款企业来讲，补偿性余额则提高了借款的有效年利率。

例如，某企业按年利率5%向银行借款100万元，银行要求维持贷款限额20%的补偿性余额，那么，企业实际可用的借款只有80万元，该项借款的有效年利率则为：

$$\text{有效年利率} = \frac{100 \times 5\%}{80} = 6.25\%$$

④借款抵押。

银行向财务风险较大的企业或对其信誉没有把握的企业发放贷款，有时需要有抵押品担保，以降低自己蒙受损失的风险。短期借款的抵押品通常是借款企业的应收账款、存货、股票、债券等。银行接受抵押品后，将根据抵押品的面值决定贷款金额，一般为抵押品面值的30%～90%。这一比例的高低，取决于抵押品的变现能力和银行的风险偏好。抵押借款的成本通常高于非抵押借款，这是因为银行主要向信誉好的客户提供非抵押贷款，而将抵押贷款看成一种风险投资，故而收取较高的利率；同时银行管理抵押贷款要比管理非抵押贷款困难，为此往往另外收取手续费。

企业向贷款人提供抵押品会限制其财产的使用和将来的借款能力。

⑤偿还条件。

贷款的偿还有到期一次偿还和贷款期内定期（每月、季）等额偿还两种方式。一般来讲，企业不希望采用后一种偿还方式，因为这会提高借款的有效年利率；而银行不希望采用前一种偿还方式，因为这会加重银行的财务负担，增加企业拒付的风险，同时会降低实际贷款利率。

⑥其他承诺。

银行有时还要求企业为取得贷款而作出其他承诺，如及时提供财务报表、保持适当的财务水平（如特定的流动比率）等。如企业违背所作出的承诺，银行可要求企业立即偿还全部贷款。

（4）短期借款利率及利息支付方法

短期借款的利率多种多样，利息支付方法也不一，银行将根据借款企业的情况选用。

①借款利率。

借款利率分为以下三种：

第一，优惠利率。优惠利率是银行向实力雄厚、经营状况好的企业贷款时采用的利率，为借款利率的最低限额。

第二，浮动优惠利率。浮动优惠利率是一种随其他短期利率的变动而浮动的优惠利率，即随市场条件的变化而随时调整变化的优惠利率。

第三，非优惠利率。非优惠利率是银行贷款给一般企业时收取的高于优惠利率的利率。这种利率经常在优惠利率的基础上加一定的百分比。比如，银行按高于优惠利率1%的利率向某企业贷款，若当时的优惠利率为8%，向该企业贷款收取的利率即为9%；若当时的优惠利率为7.5%，向该企业贷款收取的利率即为8.5%。非优惠利率与优惠利率之间差距的大小，由借款企业的信誉、与银行的往来关系及当时的信贷状况所决定。

②借款利息的支付方法。

一般来讲，借款企业可以用三种方法支付银行借款利息。

第一，收款法。收款法是在借款到期时向银行支付利息的方法。银行向工商企业发放的贷款大都采用这种方法收息。

第二，贴现法。贴现法是银行向企业发放贷款时，先从本金中扣除利息部分，而到期时借款企业则要偿还贷款全部本金的一种计息方法。采用这种方法，企业可利用的贷款额只有本金减去利息部分后的差额，因此贷款的有效年利率高于报价利率。

例如，某企业从银行取得借款100万元，期限1年，年利率为6%，利息额6万元（100×6%）。按照贴现法付息，企业实际可利用的贷款为94万元（100-6），该项贷款的有效年利率为：

$$\text{有效年利率} = \frac{6}{100-6} \times 100\% = 6.38\%$$

第三，加息法。加息法是银行发放分期等额偿还贷款时采用的利息收取方法。在分期等额偿还贷款的情况下，银行要将根据报价利率计算的利息加到贷款本金上，计算出贷款的本息和，要求企业在贷款期内分期偿还本息之和的金额。由于贷款分期均衡偿还，借款企业实际上只大约平均使用了贷款本金的半数，却支付全额利息。这样，企业所负担的有效年利率便高于报价利率大约1倍。

例如，某企业借入（名义）年利率为6%的贷款100万元，分12个月等额偿还本息。该项借款的有效年利率约为：

$$有效年利率 = \frac{100 \times 6\%}{100 \div 2} \times 100\% = 12\%$$

（5）企业对银行的选择

随着金融信贷业的发展，可向企业提供贷款的银行和非银行金融机构增多了，企业有可能在各贷款机构之间作出选择，以对己最为有利。

选择银行时，重要的是要选用适宜的借款种类、借款成本和借款条件，此外还应考虑下列有关因素：

①银行对贷款风险的政策。

通常银行对其贷款风险有不同的政策，有的倾向于保守，只愿承担较小的贷款风险；有的富于开拓，敢于承担较大的贷款风险。

②银行对企业的态度。

不同银行对企业的态度各不一样。有的银行肯于积极地为企业提供建议，帮助分析企业潜在的财务问题，提供良好的服务，乐于为具有发展潜力的企业发放大量贷款，在企业遇到困难时帮助其渡过难关；也有的银行很少提供咨询服务，在企业遇到困难时一味地为清偿贷款而施加压力。

③贷款的专业化程度。

一些大银行设有不同的专业部门，分别处理不同类型、不同行业的贷款。企业与这些拥有丰富专业化贷款经验的银行合作，会更多地受益。

④银行的稳定性。

稳定的银行可以保证企业的借款不致中途发生变故。银行的稳定性取决于它的资本规模、存款水平波动程度和存款结构。一般来讲，资本雄厚、存款水平波动小、定期存款比重大的银行稳定性好；反之，则稳定性差。

（二）资本需求量预测

1.资本需求量预测方法

准确地预测企业的资本需求量，可以使企业有效地组织资源，既可以满足需要，又不至于闲置。资本需求量预测方法主要有回归分析法和销售百分比法。

（1）回归分析法

回归分析法是指根据历史数据，建立资本需求量与经营业务量之间的回归方程的方法。

如果资本需求量与经营业务量之间存在线性关系，可采用回归方程确定参数预测资本需求量，其预测模型为：

$$y=a+bx \tag{7.4}$$

式中：y表示资本需求量；a表示不变资本总额；b表示单位业务量所需要的可

变资本额；x表示产销量。

（2）销售百分比法

①定义。

销售百分比法，是先假设某些资产与销售额存在稳定的百分比关系，然后根据销售与资产的比例关系预计资产额，根据资产额预计相应的负债和所有者权益，进而确定筹资需求量的方法。企业的销售规模扩大时，要相应增加流动资产；如果销售规模扩大很多，还必须增加长期资产。为取得扩大销售所需增加的资产，企业需要筹措资金。这些资金，一部分来自随销售收入同比例增加的流动负债，一部分来自预测期的收益留存，还有一部分通过外部筹资取得。

②基本步骤。

第一步，确定随销售额变动而变动的资产和负债项目。

随着销售额的变化，经营性资产项目将占用更多的资金。同时，随着经营性资产的增加，相应的经营性短期债务也会增加，如存货增加会导致应付账款增加，此类债务称为"自动性债务"，可以为企业提供暂时性资金。经营性资产与经营性负债的差额通常与销售额保持稳定的比例关系。这里，经营性资产项目包括库存现金、应收账款、存货等项目；经营性负债项目包括应付票据、应付账款等项目，不包括短期借款、短期融资券、长期负债等筹资性负债。

第二步，确定有关项目与销售额的稳定比例关系。

如果企业资金周转的营运效率保持不变，经营性资产项目与经营性负债项目将会随销售额的变动而成正比例变动，保持稳定的比例关系。企业应当根据历史资料和同业情况，剔除不合理的资金占用，寻找与销售额的稳定的比例关系。

第三步，确定需要增加的筹资数量。

预计由于销售额增长而需要的资金需求增长额，扣除利润留存后，即为所需要的外部筹资额，即有如下公式：

$$\begin{matrix}\text{外部资本}\\\text{需求总额}\end{matrix}=\text{增量销售收入}\times\left(\frac{\text{敏感性资产总额}}{\text{基期销售收入}}-\frac{\text{敏感性负债总额}}{\text{基期销售收入}}\right)-\text{内部筹资数额} \tag{7.5}$$

式中的敏感性资产总额、敏感性负债总额是指与销售收入变动有关的资产类项目或负债类项目的现行数额。内部筹资数额可按式（7.6）计算：

$$\text{内部筹资数额}=\text{预计净收益}\times（1-\text{股利支付率}） \tag{7.6}$$

2.资本需求量调整与分析

根据销售百分比法确定外部资本需求量后，还要确定外部资本需求量的筹措方式。不论是负债筹资还是股权筹资都会影响预计利润表和预计资产负债表。例如，发行债券筹资会增加利息支出，发行股票筹资会增加股利支付，这些支出都降低了预计的净收益和留存收益。因此，必须计算筹资回馈效应，重新调整预计的财务报表。

公司的股利政策和目标资本结构不是一成不变的，随着公司经营规模和盈利状况的变化，公司可通过改变财务方针或政策（如稳定股利支付政策、改善资产负债状况等）对公司的资本来源和资本结构进行调整。作为财务政策的调整量，可以是股东权益（改变股利分配额，增发或收回股票），也可以是公司债（增加或减少债务），还可以二者同时变动。公司在编制筹资计划时，可根据公司的财务政策进行适当调整。

以销售收入作为主要变量，预测财务报表和资本需求量，其方法简明易懂，具有一定的实用价值。

在实务中，财务预测一般是通过计算机完成的，如采用Excel软件使财务预测和财务计划工作大大简化，特别是在计划的调整过程中。建立计算机财务预测模型的最大优点是能对财务报表反复进行调整，每次改变一个或更多的假设条件，诸如销售增长率、成本关系、利润率、未来利息率等，也可以改变财务政策，如股利支付率、资本结构等，再指令模型运行。若预测范围扩大到一年以后，仅需完成对假设集的输入和计算公式的修改，再指令模型运行即可。但财务计划模型只能帮助计划人员简化计算，并不能帮助计划者制订计划，因为它无法就不同的方案进行比较和选择，最终的财务计划还要靠计划人员的分析和判断来制订。

三、实训内容

实训一　商业信用

（一）实训条件

1.企业基本情况。

浙江神龙电子有限公司成立于2006年，年营业额超过5 000万元，是一家集电视天线研究、开发、设计、制造于一体的企业，自身拥有进出口贸易能力。公司坐落于浙江省龙游县经济技术开发区，环境优美、设施完善，南临320国道，北靠浙赣铁路线，东邻杭金衢高速公路，西距衢州机场30余千米，地理交通位置极佳。

该公司是中国天线行业中最早致力于开发遥控自动转向天线的企业之一。该公司目前拥有室内、室外、红外遥控转向等几大系列100多个型号的天线。公司始终立足于科技兴企，汲取国内外先进技术和工艺，产品不断推陈出新。目前，公司除了主导产品天线外，还有同轴电缆、塑料加工、螺丝等10多个种类产品。

公司的产品已远销中东、拉美、东南亚、非洲等地区，以优异的质量和良好的信誉，赢得了海内外客户的信赖。

2.企业信用筹资。

公司购买材料，其付款条件为“2/10，N/30”。该公司记录表明：一般在收到货物后15天支付款项。当经理询问公司为什么不取得现金折扣时，会计人员回答，占用这一资本的成本仅为2%，而银行贷款成本为10%。每年按360天计算。

（二）实训要求

1.计算当前的应付账款资本成本。

2.计算丧失折扣的实际成本。

3.如短期银行借款利率为10%，请作出正确决策。

（三）实训组织方式及步骤

本实训安排在相关理论知识讲授完之后进行，在实训教师的指导下，由学生本人独立完成。学生以班级为单位统一到财务管理模拟实验室进行实训，实验室需配备计算机，装有Excel软件。。实训前要求学生对相关知识进行复习。实训的具体步骤如下：

1.利用公式在Excel中计算应付账款的资本成本。

首先设计Excel表，见表7-1和表7-2。

表7-1 **应付账款资本成本计算表**

	A	B
1	应付账款资本成本	=B2/（1-B2）*360/（B3-B4）
2	折扣率	
3	信用期限	
4	折扣期限	

表7-2 **应付账款资本成本计算结果**

	A	B
1	应付账款资本成本	36.73%
2	折扣率	2%
3	信用期限	30
4	折扣期限	10

2.将计算结果与10%比较，如果大于10%，则应在折扣期末偿还应付账款；反之，则在信用期末偿还应付账款。

实训二 短期借款

实训2.1 短期银行借款（一）

（一）实训条件

1.企业基本情况。

锐达机电商行成立于2011年，前身为桂林市精艺五金店，于2014年更名为桂林市锐达机电商行，是一家综合机床设备、工量刃具、数控刀具、工业自动化控制、数控改造、节能改造的专业服务型企业。

目前主要经营的产品有：数控车床、数控铣床、加工中心、数控磨床，

ISCAR、三菱、东芝、京瓷等进口刀杆刀片，EGO、三韩、正河源、MJ等品牌刀具，桂量山字牌量具。

2.企业信用筹资。

公司拟采购一批材料，供应商规定的付款条件为“2/10，1/20，N/30”。每年按360天计算。

（二）实训要求

1.假设银行短期贷款利率为15%，计算放弃现金折扣的成本，并确定对该公司最有利的付款日期。

2.假设目前有一短期投资项目，报酬率为40%，确定对该公司最有利的付款日期。

（三）实训组织方式及步骤

本实训安排在相关理论知识讲授完之后进行，在实训教师的指导下，由学生本人独立完成。学生以班级为单位统一到财务管理模拟实验室进行实训，实验室需配备计算机，装有Excel软件。实训前要求学生对相关知识进行复习。实训的具体步骤如下：

1.利用表7-1计算放弃现金折扣的成本。现金折扣成本大于15%，因此应在10日内偿还应付账款。

2.如现金折扣成本低于40%，则应在第30日偿还应付账款（应付账款资本成本计算结果见表7-3、表7-4）。

表7-3　　应付账款资本成本计算结果（一）

	A	B
1	应付账款资本成本	36.73%
2	折扣率	2%
3	信用期限	30
4	折扣期限	10

表7-4　　应付账款资本成本计算结果（二）

	A	B
1	应付账款资本成本	36.36%
2	折扣率	1%
3	信用期限	30
4	折扣期限	20

实训2.2　短期银行借款（二）

（一）实训条件

1.企业基本情况。

某公司创立于2014年，拥有固定资产800万元，占地面积1万余平方米，建筑面积5 800平方米，主要设备有大型拉伸机及冲压机床，有研制开发产品的技术力量。该公司主要生产不锈钢制品及金属制品，产品有汽车配件（汽车装饰件、座椅调角器）、钢管家具及配件。

生产工艺主要是大型拉伸及冲压件，氩焊、点焊等。

2.企业短期银行借款情况。

公司与银行有一份5 000 000元的贷款协定，作为可信赖的客户，其贷款利率为银行资本成本（即可转让定期存单利率）加上1%。另外，对于该贷款限额中未使用部分，银行收取5‰的承诺费。

（二）实训要求

1.如果未来可转让定期存单利率预期为9%，且公司预期平均使用总承诺限额的60%，计算这项贷款的年预期成本。

2.如果同时考虑到利息率与支付的承诺费，计算实际的成本率。

3.如果平均仅使用总承诺限额的20%，计算成本率。

（三）实训组织方式及步骤

本实训安排在相关理论知识讲授完之后进行，在实训教师的指导下，由学生本人独立完成。学生以班级为单位统一到财务管理模拟实验室进行实训，实验室需配备计算机，装有Excel软件。实训前要求学生对相关知识进行复习。实训的具体步骤如下：

1.根据公式计算出这项贷款的年预期成本。

2.设计Excel表，计算实际成本率，见表7-5和表7-6。

表7-5　**贷款实际成本计算表**　金额单位：元

	A	B
1	贷款的实际成本	=（B3*B4+B5*（B2-B3））/B3
2	贷款限额	
3	已使用贷款	
4	贷款利率	
5	未使用限额的承诺费率	

表7-6　**贷款实际成本计算结果**　金额单位：元

	A	B
1	贷款的实际成本	10.33%
2	贷款限额	5 000 000
3	已使用贷款	3 000 000
4	贷款利率	10%
5	未使用限额的承诺费率	0.5%

3.适当改变表7-6中单元格B3的数值，计算实训要求3中的成本率。

实训2.3　短期银行借款（三）

（一）实训条件

1.企业基本情况。

余姚市亿超消音器有限公司是一家专业生产小型汽油机消音器、小型汽油机配套冲压件及迷雾机零配件的企业，企业自1990年创立以来，以“质量第一，顾客满意”为目标，认真为每一位顾客做好每一件产品。

本厂的主要产品有：小型汽油机消音器、导风罩、汽缸垫、滤清器等系列产品。部分产品采用国际领先的达克罗（DBCTMEI）表面涂覆技术处理，使产品具有极强的耐腐蚀性、高耐热性和高减摩性等多种优点，产品达到国际标准、国家标准，并长期与国内诸多知名植保企业、厂家配套生产。

产品自1997年年底同日本三菱重工配套以来，在管理和技术质量上更上了一层台阶。现同三菱配套的产品有：TU26、T200消音器及护罩两大系列几十个产品。

2.企业短期银行借款情况。

企业从银行借款30万元，期限1年，名义利率10%，按照贴现法付息。

（二）实训要求

计算企业该项贷款的实际利率。

（三）实训组织方式及步骤

本实训安排在相关理论知识讲授完之后进行，在实训教师的指导下，由学生本人独立完成。学生以班级为单位统一到财务管理模拟实验室进行实训，实验室需配备计算机，装有Excel软件。实训前要求学生对相关知识进行复习。实训的具体步骤如下：

设计Excel表，见表7-7和表7-8。

表7-7　　**贴现付息贷款实际利率计算表**　　金额单位：万元

	A	B
1	贴现付息贷款实际利率	=B2*B3/（B2-B2*B3）
2	贷款额	
3	名义利率	

表7-8　　**贴现付息贷款实际利率计算结果**　　金额单位：万元

	A	B
1	贴现付息贷款实际利率	11.11%
2	贷款额	30
3	名义利率	10%

实训2.4　金融“碳”新路，让经济发展与绿色低碳“美美与共”[①]

（一）实训背景

绿水青山就是金山银山。作为全国首个“绿色城市”建设发展试点，青岛担当着深化新旧动能转换，建设绿色低碳高质量发展先行区“强龙头”责任，正着力打造绿色低碳发展的“青岛样板”。中国银行青岛市分行（以下简称“青岛中行”）充分结合青岛产业结构特点，创新绿色金融产品服务，做实绿色项目储备、做大绿色金融信贷规模，积极支持打造与生态文明建设和推进产业绿色发展转型相适应的金融环境，推动金融资源高效合理配置，为建设绿色经济高质量发展高地精准赋能。

1.“银”领信贷结构绿色转型升级

发展绿色金融，是推动绿色发展的必然要求。青岛中行着力服务经济社会发展全面绿色转型，通过完善绿色金融制度体系，强化绿色金融信贷供给，加快推进新旧动能转换，为可持续发展不断注入绿色能量，持续为市场注入资金活水。

建立绿色金融联动机制。制定《绿色金融行动方案》《绿色金融落地指导意见》，成立绿色金融发展工作小组，明确分工、细化职责、发挥合力，着力创新绿色金融经营理念、管理机制、业务模式、产品服务，打造特色化、创新性示范案例，实现口碑与业绩双提升。

细化绿色金融行业政策。因地制宜引导绿色信贷发展，引导全行抢抓优质绿色金融项目，支持符合绿色理念的战略性新兴产业和先进制造业发展，推动传统产业绿色化改造。优先支持绿色信贷领域投放需求，加大在环保、节能、绿色建筑、新能源等领域的信贷投放，深化与房地产开发商在绿色、超低能耗建筑项目上的合作，推进绿色信贷规模持续提升。

推动绿色金融资源倾斜。制订公司金融特色网点建设实施方案，建成2家绿色金融特色支行，针对特色网点发起的绿色信贷业务，在审批时效、额度切分等方面，积极倾斜审批资源，给予优先支持。截至目前，青岛中行绿色金融贷款余额超300亿元，较年初新增超过120亿元，增速达64.47%，充分彰显擘画绿色金融蓝图，书写可持续发展新篇章的崭新作为。

2.“贷”动金融活水点绿生金

良好的生态环境是最普惠的民生福祉。青岛中行围绕实现“双碳”目标过程中的基础设施投资和产业转型升级需求，加大对绿色低碳循环经济的支持力度，增强绿色金融可持续性和发展活力。

蛟龙入海，贯通东西。青岛市胶州湾海底天然气管线工程是青岛市重要的能源基础配套工程，作为国内涉海距离最长的城市天然气管线，对于确保青岛市完成“煤改气”目标，加快清洁低碳转型，促进能源结构优化意义重大。该工程全长72千米，年输气能力36亿立方米，由于管线路由复杂，沿线穿越桥梁、铁路、地铁

① http://news.iqilu.com/shandong/shandonggedi/20231122/5552407.shtml。

等多处基础设施，涉及农田、林地等各类清偿，施工和协调难度极大，项目投资高，资金需求量大。青岛中行因地制宜，成立金融服务小组，专班推进、联动协调，认真研究项目金融服务需求，就项目实施、担保方式等进行调研，详细制订授信方案，最终核定10亿元中长期固定资产贷款，支持项目建设。

"青岛中行致力于推动构建清洁低碳安全高效的能源体系，做好煤电、煤炭行业绿色低碳转型金融服务工作，着力促进能源结构优化，以金融力量助力绿色节能项目高质量发展。"青岛中行相关负责人表示。目前，这条连接胶州湾东西两岸的能源运输管线已完成建设，与市区现有高压燃气管线实现了互联互通，全面保障青岛市供气安全，为城市建设发展提供强劲"能源引擎"。青岛中行以金融力量为岛城供热行业能源结构转型的"生命线"保驾护航，一抹中行红，用实际行动呵护能源绿洲。

3."碳"索支持绿色发展的中行方案

绿色金融服务体系不断丰富完善，才能推动产业低碳绿色转型。青岛中行结合区域情况建立绿色信贷目标客户清单，积极支持有助于环境改善、高效利用资源的小微企业和项目，逐步提升绿色信贷业务在普惠授信业务的占比，推动绿色信贷与普惠金融的有机融合、相互促进。

氢能作为我国未来多元化能源体系的重要组成部分，既是能源绿色低碳转型的有力抓手，也是实现碳达峰、碳中和目标的重要途径。海卓动力（青岛）能源科技有限公司是岛城一家深耕氢能与燃料电池的科技企业，在氢能与燃料电池的技术研发与产业化应用领域拥有丰富的经验，公司自建创新平台，技术研发资金需求较大。

绿色金融健康发展对于推动绿色经济发展，切实把绿水青山转化为金山银山具有积极意义。了解到企业的需求后，青岛中行结合氢能源行业、产业集群特点，深入了解客户展业模式，掌握客群需求痛点，以提升绿色金融质效为导向，为客户提供合适的绿色金融产品，量身打造1 000万元短期流动资金贷款的授信服务方案，解决中小企业融资贷款难题。通过重点服务具有显著碳减排效益的产业和项目，青岛中行为低碳转型提供必要的资金支持，不仅极大地降低了企业的融资成本，还为企业聚焦产品创新研发解除了后顾之忧，有效助力绿色低碳发展行稳致远。

（二）实训要求

1.调查银行的绿色金融产品。

2.总结比较企业面临的短期贷款政策差异。

（三）实训组织方式及步骤

本实训安排在相关理论知识讲授完之后进行，在实训教师的指导下，由学生本人独立完成。学生以班级为单位统一到财务管理模拟实验室进行实训。实训前要求学生对相关知识进行复习。

实训三　短期筹资方式选择

（一）实训条件

1.企业基本情况。

青岛德维食品机械制造有限公司于2000年7月改制为有限责任公司，2004年7月更名为青岛德维机械制造有限公司，主要生产肉类食品机械、包装机械、纺织机械、皮革机械等，主要产品有ZK系列800L、1 000L真空滚揉机，SYZ-5.7D（11.4S）-C型单双门食品烟熏蒸煮箱，200L不锈钢标准肉车，500~2 500只/小时肉鸡屠宰加工流水线，多功能电加热炒货机，肠类自动扎线机，海参烘干箱，电加热滚筒式糖炒栗子机，配套加工设备等，并可为用户加工各种非标不锈钢设备。

2.企业短期银行借款情况。

该企业因季节性生产需要需在8月份筹资50万元，现有以下3个筹资方案：

（1）同某商业银行签订期限为一年的借款合同，周转信用额度为50万元。未使用部分的承诺费率是0.5%，已借资本的年利率为8%。假设只在8月份用这笔资金，8月份按30天计算，一年按360天计算。

（2）发行期限30天、金额50万元的短期债券，年利率6%，发行费用为发行总额的0.5%。

（3）发行期限60天、金额50万元的短期债券，年利率5%，发行费用为发行总额的0.5%。因为只需要这笔资金30天，所以待30天收回后可在9月份投资到有价证券市场，年收益率7%，购买和销售有价证券总交易费为总发行额的0.4%。

（二）实训要求

1.计算每个筹资方案的筹资成本。

2.分析成本最低的方案是否一定是中选的方案，并分析原因。

（三）实训组织方式及步骤

本实训安排在相关理论知识讲授完之后进行，在实训教师的指导下，由学生本人独立完成。学生以班级为单位统一到财务管理模拟实验室进行实训，实验室需配备计算机，装有Excel软件。实训前要求学生对相关知识进行复习。实训的具体步骤为：计算各种筹资方式的成本，再比较，取成本最低的方案，见表7-9至表7-11。

表7-9　**贷款资本成本计算结果**　金额单位：元

	A	B
1	贷款的实际成本	13.5%
2	贷款限额	500 000
3	已使用贷款	500 000/12
4	贷款利率	8%
5	未使用限额的承诺费率	0.5%

表7-10　**债券实际成本计算结果（一）**　金额单位：元

	A	B
1	债券的实际成本	12%
2	发行数额	500 000
3	年利率	6%
4	发行费率	0.5%

表 7-11　　债券实际成本计算结果（二）　　金额单位：元

	A	B
1	债券的实际成本	4.9%
2	发行数额	500 000
3	年利率	6%
4	发行费率	0.5%
5	投资收益率	7%
6	投资交易费率	0.4%

实训四　资金需求量预测

知识拓展

资金需求量预测

（一）实训条件

1.企业基本情况（见模块七实训一）。

2.企业资金需求量资料。

公司2023年12月31日的简要资产负债表见表7-12。

表 7-12　　资产负债表

2023年12月31日　　单位：万元

资产		负债及股东权益	
货币资金	100	短期借款	500
应收账款	300	应付账款	100
存货	600	应付票据	200
固定资产原价	700	长期借款	200
累计折旧	100	股东权益	400
		留存收益	200
资产总计	1 600	负债及股东权益总计	1 600

该公司2023年的销售收入为1 000万元，目前还有剩余生产能力，2024年增加销售收入不需要增加固定资产。预计2024年的销售收入将提高20%，销售净利率可达10%，净利润的60%将分配给股东。

（二）实训要求

1.预测2024年需要增加的资本量。

2.预测2024年需要向外部筹集的资本量。

（三）实训组织方式及步骤

本实训安排在相关理论知识讲授完之后进行，在实训教师的指导下，由学生本人独立完成。学生以班级为单位统一到财务管理模拟实验室进行实训，实验室需配备计算机，装有Excel软件。实训前要求学生对相关知识进行复习。实训的具体步骤如下：

设计Excel表，见表7-13。

表7-13 **资金需求量预测表**

	A	B
1	资金需求总量	=B11*B12*（（B3+B4+B5+B6）/B11-（B7+B8+B9+B10）/B11）
2	外部融资额	=B1-B13*B11*（1+B12）*（1-B14）
3	货币资金	
4	应收账款	
5	存货	
6	固定资产净值	
7	短期借款	
8	应付账款	
9	应付票据	
10	长期借款	
11	基期销售收入	
12	销售收入增长率	
13	销售净利率	
14	股利支付率	

在表7-13中输入资产负债表中数据后，会自动生成所求变量，另外，固定资产不随销售的增长而增长，因此，固定资产应为0（见表7-14）。

表7-14 **资金需求量预测计算结果** 金额单位：万元

	A	B
1	资金需求总量	140
2	外部融资额	92
3	货币资金	100
4	应收账款	300
5	存货	600
6	固定资产净值	0
7	短期借款	0
8	应付账款	100
9	应付票据	200
10	长期借款	0
11	基期销售收入	1 000
12	销售收入增长率	20%
13	销售净利率	10%
14	股利支付率	60%

模块八　长期筹资

一、实训目的

能力目标：

1.了解证券发行价格的确定流程；

2.计算企业的综合资本成本；

3.计算每股收益无差别点；

4.了解企业最佳资本结构；

5.帮助企业进行筹资决策分析；

6.提高资本结构决策的职业素养。

情感目标：

1.树立理性消费的理念；

2.树立长期债务风险管理意识；

3.权衡股权融资与债务融资的利弊。

价值塑造

美国巨额债务的成因及风险研究

二、理论知识点

长期筹资决策包括证券发行价格的确定、资本成本的计算、资本结构决策、筹资决策风险分析。

（一）证券发行价格的确定

证券的发行价格是指发行公司因发行证券融资未来产生的现金流出量的现值。

（二）资本成本的计算

资本成本是指取得和使用资本时所支付的费用，包括筹资费用和用资费用。资本成本包括三种形式：个别资本成本、综合资本成本、边际资本成本。综合资本成本是以个别资本成本为基数，以各筹资方式占筹资总额的比重为权数进行加权平均，适用于企业对不同筹资方案进行选择和决策，并且每种方案由两种或两种以上的筹资方式组成。选择筹资方案的标准是筹资方案综合资本成本最低。资本成本的计算公式如下：

1.个别资本成本计算

（1）银行借款资本成本

$$L_0(1-f)=\sum_{t=1}^{n}\frac{I_t(1-T)}{(1+K_d)^t}+\frac{L_0}{(1+K_d)^n} \tag{8.1}$$

$$K_d=\frac{I\cdot(1-T)}{L_0\cdot(1-f)} \tag{8.2}$$

（2）发行债券资本成本

$$B_0(1-f)=\sum_{t=1}^{n}\frac{I_t(1-T)}{(1+K_b)^t}+\frac{B_0}{(1+K_b)^n} \tag{8.3}$$

$$K_b=\frac{I\cdot(1-T)}{B_0\cdot(1-f)} \tag{8.4}$$

（3）优先股资本成本

股息率是事先约定并保持不变的。

$$K_p=\frac{D_p}{P_0\cdot(1-f)} \tag{8.5}$$

（4）普通股资本成本——三种模式

①按股利政策计算的公式法。

若采用零增长股利政策：

$$K_s=\frac{D}{P_0\cdot(1-f)} \tag{8.6}$$

若采用固定增长股利政策：

$$K_s=\frac{D_1}{P_0\cdot(1-f)}+g \tag{8.7}$$

②资本资产定价模型——资本市场线。

$$K_s=R_f+\beta\ (R_m-R_f) \tag{8.8}$$

③债券收益加风险补偿率法。

K_s=长期债券收益率+风险溢酬率　　(8.9)

股票风险>债券风险

（5）留存收益资本成本

留存收益是企业利润的积累，属于内部资金，所以无筹资费用，但留存收益也是有成本的，这种成本是机会成本，留存收益成本比照普通股成本来计算。其计算公式为：

$$K_e=\frac{D_1}{P_0}+g \tag{8.10}$$

2.综合资本成本计算

综合资本产生的理论依据是出于对资本结构的考虑，企业筹资不可能单一，至少负债和权益并存。使用资金时，不分来源，统筹安排，综合运用。当投资收益率大于资本成本率（指的是综合资本成本）时，才能进行投资。

其计算公式为：

$$K_w = \sum_{j=1}^{n} W_j K_j \tag{8.11}$$

在相关筹资范围内，K_j保持稳定，则K_w取决于W_j。计算加权平均成本的方法有两种：一种是以账面价值为权数进行加权平均；另一种是以市场价值为权数进行加权平均。前者是以各筹资方式的账面价值为基础，计算各筹资方式的账面价值占总资本账面价值的比重，并以此为权数计算全部资本的综合资本成本；后者以各筹资方式的市场价值为基础，计算各筹资方式的市场价值占总资本市场价值的比重，并以此为权数计算全部资本的综合资本成本。

由式（8.11）可以看出，加大资本成本低的筹资方式的比重，可以降低K_w。

（三）资本结构决策——每股收益无差别点法

每股收益无差别点是指每股收益不受资本结构影响的息税前利润在此点上的不同资本结构的每股收益都相等。每股收益无差别点法是指通过寻找每股收益无差别点上的息税前利润来确定最佳资本结构的方法。

$$EPS=\frac{(EBIT - I)\cdot(1 - T) - D}{N} \tag{8.12}$$

当不同资本结构下的每股收益相等时，即得到下列公式：

$$\frac{(EBIT^* - I_1)\cdot(1 - T) - D_1}{N_1}=\frac{(EBIT^* - I_2)\cdot(1 - T) - D_2}{N_2} \tag{8.13}$$

由式（8.13）可以确定每股收益无差别点的$EBIT^*$，从而利用企业已知的EBIT选择最优资本结构，即当EBIT大于$EBIT^*$时选择负债筹资，当EBIT小于$EBIT^*$时选择普通股筹资（如图8-1所示）。

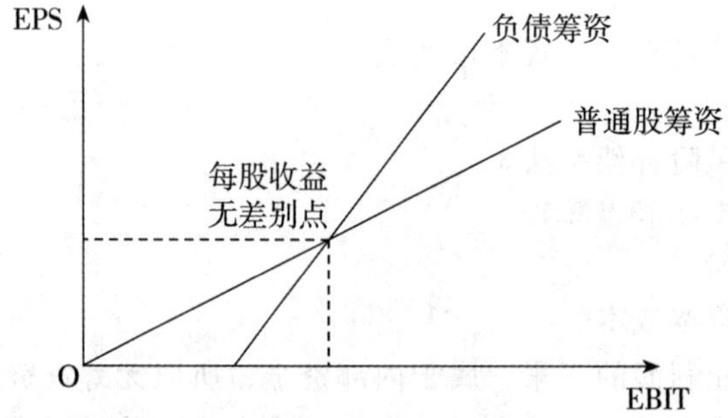

图8-1 每股收益无差别点图

但是，每股收益无差别点法没有考虑筹资风险。

（四）筹资决策风险分析

筹资决策风险是指筹资过程中产生的风险，一般指企业引入负债或发行优先股方式筹资时给企业带来的财务风险。

财务风险也称筹资风险，是指举债经营给公司未来收益带来的不确定性。影响财务风险的因素主要有资本供求变化、利率水平变化、获利能力变化、资本结构变化等。财务风险通常用财务杠杆系数和净资产收益率的变动程度来衡量。

1.用财务杠杆系数来衡量财务风险

财务杠杆主要反映息税前收益与普通股每股收益之间的关系，用于衡量息税前收益变动对普通股每股收益变动的影响程度。

财务杠杆是由于固定筹资成本的存在而产生的，如果一个公司的筹资成本包含固定债务资本以及股权资本，从而使得息税前收益的某个变化引起普通股每股收益更大的变化时，就被认为在使用财务杠杆。事实上，财务杠杆是两步收益放大过程的第二步，第一步是经营杠杆放大了销售量变动对息税前收益的影响，第二步才是利用财务杠杆将前一步导致的息税前收益变动对每股收益变动的影响进一步放大。

财务杠杆作用的大小可通过财务杠杆系数（DFL）来衡量。财务杠杆系数是指普通股每股收益变动率相当于息税前收益变动率的倍数，其公式为：

$$DFL=\frac{\frac{\Delta EPS}{EPS}}{\frac{\Delta EBIT}{EBIT}} \quad (8.14)$$

可推导出简化公式：

$$DFL=\frac{EBIT}{EBIT-I-\frac{D}{1-T}} \quad (8.15)$$

注意：EBIT、I选用基期数据。

可以看出，当企业无负债和优先股时，债务利息和优先股股息为零，财务杠杆系数等于1，此时普通股每股收益会与息税前利润同幅度增减变动。只要企业借债或发行优先股，债务的利息或优先股股息大于零，那么在息税前利润为正的条件下，财务杠杆系数就会大于1，普通股每股收益的变动幅度就会超过息税前利润的变动幅度，而且在一定销售水平和利率水平下，企业借债越多，债务利息越高，财务杠杆系数就越大。

财务风险主要取决于财务杠杆，当公司在资本结构中增加负债或优先股筹资比例时，固定的现金流量就会增加，从而加大了公司财务杠杆系数和财务风险。一般来说，财务杠杆系数越大，财务风险越大；反之，则越小。较大的财务杠杆可以为公司带来较强的每股收益扩张能力，但固定筹资费用越多，按期支付的可能性越小，由此引发的财务风险就越大。如果公司全部资产收益率低于固定筹资费率，那么普通股收益率就会低于公司投资收益率或出现资本亏损的情况。

2.用净资产收益率的变动程度来衡量财务风险

$$净资产收益率=\frac{净利润}{平均净资产}$$

$$=\left[\frac{\text{总资产}}{\text{报酬率}}+\frac{\text{债务资本}}{\text{权益资本}}\times\left(\frac{\text{总资产}}{\text{报酬率}}-\frac{\text{债务}}{\text{利率}}\right)\right]\times\left(1-\frac{\text{所得税}}{\text{税率}}\right) \tag{8.16}$$

可以看出，在企业负债经营的情况下，当总资产报酬率大于债务利率时，股东期望获得的净资产收益率的高低主要取决于企业愿意承担的财务风险的大小，即利用财务杠杆的程度。股东期望的净资产收益率越高，企业就必须利用更多的债务资金，并承担更高的风险。

企业负债经营的财务风险可用净资产收益率分布的期望值和标准差来表示。

三、实训内容

实训一　综合资本成本

（一）实训条件

AFM公司正在考虑为一大型投资项目筹措资金20亿元，财务经理汇报的筹资方案如下：

（1）向银行取得长期借款20 000万元，期限5年，借款年利率6.40%，每年付息一次，到期偿还本金，不考虑筹资费率；

（2）发行债券筹资36 000万元，每张债券面值1 000元，票面利率8%，期限3年，每年付息一次，到期偿还本金，债券折价发行，发行价格920元，筹资费率3%；

（3）按面值发行优先股48 000万股，每股面值10元，预计年股息率15%，筹资费率4%；

（4）发行普通股50 000万元，每股面值1元，发行价格6.4元/股，筹资费率5%，预计第一年每股股利0.46元，以后每年按6%递增；

（5）该投资项目所需的其余资本通过留存收益满足；

（6）公司普通股的β系数为1.6，当前国债的收益率为5.5%，市场上普通股平均收益率为8.5%；

（7）公司适用所得税税率为25%。

（二）实训要求

1.根据Excel电子表格分别计算债务和股权的资本成本；

2.以市场价值为标准，计算加权平均资本成本。

（三）实训组织方式及步骤

本实训在学生熟练掌握个别资本成本和综合资本成本计算的基础上进行。在实训教师的组织和指导下，由学生利用Excel电子表格自主完成实训内容。实训的具体步骤如下：

1.根据实训条件与要求设计Excel电子表格，见表8-1，求出留存收益筹资额。

2.根据银行借款、发行债券、优先股、普通股和留存收益的个别资本成本的计算公式，完成表8-1中B14、C14、D14、E14、F14单元格区域中的相关内容。

表8-1　　　　**AFM公司筹资方案及个别资本成本计算表**

	A	B	C	D	E	F	G
1	筹资方式	银行借款	发行债券	优先股	普通股	留存收益	筹资总额
2	筹资额（万元）	20 000	36 000	48 000	50 000	46 000 =G2-B2-C2-D2-E2	200 000
3	面值（元/股）		1 000	10	1		
4	发行价格（元/股）		920	10	6.4		
5	利率/股息率	6.40%	8%	15%	—	—	
6	期限（年）	5	3	—	—	—	
7	筹资费率	—	3%	4%	5%	—	
8	所得税税率	25%	25%	25%	25%	25%	
9	β系数				1.6		
10	股利增长率				6%		
11	预计第一年股利（元/股）				0.46		
12	国债收益率					5.50%	
13	市场平均收益率					8.50%	
14	个别资本成本	4.80%	10.35%	10.08%	13.57%	10.30%	
		=B5*（1-B8）	=RATE（C6,-C3*C5*（1-C8），C4*（1-C7），-C3）	=D3*D5*（1-D8）/D4*（1-D7）	=E11/（E4*（1-E7））+E10	=F12+E9*（F13-F12）	

3.在单元格B16、C16、D16、E16、F16计算筹资比重；在单元格B17中根据综合资本成本计算公式得到综合资本成本，结果见表8-2。

表8-2　　AFM公司筹资方案及综合资本成本计算表

	A	B	C	D	E	F	G
1	筹资方式	银行借款	发行债券	优先股	普通股	留存收益	筹资总额
2	筹资额（万元）	20 000	36 000	48 000	50 000	46 000	200 000
3	面值（元/股）		1 000	10	1		
4	发行价格（元/股）		920	10	6.4		
5	利率/股息率	6.40%	8%	15.00%	—	—	
6	期限（年）	5	3	—	—	—	
7	筹资费率	—	3%	4%	5%	—	
8	所得税税率	25%	25%	25%	25%	25%	
9	β系数				1.6		
10	股利增长率				6%		
11	预计第一年股利（元/股）				0.46		
12	国债收益率					5.50%	
13	市场平均收益率					8.50%	
14	个别资本成本	4.80%	10.35%	10.08%	13.57%	10.30%	
15	综合资本成本						
16	筹资比重	10%	18%	24%	25%	23%	
		=B2/$G2	=C2/$G2	=D2/$G2	=E2/$G2	=F2/$G2	
17	综合资本成本	10.52%					
		=B14*B16+C14*C16+D14*D16+E14*E16+F14*F16					

实训二　每股收益无差别点法的应用

运用此法作筹资决策，首先应根据所给的条件，确定各个备选方案的普通股每股收益与预计息税前利润之间的关系，建立方程，然后求出普通股每股收益无差别点，也就是使两个备选的筹资方案普通股每股收益相等时的息税前利润，最后，以每股收益最大为目标，根据无差别点作出筹资决策。

（一）实训条件

长江公司正在考虑开设一个作为独立法人来运营的子公司，该公司的财务分析人员预计新公司每年息税前利润约为360万元。目前，公司领导层正在考虑如下两种筹资方式（该公司的所得税税率为25%）：

方案1：普通股筹资，即以每股20元的价格发行100万股普通股（不考虑发行费）。

方案2：债务-普通股筹资，即发行利率为12%的长期债券1 000万元，以每股20元的价格发行50万股普通股（不考虑发行费）。

（二）实训要求

1.计算两种方案下的预期每股收益，根据计算分析该公司应采用的方案，并说明理由。

2.计算每股收益无差别点时的息税前收益。

3.假设该公司最终选择方案2，且其开设的子公司第一年的息税前收益为360万元，计算此时的利息保障倍数（假设没有短期负债）；如果债权人要求新公司保持其利息保障倍数不低于1.8倍，计算此时方案2息税前收益水平可被允许下降的幅度（即息税前收益最多能下降多少而公司不违背债务契约上的要求）。

（三）实训组织方式及步骤

本实训在学生熟练掌握每股收益无差别点法的原理和计算的基础上进行。在实训教师的组织和指导下，由学生利用Excel电子表格自主完成实训内容。实训的具体步骤如下：

1.根据实训条件与要求设计Excel电子表格，见表8-3。

表8-3　每股收益计算表

	A	B	C
1		方案1	方案2
2	EBIT（万元）	360	360
3	筹资方式	普通股	债务+普通股
4	股价（元/股）	20	20
5	股数（万股）	100	50
6	债券筹资额（万元）		1 000
7	票面利率		12%
8	所得税税率	25%	25%
9	EPS	2.7	3.6
		=B2*（1-B8）/B5	=（B2-B6*B7）*（1-B8）/B5

2.根据表8-3的资料，在单元格B9中输入公式“=B2*（1-B8）/B5；在单元格C9中输入公式“=（B2-B6*B7）*（1-B8）/B5”，得到方案1和方案2的每股收益。根据计算结果，选择每股收益大的方案，即方案2。

3.计算每股收益无差别时的息税前利润。计算公式为：

$$\frac{EBIT^{*}\times(1-25\%)}{100}=\frac{(EBIT^{*}-1\,000\times12\%)\times(1-25\%)}{50}$$

4.在单元格C11中输入公式“=C2/（C6*C7）”，得到方案2的利息保障倍数，见表8-4。在单元格C12中输入公式“=（1.8*C6*C7-C2）/C2”，即可得到-40%，也就是息税前收益水平可被允许下降的最大幅度是40%，见表8-4。

表8-4　**每股收益无差别点计算表**

	A	B	C
1		方案1	方案2
2	EBIT（万元）	360	360
3	筹资方式	普通股	债务+普通股
4	股价（元/股）	20	20
5	股数（万股）	100	50
6	债券筹资额（万元）		1 000
7	票面利率		12%
8	所得税税率	25%	25%
9	EPS	2.7	3.6
10	每股收益无差别点时的息税前利润	240	
11	利息保障倍数		3
12	息税前收益水平可被允许下降的幅度		-40%

实训三　筹资决策风险分析

实训3.1　敏感性分析与杠杆分析

（一）实训条件

风华公司只生产一种甲产品，当年的销售量为7 000件，销售单价80元，单位变动成本50元，固定成本总额140 000元。

（二）实训要求

1.根据表8-5分别计算该公司当期的息税前收益和经营杠杆系数。

2.利用Excel电子表格进行敏感性分析：

（1）销售量（Q）对息税前收益和经营杠杆系数的敏感性分析；

（2）销售单价（P）对息税前收益和经营杠杆系数的敏感性分析；

（3）单位变动成本（V）对息税前收益和经营杠杆系数的敏感性分析；

（4）固定成本总额（F）对息税前收益和经营杠杆系数的敏感性分析。

3.如果风华公司的资本来源为：公司债券200 000元，年利息率5%；优先股1 000股，每股面值100元，年股息率8%；流通在外的普通股5 000股。公司的所得税税率为25%。假设风华公司预计明年的销售量会在现有7 000件的基础上增长10%，其他因素保持不变，计算该公司的经营杠杆系数（D27）、财务杠杆系数（D28）和总杠杆系数（D29）。

（三）实训组织方式及步骤

本实训在学生熟练掌握财务杠杆计算的基础上进行。在实训教师的组织和指导下，由学生利用Excel电子表格自主完成实训内容。实训的具体步骤如下：

1.根据实训条件与要求设计Excel电子表格（见表8-5）。

表8-5　风华公司息税前收益和经营杠杆系数相关数据及计算表

	A	B	C
1	分析数据		
2	Q	7 000	销售量（件）
3	P	80	销售单价（元/件）
4	V	50	单位变动成本（元/件）
5	F	140 000	固定成本总额（元）
6	计算过程及结果		
7	息税前收益（EBIT）（元）		
8	经营杠杆系数（DOL）		

2. 分别计算表8-5中该公司当期的息税前收益（B7）和经营杠杆系数（B8）。在单元格B7中输入公式“=B2*（B3-B4）-B5”，在单元格B8中输入公式“=B2*（B3-B4）/B7”。计算结果见表8-6。

表8-6　风华公司息税前收益和经营杠杆系数相关数据及计算表

	A	B	C
1	分析数据		
2	Q	7 000	销售量（件）
3	P	80	销售单价（元/件）
4	V	50	单位变动成本（元/件）
5	F	140 000	固定成本总额（元）
6	计算过程及结果		
7	息税前收益（EBIT）（元）	70 000	
8	经营杠杆系数（DOL）	3	

3. 利用Excel电子表格进行敏感性分析。分别对Q、P、V、F增加1%，分别将B7和B8的公式向右拖动至F7和F8，得到计算结果见表8-7。然后在单元格C9输入公式“=（C7-B7）/B7”计算息税前利润变动百分比，在单元格C10输入公式“=（C8-B8）/B8”计算DOL变动百分比，然后将C9和C10的计算公式向右拖动至F9、F10。从第10行DOL变动百分比的数据看，P增加1%，DOL减少4.94%，DOL变动幅度最大，DOL对单价最敏感。Q增加1%，DOL减少1.94%，DOL变动幅度最小，DOL对销量最不敏感。

表 8-7 **敏感性分析计算表**

	A	B	C	D	E	F
1	分析数据		Q增长1%	P增长1%	V增长1%	F增长1%
2	Q	7 000	7 070	7 000	7 000	7 000
3	P	80	80	80.8	80	80
4	V	50	50	50	50.5	50
5	F	140 000	140 000	140 000	140 000	141 400
6	计算过程及结果					
7	息税前收益（EBIT）（元）	70 000	72 100	75 600	66 500	68 600
8	经营杠杆系数（DOL）	3	2.94	2.85	3.11	3.06
9	息税前收益变动百分比		3.00%	8.00%	-5.00%	-2.00%
10	DOL变动百分比		-1.94%	-4.94%	3.51%	2.04%

4.根据实训条件相关数据设计表格，见表8-8。根据Excel电子表格计算B13至D26区域内空白单元格的数值，并计算该公司的经营杠杆系数（D27）、财务杠杆系数（D28）和总杠杆系数（D29）。在单元格D27中输入公式“D18/D13”，在单元格D28中输入公式“D26/D18”，在单元格D29中输入公式“D26/D13”，得到结果见表8-8下方。

表 8-8 **杠杆分析计算表**

	A	B	C	D
1	分析数据			
2	销售量（件）	7 000	单位变动成本（元/件）	50
3	销售单价（元/件）	80	固定成本总额（元）	140 000
4	所得税税率	25%		
5	资本构成：			
6	公司债券		优先股	
7	债券价值（元）	200 000	股数（股）	1 000
8	利息率	5%	每股面值（元）	100
9			股息率	8%
10	普通股股数（股）	5 000		
11	计算过程及结果			
12		当年（t=0）	明年（t=1）	增长率
13	销售量（件）	8 000	8 800	10%
14	销售收入（元）	640 000	704 000	10%
15	减：变动成本总额	400 000	440 000	10%
16	边际贡献总额	240 000	264 000	10%
17	减：固定成本总额	140 000	140 000	0%
18	息税前收益（EBIT）	100 000	124 000	24%
19	减：利息（5%）	10 000	10 000	0%
20	税前收益	90 000	114 000	27%
21	减：所得税（25%）	22 500	28 500	27%
22	税后收益	67 500	85 500	27%
23	减：优先股股息	8 000	8 000	0%
24	普通股净收益	59 500	77 500	30%
25	普通股股数（股）	5 000	5 000	0%
26	每股收益（EPS）	11.9	15.5	30%
27	经营杠杆系数（DOL）			2.4
28	财务杠杆系数（DFL）			1.26
29	总杠杆系数（DTL）			3.02

实训3.2　负债经营风险分析

（一）实训条件

根据中国统计局网站相关资料，截至2023年第二季度，中国债务余额超过350万亿元，其中，非金融企业的债务规模已经达到了207万亿元左右，远远超过居民部门和政府部门的负债总额。

中国非金融企业更多地依赖银行贷款等间接融资方式，直接融资比例较低，从而导致了杠杆率的升高。这也使得中国的实体企业面临着更大的负债压力和金融风险。

为了解决企业的债务问题，中国已经进行了股权融资方面的改革，并推行注册制取代核准制。这一改革的目标之一是降低企业上市门槛，加大股权融资比例，促进非金融企业的去杠杆。

虽然去杠杆政策取得了一定的成效，降低了部分企业的资产负债率，但是企业负债规模仍然居高不下，负债风险逐渐显现，如何化解企业的债务风险也逐渐受到更多的关注。

（二）实训要求

1. 调查某企业的债务规模和资产负债率。

2. 评价该企业的债务风险。

3. 提出企业化解债务风险的可能方案。

（三）实训组织方式及步骤

本实训安排在相关理论知识讲授完之后进行，在实训指导教师的指导下，由学生独立完成。实训前要求学生对相关知识进行复习。

实训步骤如下：

1. 由学生选择上市公司。

2. 搜集整理上市公司的债务数据。

由学生展示评价上市公司的债务风险。

模块九　固定资产管理

一、实训目的

通过对固定资产管理模块的实验，掌握固定资产提取折旧的方法；熟练掌握净现值、内部收益率（也称内含报酬率）、投资回收期等投资指标的计算；能够运用固定资产投资评价方法进行固定资产更新决策分析。

能力目标：

1.掌握固定资产折旧的计算方法；

2.掌握投资项目现金流量的构成；

3.熟练计算固定资产投资评价的指标；

4.掌握固定资产更新决策的分析方法。

情感目标：

1.体会风险与收益是并存的；

2.培养学生正确的金钱观。

价值塑造

既要逆势而上，也要顺势而为

二、理论知识点

固定资产管理包括固定资产折旧、投资项目现金流量、固定资产投资决策评价、固定资产更新决策、固定资产投资风险分析。

（一）固定资产折旧

折旧，是指公司的固定资产依据可使用的年限和残值，用合理的方式摊销其成本。固定资产折旧是指企业的固定资产随着其磨损而逐渐转移的价值。这部分转移的价值以后以折旧费的形式计入成本费用，并从企业营业收入中得到补偿，转化为货币资金。

企业固定资产一般应在当月提取折旧。当月增加的固定资产，当月不提折旧；当月减少的固定资产，当月照提折旧。

所谓提足折旧，是指该项固定资产已经提足了应提折旧总额。应提折旧总额为固定资产原价减去预计残值。

1.平均年限法

平均年限法又称直线法，是将固定资产的折旧均衡地分摊到各期的一种方法。

$$年折旧率=\frac{1-预计净残值率}{预计使用年限}\times 100\% \tag{9.1}$$

$$月折旧率=\frac{年折旧率}{12} \tag{9.2}$$

在Excel中可以使用函数SLN（）计算平均年限法的折旧额，其函数格式如下：

SLN（cost，salvage，life）

式中：参数cost为资产原值；参数salvage为资产在折旧期末时的净残值；参数life为固定资产的折旧期限（有时也称资产的生命周期）。

2.工作量法

工作量法是根据实际工作量计提折旧额的一种方法。

$$每一工作量折旧额=\frac{固定资产原值\times(1-预计净残值率)}{预计总工作量} \tag{9.3}$$

$$某项固定资产月折旧额=该项固定资产当月工作量\times每一工作量折旧额 \tag{9.4}$$

3.双倍余额递减法

双倍余额递减法是在不考虑固定资产净残值的情况下，根据每期期初固定资产账面余额和双倍的直线法折旧率计算固定资产折旧的一种方法。

$$年折旧率=\frac{2}{预计使用年限}\times 100\% \tag{9.5}$$

$$月折旧率=\frac{年折旧率}{12} \tag{9.6}$$

$$月折旧额=固定资产账面净值\times月折旧率 \tag{9.7}$$

实行双倍余额递减法计提折旧的固定资产，应当在折旧年限到期以前两期内，将固定资产净值平均摊销。

在Excel中，可以使用函数DDB（）计算双倍余额递减法的折旧额，其格式如下：

DDB（cost，salvage，life，period，factor）

式中：参数cost为资产原值；参数salvage为资产在折旧期末的价值（也称为资产净残值）；参数life为固定资产的折旧期限（有时也称资产的生命周期）；参数period为期间，其单位与life相同；参数factor是可选项，代表折旧的加速因子，它的默认值是2，代表双倍余额递减折旧法，如果该参数取值为3，代表3倍余额递减折旧法。

4.年数总和法

年数总和法又称合计年限法，是将固定资产的原值减去净残值后的净额乘以一个逐年递减的分数计算每年的折旧额，这个分数的分子代表固定资产尚可使用的年数，分母代表使用年限的年数总和。

$$年折旧率=\frac{尚可使用的年数}{预计使用年限的年数总和}\times 100\%$$

$$=\frac{预计使用年限-已使用年限}{\frac{预计使用年限\times(预计使用年限+1)}{2}}\times 100\% \tag{9.8}$$

$$月折旧率=\frac{年折旧率}{12} \tag{9.9}$$

$$月折旧额=（固定资产原值-预计净残值）\times月折旧率 \tag{9.10}$$

在Excel中可以使用函数SYD（）来计算年数总和法下的固定资产折旧额。其格式如下：

SYD（cost，salvage，life，per）

式中：参数cost为资产原值；参数salvage为资产在折旧期末的价值（也称为资产净残值）；参数life为固定资产的折旧期限（有时也称资产的生命周期）；参数per为期间，其单位与life相同。

（二）投资项目现金流量

投资项目的现金流量是指在投资活动中，由于引进一个项目而引起的现金流出或流入的数量。企业无论是把资金投放在企业内部形成各种资产，还是投向企业外部形成联营投资，都需要用特定指标对投资的可行性进行分析，而这些指标的计算都是以投资项目的现金流量为基础的。因此，现金流量是评价投资方案是否可行时必须事先计算的一个基础性数据。

投资项目中的现金流量一般由以下三部分组成（如图9-1所示）。

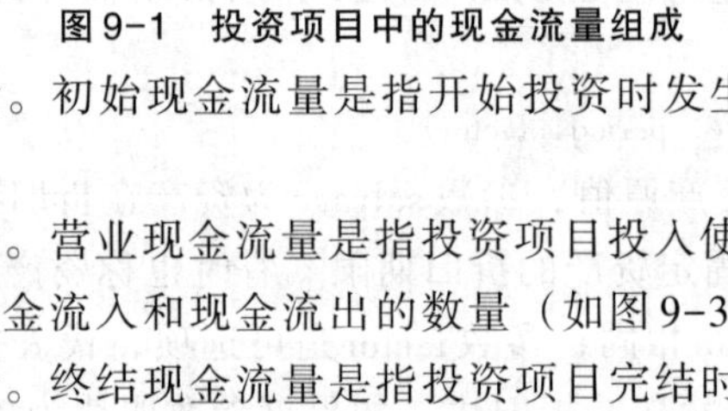

图9-1　投资项目中的现金流量组成

（1）初始现金流量。初始现金流量是指开始投资时发生的现金流量（如图9-2所示）。

（2）营业现金流量。营业现金流量是指投资项目投入使用后，在其寿命周期内由生产经营所带来的现金流入和现金流出的数量（如图9-3所示）。

（3）终结现金流量。终结现金流量是指投资项目完结时发生的现金流量（如图9-4所示）。

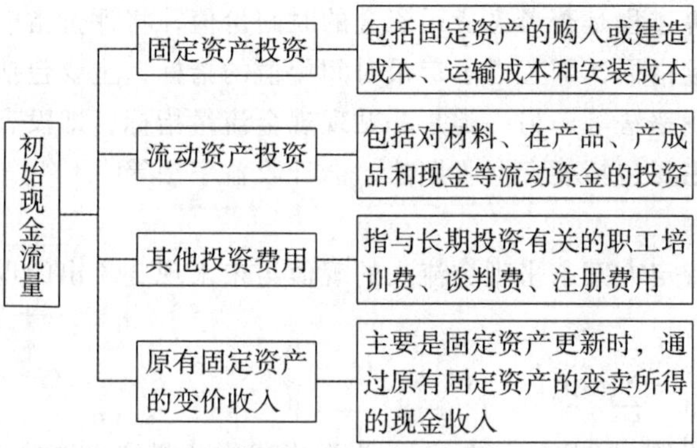

图 9-2　初始现金流量组成

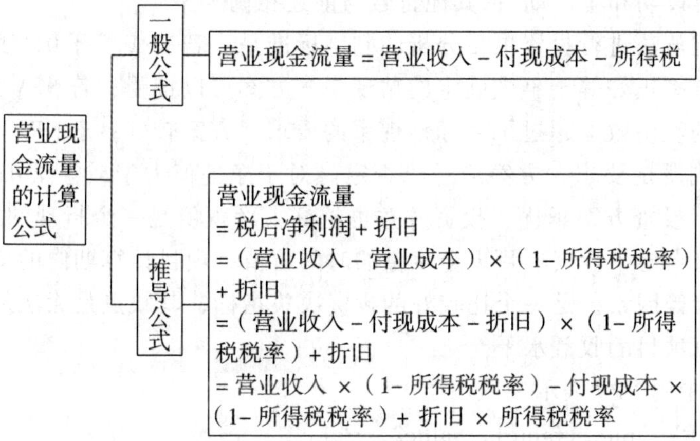

图 9-3　营业现金流量计算公式

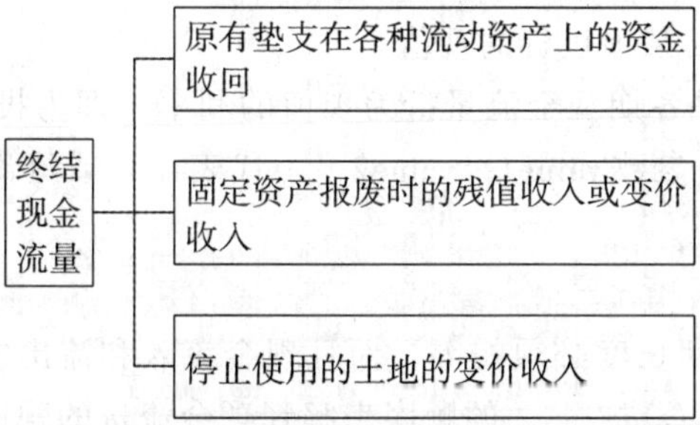

图 9-4　终结现金流量组成

（三）固定资产投资决策评价

一个企业，无论是以何种组织形式存在，都要由企业的管理者去经营和决策，一个共同的管理目标，就是不断提高股东收益的价值。要想实现企业的管理目标，管理者不仅要有好的眼光和机会，最关键的是作出正确和适当的投资决策。而这个决策的基础，就是固定资产投资。

固定资产投资决策评价指标是衡量和比较投资项目可行性并据以进行方案决策的定量化标准与尺度，它是由一系列综合反映投资效益、投入产出关系的量化指标构成的，根据评价过程是否考虑货币资金的时间价值，将评价指标分为两大类：一类是贴现现金流量指标，即考虑了货币时间价值的指标，主要包括净现值法、现值指数法和内含报酬率法等；另一类是非贴现现金流量指标，即没有考虑货币时间价值因素的指标，主要包括投资回收期法、会计收益率法等。

1.净现值法

净现值是指特定方案未来现金流入的现值与未来现金流出的现值之间的差额。

其计算公式为：

$$NPV = \sum_{t=0}^{n}\frac{NCF_t}{(1+r)^t} = \sum_{t=0}^{n}NCF_t(1+r)^{-t} \tag{9.11}$$

式中：NCF_t为第t期现金净流量；r为资本成本或投资必要收益率；n为项目周期（指项目建设期和生产期）；其他符号与前述相同。

利用净现值法进行投资项目分析的判别标准是：若NPV等于0，表示方案实施后的投资收益率正好等于事先确定的贴现率，方案可以接受；若NPV大于0，表示方案实施后的经济效益超过了目标贴现率的要求，方案较好；若NPV小于0，则经济效益达不到既定要求，方案应予以否定。对于净现值大于或等于0的方案来说，净现值越大，投资方案越优，投资效益也越好。净现值是一个折现的绝对值指标，其优点是综合考虑了投资项目现金流量的时间价值、项目计算期内的全部净现金流量和投资风险等因素，是一个比较好的投资决策指标；其缺点是无法从动态的角度直接反映投资项目的收益水平。

在Excel中用NPV表示现值。

语法：NPV（rate，value1，value2，…）。

功能：在已知未来连续期间的现金流量（value1，value2……）及贴现率（rate）的条件下，返回某项投资的现值。

其中：参数rate是各期现金流量折为现值的利率，即为投资方案的“必要报酬率”或“资金成本”；参数value1，value2……代表流入或流出的现金流量，最少1个，最多29个参数。

说明：

现金流量所属各期长度必须相等，而且现金流入和流出的时间均发生在期末；NPV函数根据value1，value2……的顺序来解释现金流量的顺序。

2.现值指数法

现值指数是指特定投资方案未来现金流入量现值与现金流出量现值的比率。

$$PI = \frac{\sum_{t=0}^{n}CIF_t(1+r)^{-t}}{\sum_{t=0}^{n}COF_t(1+r)^{-t}} \tag{9.12}$$

现值指数法是根据某一投资方案的现值指数是否大于1来确定该方案是否可行的决策分析方法。现值指数大于或等于1，说明其投资报酬率大于或等于预定的贴现率，方案可行；若现值指数小于1，说明其投资报酬率小于预定的贴现率，方案不可行。对于现值指数大于或等于1的方案来说，现值指数越大，方案越优。可将现值指数法看成1元投资可望获得的收益现值，其优点是可以从动态的角度反映投资项目的资金投入与总产出之间的关系，其缺点是无法直接反映投资项目的实际收益率。PI大于或等于1与NPV大于或等于0，PI小于1与NPV小于0实质完全相同。通常情况下，用现值指数作为净现值的辅助指标，两者根据具体情况结合使用。

3.内含报酬率法

内含报酬率是指投资方案未来报酬的总现值正好等于该方案初始投资的现值，即投资方案的净现值为0时的报酬率。

$$NPV = \sum_{t=0}^{0} NCF_t (1 + IRR)^{-t} = 0 \tag{9.13}$$

在内含报酬率的运用中，投资方案的内含报酬率必须大于或等于企业的资金成本或要求的最低报酬率，投资方案才具有可行性，否则方案不可行。

内含报酬率考虑了方案寿命期内各年现金流量的分布，可以从动态的角度直接反映投资项目的实际收益水平，是应用广泛、科学合理的投资决策指标，但是其计算过程较为复杂。

在Excel中用IRR表示内含报酬率。

语法：IRR（values，guess）。

功能：返回连续期间的现金流量（values）的内含报酬率。

其中：参数values必须是含有数值的数组，它必须含有至少一个正数及一个负数，否则内含报酬率可能会是无限解。IRR函数根据values参数中数字的顺序来解释现金流量的顺序，所以在输入现金流入量及现金流出量时，必须按照正确的顺序排列。Values参数中的中文、逻辑值或空白单元，都被忽略不计。

内含报酬率与净现值相比较，内含报酬率是相对数，净现值是绝对数。在评价方案时要注意，比率高的方案绝对数不一定大。如果两个方案是互斥的，应使用净现值指标，选择净现值大的；如果两个指标是相互独立的，应使用内含报酬率指标，优先安排内含报酬率较高的方案。内含报酬率法不必事先选择贴现率。

4.投资回收期法

投资回收期是指通过项目的现金净流量来回收初始投资所需要的时间。投资回收期的计算，因每年的经营现金净流量是否相等而有所不同。

如果每年的经营现金净流量相等，其计算公式为：

$$投资回收期=\frac{初始投资额}{年现金净流量} \tag{9.14}$$

如果每年的经营现金净流量不相等，设M为收回投资的前一年，则：

$$投资回收期=M+\frac{第M年年末尚未回收额}{第(M+1)年的现金净流量} \tag{9.15}$$

投资回收期法的判别标准是设定一个基准投资回收期N，当n小于N时，该方案可以考虑；当n大于或等于N时，该方案不可行。

投资回收期能够直观地反映原始总投资的返本期限，计算简单，容易理解，但是它没有考虑货币资金时间价值因素和回收期满后继续发生的现金流量，可能会导致决策的失误。因此，投资回收期法一般作为辅助方法使用。

5.会计收益率法

会计收益率是指投资项目具备生产能力后，在正常生产年份内，年平均收益与投资总额的比值，它反映项目投资支出的获利能力。其计算公式为：

$$会计收益率=\frac{年平均收益}{投资总额} \tag{9.16}$$

会计收益率反映了投资支出的获利能力，其判别准则是设定一个基准投资收益率R，当r大于或等于R时，该方案可以考虑；当r小于R时，该方案不可行。会计收益率越高，方案越有利。

会计收益率计算简单，便于理解，但是由于没有考虑资金的时间价值，在投资决策时只是起到辅助作用。

为了客观、科学地分析评价各种投资方案是否可行，就需要利用投资评价分析指标，从不同的侧面或角度反映投资方案的内涵，从而对投资方案作出取舍。根据投资评价指标的选用，投资方案可行性分析方法主要有投资回收期法、会计收益率法、净现值法、现值指数法和内含报酬率法等。由于各种分析方法均有一定的局限性（见表9-1），在进行投资方案可行性分析时，应多种方法结合使用，以确保分析结果的可靠性。

表9-1 **投资分析方法的局限性**

投资评价方法	方案判断标准	局限性
投资回收期法	投资回收期小于或等于标准回收期，则方案可行	未考虑资金时间价值和回收期后现金流量，比较标准具有较强的主观性，易导致决策失误
会计收益率法	会计收益率大于或等于基准收益率，则方案可行	未考虑资金时间价值，适用于较快收回投资的方案
净现值法	净现值大于或等于0，则方案可行	未从动态角度反映投资项目的实际收益水平，不适用于投资额不等的投资方案比较分析
现值指数法	现值指数大于或等于1，则方案可行	根据期望投资报酬率计算，无法直接反映投资方案的实际收益率
内含报酬率法	内含报酬率大于或等于投资者要求的收益率，则方案可行	内含报酬率计算过程中，把各年现金净流量按各自的内含报酬率进行再投资而形成增值，而非按资本市场可能达到的报酬率进行再投资而形成增值

（四）固定资产更新决策

1.寿命期相等固定资产更新决策分析

对于新设备的经济寿命与旧设备的剩余寿命相等的固定资产更新决策，可采用差量分析法进行决策分析，即计算一个方案比另一个方案增减的现金流量，进而计算两个方案净现值的差额，据此作出更新决策。利用差量分析法进行固定资产更新决策的主要步骤如下：

（1）分别计算初始投资与折旧的现金流量的差量。

（2）计算各年营业现金流量的差量。

（3）计算两个方案各年现金流量的差量。

（4）计算净现值的差量。

2.寿命期不等固定资产更新决策分析

对于新设备的经济寿命与旧设备的剩余寿命不相等的固定资产更新决策，可采用平均成本法进行决策分析，即通过比较继续使用旧设备与更新新设备的年平均成本，选择年平均成本最小的方案。

固定资产的年均成本，是指该资产引起的现金流出的年平均值。如果不考虑货币的时间价值，它是未来使用年限内的现金流出总额与使用年限的比值；如果考虑货币的时间价值，它是未来使用年限内的现金流出总现值与年金现值系数的比值，即平均每年的现金流出。考虑时间价值的固定资产的年均成本计算方法有三种：一是计算现金流出的总现值，然后分摊给每一年；二是由于各年已经有相等的运行成本，只要将原始投资和残值摊销到每年，然后求和，亦可得到每年平均的现金流出量；三是将残值从原始投资中扣除，视同每年承担相应的利息，然后将净投资摊销及年运行成本总计，求出每年的平均成本。

（1）固定资产年均成本法的计算

方法一：

$$\text{年均成本}=\frac{\text{未来使用年限内现金流出总现值}}{\text{年金现值系数}} \tag{9.17}$$

（即计算现金流出的总现值，然后分摊给每一年）

方法二：

$$\text{年均成本}=\text{投资摊销}+\text{年运行成本}-\text{残值摊销} \tag{9.18}$$

方法三：

$$\text{年均成本}=\text{净投资的摊销}+\text{年运行成本} \tag{9.19}$$

$$\text{净投资}=\text{投资额}-\text{残值} \tag{9.20}$$

（2）采用年均成本法需注意的问题

年均成本法是把继续使用旧设备和购置新设备看成是两个互斥的方案，而不是一个更换设备的特定方案，因此，不能将旧设备的变现价值作为购置新设备的一项现金流入。年均成本法的假设前提是将来设备再更换时，可以按原来的年均成本找到可替代的设备。

3.更新决策方法的选择

通常根据未来使用年限是否相同，分为两种情况：

（1）方案只有流出而没有流入且未来使用年限不同的，只能采用固定资产年均成本法进行决策。

（2）方案只有流出而没有流入且未来使用年限相同的，可以使用固定资产的总成本法进行决策，也可以使用差量分析法进行决策（即通过计算差量方案的净现值或内含报酬率进行决策）。

（五）固定资产投资风险分析

固定资产投资决策涉及的时间比较长，对未来收益和成本很难准确预测，在投资活动中总是伴随着风险的，项目投产后所带来的未来现金流实际上只是对未来可能发生结果的一种估计和预测，而不是未来实际发生的结果。因此，在投资决策中，应充分考虑到风险因素，采用定量方法对风险进行分析。对固定资产投资项目进行风险分析的方法包括盈亏平衡分析、敏感性分析、概率分析（略）和蒙特卡罗模拟分析（略）等。

1.盈亏平衡分析

盈亏平衡分析的原理就是根据量本利之间的关系，计算项目的盈亏平衡点的销售量，从而分析项目对市场需求变化的适应能力。一般来说，盈亏平衡点是指企业既不亏又不盈即营业利润为0时的销售量。根据是否考虑资金的时间价值，盈亏平衡分析又可分为静态盈亏平衡分析和动态盈亏平衡分析。

（1）静态盈亏平衡分析

静态盈亏平衡分析是在不考虑资金的时间价值情况下，对投资项目的盈亏平衡进行分析。当某年的营业利润为0时，可以得到该年盈亏平衡点的销售量。

$$Q_t = F_t/(P - V) = \frac{F_c + D_t}{P - V} \tag{9.21}$$

式中：Q_t为盈亏平衡点销售量；F_t为第t年的固定成本，包括付现固定成本和折旧；D_t为第t年的变动成本；F_c为付现固定成本；P为产品单价；V为产品的单位变动成本。假设各年的付现固定成本、产品单价和产品的单位变动成本均不变。

当产销量低于盈亏平衡点销售量时，投资项目处于亏损状态；反之，当产销量超过盈亏平衡点销售量时，项目就有了盈利。当企业在盈亏平衡点附近经营，即销售量接近Q_t时，投资项目的经营风险很大，或经营上的安全程度很低，销售量微小的下降都可能使企业发生亏损。

（2）动态盈亏平衡分析

静态盈亏平衡分析没有考虑资金的时间价值、所得税、利率以及通货膨胀等因素的影响，由此计算出的盈亏平衡点销售量仅能使项目当期达到盈亏平衡，却不能保证项目的净现值恰好为0。在考虑资金的时间价值和所得税等因素的条件下，项目的动态盈亏平衡点就是项目净现值为0的那一点，即动态保本销售量就是使项目净现值为0的销售量。考虑单一产品的情况，令NPV=0，则可得到项目各年的动态保本销售量的计算公式为：

$$0 = \sum_{t=1}^{n} \frac{\left[Q_t\left(P_t - V_t\right) - F_{ct}\right](1 - T) + T \times D_t}{(1 + i)^t} - I \tag{9.22}$$

式中：T为所得税税率；Q_t为各年的保本销售量；P_t、V_t、F_{ct}分别为各年的产品单价、单位变动成本、付现固定成本；i为项目的基准收益率；I为初始投资；D_t为第t年的变动成本。

2.敏感性分析

敏感性分析是投资决策中常用的一种重要的分析方法。它是用来衡量当投资方案中某个因素发生了变动时对该方案预期结果的影响程度。如果因某因素在较小范围内发生了变动就会影响原定方案的经济效果，即表明该因素的敏感性强；如果某因素在较大范围内变动才会影响原定方案的经济效果，即表明该因素的敏感性弱。

通常要进行敏感性分析的因素有：（1）投资额，包括固定资产投资和追加的流动资产投资；（2）项目寿命期；（3）产品的产销量；（4）产品价格；（5）经营成本，特别是其中的变动成本；（6）项目寿命期末的设备残值；（7）折现率。

在长期投资决策中，敏感性分析通常用来研究有关投资方案的现金净流量或固定资产寿命发生变动时，对该方案的净现值和内部收益率的影响程度。同时，它也可以用来研究有关投资项目的内部收益率变动时，对该方案的现金净流量或使用年限的影响程度。敏感性分析有助于企业领导了解在执行决策方案时应注意的问题，从而可以预先考虑措施与对策，避免决策上的失误。

三、实训内容

实训一　固定资产折旧

（一）实训条件

1.公司简介。

中国贵州茅台酒厂（集团）有限责任公司（以下简称贵州茅台有限责任公司），是一家负责贵州茅台酒系列产品生产和销售的股份有限公司。公司总部位于黔北赤水河畔的茅台镇，总面积100多万平方米。集团以贵州茅台酒股份有限公司为核心企业，员工人数4万余人，拥有全资、控股和参股公司38家，涉足产业包括白酒、保健酒、葡萄酒、证券、保险、银行、文化旅游、教育、房地产、生态农业及白酒上下游产业等，多次入选BrandZ全球品牌价值五百强企业。2020年10月16日，荣获“2020年全国脱贫攻坚奖组织创新奖”称号。2022年5月20日，集团与蒙牛集团在茅台国际大酒店签署战略合作框架协议。

2.贵州茅台有限责任公司固定资产寿命年限、已使用年限和原值见表9-2。

表9-2　固定资产的寿命年限、已使用年限和原值表

固定资产类别	寿命年限（年）	已使用年限（年）	固定资产原值（万元）
房屋及建筑物	20	5	2 759 096
机器设备	10	2	244 308
运输工具	4	0	38 464
电子设备	3	0	89 865
总计			3 131 734

3.实训在财务管理模拟实验室中进行。实验室需配备计算机，装有Excel软件。

（二）实训要求

运用固定资产折旧方法解决以下问题：

1.采用直线法计算贵州茅台有限责任公司当年计提折旧额。

2.采用年数总和法计算贵州茅台有限责任公司当年计提折旧额。

3.采用双倍余额递减法计算贵州茅台有限责任公司当年计提折旧额。

4.比较三种方法计算的本年折旧额，分析哪种方法将使本年的利润总额最低。

5.利用Excel软件，计算三种方法的年折旧额。

（三）实训组织方式及步骤

本实训安排在相关理论知识讲授完之后进行，在实训指导教师的指导下，由学生本人独立完成。学生以班级为单位统一到财务管理模拟实验室进行实训。实训前要求学生对相关知识进行复习。实训的具体步骤如下：

1.根据直线法计提折旧公式，计算公司各类资产当年计提折旧额并加总。

2.根据年数总和法计提折旧公式，计算公司各类资产当年计提折旧额并加总。

3.根据双倍余额递减法计提折旧公式，计算公司各类资产当年计提折旧额并加总。

4.比较三种方法下每年的年折旧成本总额（年折旧成本总额最低的方法将使当年的利润总额最高）。

5.利用Excel软件，确定贵州茅台有限责任公司各种方法计提的年折旧额（Excel软件的操作过程见表9-3和表9-4）。

表9-3　**三种方法计提折旧演示表**　金额单位：万元

	A	B	C	D	E
1	项　目	房屋及建筑物	机器设备	运输工具	电子设备
2	固定资产原值	2 759 096	244 308	38 464	89 865
3	寿命年限（年）	20	10	4	3
4	已使用年限（年）	5	2	0	0
5	计算折旧年限（年）	6	3	1	1
6	残值率	5%	5%	5%	5%
7	净残值	=B2*B6	=C2*C6	=D2*D6	=E2*E6
8	直线法	=SLN（B2，B7，B3）	=SLN（C2，C7，C3）	=SLN（D2，D7，D3）	=SLN（E2，E7，E3）
9	年数总和法	=SYD（B2，B7，B3，B5）	=SYD（C2，C7，C3，C5）	=SYD（D2，D7，D3，D5）	=SYD（E2，E7，E3，E5）
10	双倍余额递减法	=DDB（B2，B7，B3，B5）	=DDB（C2，C7，C3，C5）	=DDB（D2，D7，D3，D5）	=DDB（E2，E7，E3，E5）

表9-4　　三种方法计提折旧计算结果　　金额单位：万元

	A	B	C	D	E
1	项　目	房屋及建筑物	机器设备	运输工具	电子设备
2	固定资产原值	2 759 096	244 308	38 464	89 865
3	寿命年限（年）	20	10	4	3
4	已使用年限（年）	5	2	0	0
5	计算折旧年限（年）	6	3	1	1
6	残值率	5%	5%	5%	5%
7	净残值	137 954.81	12 215.40	1 923.22	4 493.27
8	直线法	131 057.07	23 209.25	9 135.28	28 457.36
9	年数总和法	187 224.39	33 758.91	14 616.45	42 686.05
10	双倍余额递减法	162 921.87	31 271.41	19 232.17	59 910.24

实训二　固定资产投资决策

实训2.1　固定资产投资决策——新建项目1

（一）实训条件

1.公司简介。

2001年，由王明、陆红共同创立的飘渺公司在深圳成立，经过20多年的发展，飘渺公司在芯片创新、技术开发、产品与平台等领域奠定了全国领先地位，并始终引领着相关行业的技术、产品创新及产业与市场发展。

2.假设飘渺公司正在考虑在华北投资一座新的芯片厂。该工厂的总投资为30亿元（假设全部为固定资产投资，全部投资均在投资起点一次性投入），建设期1年，期末固定资产无残值。飘渺公司股票的β系数为1.5，股票市场组合的收益率为6%，当前国债利率为2.5%。

3.实训在财务管理模拟实验室中进行。实验室需配备计算机，装有Excel软件。

（二）实训要求

运用固定资产投资决策方法解决以下问题：

1.计算飘渺公司投资华北芯片厂的预期收益率。

2.计算飘渺公司每年的现金流量。

3.运用净现值法计算飘渺公司各年现金流量的净现值。

4.用净现值法判定项目是否可行。

5.计算该项目的内含报酬率。

6.运用内含报酬率法判定项目是否可行。

7.利用Excel软件，显示净现值和内含报酬率的计算过程。

（三）实训组织方式及步骤

本实训安排在相关理论知识讲授完之后进行，在实训指导教师的指导下，由学生本人独立完成。学生以班级为单位统一到财务管理模拟实验室进行实训。实训前要求学生对相关知识进行复习。实训的具体步骤如下：

1.根据资本资产定价模型计算预期收益率。

2.填写项目各年现金流量表（见表9-5）。

表9-5　**投资项目各年的现金流量**　单位：亿元

项　目	NCF_0	NCF_1	NCF_2	NCF_3	NCF_4	NCF_5
新厂投资	-30	5	10	10	10	10

3.计算项目经营期现金流量的现值。

4.根据净现值公式计算飘渺公司投资净现值。

5.根据项目净现值判定项目的可行性。

6.计算项目的内含报酬率。

7.比较项目内含报酬率与预期收益率，判定项目投资是否可行。

8.利用Excel软件，显示飘渺公司投资净现值、内含报酬率的计算过程（Excel软件的操作过程见表9-6和表9-7）。

表9-6　**净现值、内含报酬率计算演示表**　金额单位：亿元

	A	B
1	初始现金流量	-30
2	第1年现金流量	5
3	第2年现金流量	10
4	第3年现金流量	10
5	第4年现金流量	10
6	第5年现金流量	10
7	折现率	=2.5%+1.5×（6%-2.5%）
8	经营期现金流量现值	=NPV（B7，B2：B6）
9	净现值	=B8+B1
10	IRR	=IRR（B1：B6）

表9-7　**净现值、内含报酬率计算结果表**　金额单位：亿元

	A	B
1	初始现金流量	-30
2	第1年现金流量	5
3	第2年现金流量	10
4	第3年现金流量	10
5	第4年现金流量	10
6	第5年现金流量	10
7	折现率	7.75%
8	经营期现金流量现值	35.55
9	净现值	5.55
10	IRR	13.93%

实训2.2　固定资产投资——新建项目2

（一）实训条件

1.公司简介。

前进自行车股份有限公司至今已有60多年的发展历史，其前身是中国最早的自行车生产厂家之一，该厂将自行车带入中国老百姓的生活中，引领了几代中国人的自行车消费时尚，开创并演绎了中国自行车行业历史上最辉煌的篇章，堪称中国自行车行业的一面先锋旗帜。公司目前拥有两个生产基地，拥有年产量达300万辆的生产能力，拥有7大类别200多个品种，产品行销全国各地，并远销欧、亚、非的50多个地区，年销售额超10亿元。

2.前进自行车股份有限公司管理层正在考虑一项新的业务计划，即生产一系列越野山地车。该计划已被仔细研究过。

（1）投资新的生产线需在建设起点一次性投入1 000万元，建设期0年，预计可使用10年，使用直线法计提折旧，第10年年末税法规定残值与预计残值均为100万元。

（2）购置设备所需的资金通过发行债券方式予以筹措，债券面值为1 000万元，票面利率为10%，债券期限为5年，每年年末支付利息。

（3）该生产线投入使用后，预计可使公司1 ~ 5年的销售收入每年增长1 000万元，6 ~ 10年的销售收入每年增长800万元，耗用的人工和原材料等成本在1 ~ 5年为500万元，6 ~ 10年为480万元。

（4）所得税税率为25%。

（5）公司要求的最低投资报酬率为10%。

3.实训在财务管理模拟实验室中进行。实验室需配备计算机，装有Excel软件。

（二）实训要求

运用固定资产投资决策方法解决以下问题：

1.计算项目计算期。

2.计算建设期资本化利息。

3.计算固定资产的原值。

4.用直线法计算固定资产年折旧额。

5.计算项目各年的现金净流量。

6.运用净现值法计算前进自行车股份有限公司各年现金流量的净现值。

7.用净现值法判定该项目是否可行。

8.计算该项目的内部收益率。

9.运用内部收益率法判定该项目是否可行。

10.利用Excel软件，显示净现值和内部收益率的计算过程。

（三）实训组织方式及步骤

本实训安排在相关理论知识讲授完之后进行，在实训指导教师的指导下，由学生本人独立完成。学生以班级为单位统一到财务管理模拟实验室进行实训。实训前要求学生对相关知识进行复习。实训的具体步骤如下：

1.计算项目计算期。

2.计算建设期资本化利息。

3.计算固定资产原值。

4.用直线法计算固定资产年折旧额。

5.计算各年现金净流量并填表（见表9-8）。

表9-8 **各年现金净流量计算表** 金额单位：万元

项　目	0年	1—5年	6—9年	10年
初始现金流量				
设备投资	-1 000			
初始现金净流量	-1 000			
营业现金流量				
销售收入		1 000	800	800
经营付现成本		500	480	480
折旧		100	100	100
税前收益		400	220	220
所得税税率（25%）		100	55	55
净收益		300	165	165
营业现金净流量		400	265	265
终结现金流量				100
现金净流量	-1 000	400	265	365

6.根据净现值公式计算项目净现值。

7.根据项目净现值判定项目的可行性。

8.计算项目的内部收益率。

9.比较项目内部收益率与预期收益率，判定项目投资是否可行。

10.利用Excel软件，显示前进自行车股份有限公司投资净现值、内部收益率的计算过程（Excel软件的操作过程见表9-9和表9-10）。

表9-9 **净现值、内部收益率计算演示表** 金额单位：万元

	A	B
1	初始现金流量	-1 000
2	第1年现金流量	400
3	第2年现金流量	400
4	第3年现金流量	400
5	第4年现金流量	400
6	第5年现金流量	400
7	第6年现金流量	265
8	第7年现金流量	265
9	第8年现金流量	265
10	第9年现金流量	265
11	第10年现金流量	365
12	折现率	10%
13	经营期现金流量现值	=NPV（B12，B2：B11）
14	净现值	=B13+B1
15	内部收益率	=IRR（B1：B11）

表9-10 净现值、内部收益率计算结果表 金额单位：万元

	A	B
1	初始现金流量	-1 000
2	第1年现金流量	400
3	第2年现金流量	400
4	第3年现金流量	400
5	第4年现金流量	400
6	第5年现金流量	400
7	第6年现金流量	265
8	第7年现金流量	265
9	第8年现金流量	265
10	第9年现金流量	265
11	第10年现金流量	365
12	折现率	10%
13	经营期现金流量现值	2 178.62
14	净现值	1 178.62
15	内部收益率	36.05%

实训2.3 固定资产投资——新建项目3

（一）实训条件

1.公司简介。

东海公司成立于1990年，由西海化工厂和南海化工厂合并而成。合并之时，西海化工厂主要生产“彩虹”牌系列洗涤用品，它是一种低泡沫、高浓缩粉状洗涤剂；南海化工厂主要生产“波浪”牌系列洗涤用品，它具有泡沫丰富、去污力强等特点。两种产品在东北地区的销售市场都占有一定份额。两厂合并后，仍继续生产两种产品，并保持各自的商标。2006年，这两种洗涤剂的销售收入是合并前的3倍，其销售市场已经从东北延伸到全国各地。

2.面对日益激烈的商业竞争和层出不穷的科技创新，东海公司投入大量资金进行新产品的研究和开发工作，经过两年的不懈努力，终于试制成功一种新型、高浓缩液体洗涤剂——东海牌液体洗涤剂。该产品采用国际先进的生物可降解配方制成，与传统的粉状洗涤剂相比，具有以下几个优点：（1）采用东海牌系列洗涤剂漂洗相同重量的衣物，其用量只相当于粉状洗涤剂的1/6或1/8；（2）对于特别脏的衣物、洗衣量较大或水质较硬的地区，如华北、东北，可达最佳洗涤效果，且不需要

事前浸泡，这一点是粉状洗涤剂不能比拟的；(3) 采用轻体塑料瓶包装，使用方便，容易保存。

公司董事长、总经理、研究开发部经理、财务部经理等有关人员参加会议。会上，研究开发部经理首先介绍了新产品的特点、作用，研究开发费用以及开发项目的现金流量等。研究开发部经理指出，生产东海牌液体洗涤剂的原始投资为230万元，其中新产品市场调查研究费30万元，购置专用设备、包装用品设备等投资200万元。预计设备使用年限15年，期末残值为10万元。按15年计算新产品的现金流量，与公司一贯奉行的经营方针一致，在公司看来，15年以后的现金流量具有极大的不确定性，与其预计有误差，不如不予预计（东海牌洗涤剂投产后公司年现金流量见表9-11，东海牌洗涤剂投产后公司增量现金流量表见表9-12）。

表9-11　　**东海牌洗涤剂投产后公司年现金流量表**

年限	现金流量（万元）	年限	现金流量（万元）
1	28	9	35
2	28	10	35
3	28	11	25
4	28	12	25
5	28	13	25
6	35	14	25
7	35	15	25
8	35		

表9-12　　**东海牌洗涤剂投产后公司增量现金流量表**

年限	增量现金流量（万元）	年限	增量现金流量（万元）
1	25	9	31.5
2	25	10	31.5
3	25	11	22.5
4	25	12	22.5
5	25	13	22.5
6	31.5	14	22.5
7	31.5	15	22.5
8	31.5		

研究开发部经理介绍完毕，与会人员展开了讨论，在分析了市场状况、投资机会以及同行业发展水平的基础上，确定公司投资机会成本为10%。公司财务部经理首先提出："东海牌洗涤剂开发项目资本支出预算中为什么没有包括厂房和其他设备支出？"

研究开发部经理解释："目前，'彩虹'牌系列洗涤剂的生产设备利用率仅为50%，由于这些设备完全适用于生产东海牌液体洗涤剂，故除专用设备和加工包装所用的设备外，不需再增加其他设备。预计东海牌洗涤剂生产线全部开机后，只需要10%的工厂生产能力。"

公司总经理问："开发新产品是否应考虑增加的流动资金？"研究开发部经理解释说："新产品投产后，每年需要追加流动资金10万元，由于这项资金每年年初借、年末还，一直保留在公司，所以不需将此项费用列入项目现金流量中。"

接着，公司董事长提醒：生产新产品占用了公司的剩余生产能力，如果将这部分剩余生产能力出租，公司将得到近20万元的租金收入。

3.实训在财务管理模拟实验室中进行。实验室需配备计算机，装有Excel软件。

（二）实训要求

根据现金流量的定义及固定资产投资决策评价标准回答以下问题：

1.判断新产品市场调查研究费是否属于该项目的现金流量。

2.判断生产新产品追加的流动资金是否算作项目的现金流量。

3.判断新产品生产使用公司剩余的生产能力是否存在机会成本。

4.如果投资项目所需资金是银行借入的，那么与此相关的利息支出是否应在投资项目现金流量中反映。

5.确定该项目各年的现金流量。

6.计算投资项目的NPV。

7.运用NPV判断项目是否可行。

8.计算项目的PI值。

9.运用PI判断项目是否可行。

10.计算IRR值。

11.运用IRR判断项目是否可行。

12.利用Excel软件，显示NPV、PI、IRR的计算过程。

（三）实训组织方式及步骤

本实训安排在相关理论知识讲授完之后进行，在实训指导教师的指导下，由学生本人独立完成。学生以班级为单位统一到财务管理模拟实验室进行实训。实训前要求学生对相关知识进行复习。实训的具体步骤如下：

1.确定各年的现金流量。

2.根据净现值计算公式，计算NPV。

3.运用NPV判断项目是否可行。

4.根据获利指数计算公式，计算项目的PI值。

5.运用PI判断项目是否可行。

6.根据内部收益率计算公式，计算IRR值。

7.运用IRR判断项目是否可行。

8.利用Excel软件，显示东海公司投资净现值、内部收益率、获利指数的计算过程（Excel软件的操作过程见表9-13和表9-14）。

表9-13　NPV、IRR、PI计算演示表　金额单位：万元

	A	B
1	初始现金流量	-230
2	第1年现金流量	25
3	第2年现金流量	25
4	第3年现金流量	25
5	第4年现金流量	25
6	第5年现金流量	25
7	第6年现金流量	31.5
8	第7年现金流量	31.5
9	第8年现金流量	31.5
10	第9年现金流量	31.5
11	第10年现金流量	31.5
12	第11年现金流量	22.5
13	第12年现金流量	22.5
14	第13年现金流量	22.5
15	第14年现金流量	22.5
16	第15年现金流量	32.5
17	折现率	10%
18	经营期现金流量现值	=NPV（B17，B2：B16）
19	净现值	=B18+B1
20	IRR	=IRR（B1：B16）
21	PI	=B18/B1

表9-14　　NPV、IRR、PI计算结果表　　金额单位：万元

	A	B
1	初始现金流量	-230
2	第1年现金流量	25
3	第2年现金流量	25
4	第3年现金流量	25
5	第4年现金流量	25
6	第5年现金流量	25
7	第6年现金流量	31.5
8	第7年现金流量	31.5
9	第8年现金流量	31.5
10	第9年现金流量	31.5
11	第10年现金流量	31.5
12	第11年现金流量	22.5
13	第12年现金流量	22.5
14	第13年现金流量	22.5
15	第14年现金流量	22.5
16	第15年现金流量	32.5
17	折现率	10%
18	经营期现金流量现值	204.19
19	净现值	-25.81
20	IRR	8.01%
21	PI	0.89

实训2.4　固定资产投资——更新改造项目

（一）实训条件

1.公司简介。

上海黄埔打印机公司（以下简称“黄埔公司”）位于上海浦东新区，成立于1980年。经过40多年的发展后，黄埔公司已经发展成为全国领先的打印机生产商。黄埔公司在全国设有8个分公司、近40个客户支持中心和2个工厂，员工人数约4 000人。

2.对于一个经营良好的公司来说，必须时刻关注市场上出现的新的投资机会。黄埔公司的管理者们正在考虑一个设备更新方案，他们打算购买一套新的电脑打印机装配生产设备来代替现在使用的设备。现用设备的账面价值2 000万元，如果不替换的话，还可以再使用10年。购买新的电脑打印机装配生产设备的成本是1 500万元，预计使用年限同样是10年。使用新设备能够降低公司的营运成本，增加公司的营业收入，从而增加每年的现金流量。黄埔公司的财务经理对使用新设备对公司每年现金流量和收益的预计影响作了测算（见表9-15）。

表9-15　**年现金流量预计增加额**　金额单位：万元

增加的营业收入	100
节约的成本（扣除折旧因素）	40
年折旧费用减少额	50
现用设备的折旧	200
新设备的折旧	150
税前收益增加额	190
所得税增加额（25%）	47.5
净收益增加额	142.5
年现金流量预计增加额	92.5

刘新是黄埔公司的一位董事，他提出了自己的看法："这些数字看上去不错，但现在的问题是，要使用新的生产设备，我们就得出售现在使用的旧设备，我们是否应考虑一下公司因此而蒙受的损失呢？既然现在有了新的流水线，那我们的旧设备能值多少钱呢?"为了回答刘新的疑问，财务经理又给出了以下资料：

现存旧设备的账面价值	2 000万元
预计市场价值（扣除清理费用的净值）	200万元
所得税税前损失	1 800万元
损失抵减所得税（25%）	450万元
出售现有旧设备的净损失	1 350万元

刘新看了资料，大吃一惊，"我的天，我们的损失竟跟新设备的成本差不多。新设备成本为1 500万元，加上这1 350万元损失，那么使用新设备实际就得投入2 850万元。"

3.实训在财务管理模拟实验室中进行。实验室需配备计算机，装有Excel软件。

（二）实训要求

1.计算黄埔公司使用新设备后新增的现金流量。

2.计算购买新设备这一方案的净现值，假设投资者要求的最低报酬率为12%。在计算时，有关现金流量的时间假设如下：

（1）年初用现金购买新设备；

（2）年初出售现有设备并马上收到了现金；

（3）出售现有设备带来的所得税利益在出售时实现；

（4）以后10年每年的净现金流量视为在年末收到。

3.确定黄埔公司最终的选择，是否购买新设备。

4.利用Excel软件，显示净现值的计算过程。

（三）实训组织方式及步骤

本实训安排在相关理论知识讲授完之后进行，在实训指导教师的指导下，由学生本人独立完成。学生以班级为单位统一到财务管理模拟实验室进行实训。实训前要求学生对相关知识进行复习。实训的具体步骤如下：

1.计算更新改造项目的增量现金流量（见表9-16）。

表9-16　　**更新改造项目的增量现金流量**　　单位：万元

项　目		0年	1—10年
1.初始投资		-850	
2.经营现金流量	Δ		
（1）销售收入	Δ		100
（2）经营付现成本节约额	Δ		40
（3）折旧费	Δ		-50
（4）税前收益	Δ		190
（5）所得税	Δ		47.5
（6）税后收益	Δ		142.5

2.计算项目净现值（见表9-17和表9-18）。

表9-17　　**净现值计算演示表**　　金额单位：万元

	A	B
1	初始现金流量	-850
2	年金	92.5
3	折现率	12%
4	期数（期）	10
5	年金现值	=PV（B3，B4，-B2）
6	净现值	=B5+B1

表9-18　　**净现值计算结果表**　　金额单位：万元

	A	B
1	初始现金流量	-850
2	年金	-92.5
3	折现率	12%
4	期数（期）	10
5	年金现值	522.65
6	净现值	-327.35

实训2.5　固定资产投资决策——投资额不等的互斥项目

（一）实训条件

1.公司简介。

东北动力公司是一家制造户外动力设备的公司，产品包括割草机和花园拖拉机。该公司正在考虑两个经营多样化的投资项目。第一个是生产比公司现在产品更大、功率更强的拖拉机，而且一些竞争者已经向这个经营方向发展了。第二个是制造吹雪机。吹雪机的生产和工程技术基本上和制造花园设备的相同，但是东北动力公司从未生产过吹雪机。

2.管理层通过项目近5年的现金流量来作决策。因为他们认为5年以后的情况太不明朗，不能作为当期决策的依据。换句话说，如果一个项目不能在5年内获得足够的收入来证明它的意义，管理层认为这个项目的风险太大了。

在营销、工程、生产部门代表的合作下，一个财务分析员已经将每个项目预计的增量现金流量都总结到一起（见表9-19）。东北动力公司的资本成本为9%。

表9-19　**东北动力公司项目预计的增量现金流量**　单位：万元

年份	拖拉机	吹雪机
0	（3 000）	（3 500）
1	（250）	（700）
2	500	800
3	1 000	1 200
4	1 500	2 000
5	1 500	2 000

3.实训在财务管理模拟实验室中进行。实验室需配备计算机，装有Excel软件。

（二）实训要求

根据投资项目评价标准进行项目决策分析：

1.计算拖拉机项目的净现值。

2.如果两个项目是独立的，通过净现值判定拖拉机项目是否可行。

3.计算吹雪机项目的净现值。

4.如果两个项目是独立的，通过净现值判定吹雪机项目是否可行。

5.如果两个项目是互斥的，计算项目的增量现金流量。

6.如果两个项目是互斥的，计算项目的增量净现值。

7.通过项目的增量净现值判定哪个项目更可取。

8.如果项目是互斥的，东北动力公司的管理层愿意考虑接下来两年的预计现金流量，而且接下来的预计现金流量与第4、第5年相同，判断哪一个项目会被选择。

9.利用Excel软件，显示决策的过程。

（三）实训组织方式及步骤

本实训安排在相关理论知识讲授完之后进行，在实训指导教师的指导下，由学生本人独立完成。学生以班级为单位统一到财务管理模拟实验室进行实训。实训前要求学生对相关知识进行复习。实训的具体步骤如下：

1.若两个项目都是独立项目，计算各项目净现值。

2.利用Excel软件，显示0—5年净现值的计算过程（见表9-20和表9-21）。

表9-20 **0—5年净现值计算演示表** 金额单位：万元

	A	B	C
1	项　目	拖拉机	吹雪机
2	初始现金流量	-3 000	-3 500
3	第1年现金流量	-250	-700
4	第2年现金流量	500	800
5	第3年现金流量	1 000	1 200
6	第4年现金流量	1 500	2 000
7	第5年现金流量	1 500	2 000
8	折现率	9%	9%
9	经营期现金流量现值	=NPV（B8，B3：B7）	=NPV（C8，C3：C7）
10	净现值	=B9+B2	=C9+C2

表9-21 **0—5年净现值计算结果表** 金额单位：万元

	A	B	C
1	项　目	拖拉机	吹雪机
2	初始现金流量	-3 000	-3 500
3	第1年现金流量	-250	-700
4	第2年现金流量	500	800
5	第3年现金流量	1 000	1 200
6	第4年现金流量	1 500	2 000
7	第5年现金流量	1 500	2 000
8	折现率	9%	9%
9	经营期现金流量现值	3 001.20	3 674.48
10	净现值	1.20	174.48

3.若两个项目是互斥项目，计算0—5年各年差量现金流量（见表9-22）。

表9-22　　0—5年差量现金流量　　单位：万元

项　目		0年	1—5年
1.初始投资	Δ		
2.经营现金流量	Δ		

4.计算0—5年各年差量现金流量的净现值。

5.根据差量现金流量的净现值判定项目的可行性，如果差量现金流量的净现值大于0，则投资额较大的方案可行。

6.利用Excel软件，显示0—5年差量现金流量的净现值的计算过程（见表9-23和表9-24）。

表9-23　　0—5年差量现金流量净现值计算演示表　　金额单位：万元

	A	B
1	项　目	差　量
2	初始现金流量	-500
3	第1年现金流量	-450
4	第2年现金流量	300
5	第3年现金流量	200
6	第4年现金流量	500
7	第5年现金流量	500
8	折现率	9%
9	经营期现金流量现值	=NPV（B8，B3：B7）
10	净现值	=B9+B2

表9-24　　0—5年差量现金流量净现值计算结果表　　金额单位：万元

	A	B
1	项　目	差　量
2	初始现金流量	-500
3	第1年现金流量	-450
4	第2年现金流量	300
5	第3年现金流量	200
6	第4年现金流量	500
7	第5年现金流量	500
8	折现率	9%
9	经营期现金流量现值	673.27
10	净现值	173.27

7.若考虑第6、第7年现金流量，计算差量现金流量（见表9-25）。

表9-25　　0—7年差量现金流量　　单位：万元

项　目		0年	1—7年
1.初始投资	Δ		
2.经营现金流量	Δ		

8.计算0—7年各年差量现金流量的净现值。

9.根据差量现金流量的净现值判定项目的可行性，如果差量现金流量的净现值大于0，则投资额较大的方案可行。

10.利用Excel软件，显示0—7年差量现金流量的净现值的计算过程（见表9-26和表9-27）。

表9-26　　0—7年差量现金流量净现值计算演示表　　金额单位：万元

	A	B
1	项　目	差　量
2	初始现金流量	-500
3	第1年现金流量	-450
4	第2年现金流量	300
5	第3年现金流量	200
6	第4年现金流量	500
7	第5年现金流量	500
8	第6年现金流量	500
9	第7年现金流量	500
10	折现率	9%
11	经营期现金流量现值	=NPV（B10，B3：B9）
12	净现值	=B11+B2

表9-27　　0—7年差量现金流量净现值计算结果表　　金额单位：万元

	A	B
1	项　目	差　量
2	初始现金流量	-500
3	第1年现金流量	-450
4	第2年现金流量	300
5	第3年现金流量	200
6	第4年现金流量	500
7	第5年现金流量	500
8	第6年现金流量	500
9	第7年现金流量	500
10	折现率	9%
11	经营期现金流量现值	1 244.93
12	净现值	744.93

实训2.6　固定资产投资决策——投资额相等的互斥项目

（一）实训条件

1.公司简介。

蓝带集团有限公司是一家以高科技产品为龙头，多种产业并存发展，集房地产、教育、文化、服务、运输等于一体的多元化跨国企业集团。该集团以尖端的生物技术为依托，吸收中医学精华，开发具有降低血脂、延缓衰老、抗肿瘤、润肠通便等功能的高品质系列保健品，并从国外引进先进的生产设备和工艺，建立了严格的品质管理体系，公司已通过ISO 9002质量体系认证。为保证公司长远有序发展，蓝带集团已在十几个国家办理了商标注册。在美国、加拿大、俄罗斯、韩国、泰国、越南、南非等国家的分公司已相继开业，还有20多个国家的分公司正在筹备之中。

2.项目调研。

为了确保产品品质，满足市场需求，蓝带集团不断进行技术改造和设备更新，投入巨资兴建现代化生产基地，从意大利、荷兰、英国等国引进具有国际先进水平的生产设备。目前，蓝带集团打算进行一系列的固定资产投资，以便为进军骨关节炎保健品市场做好前期准备。蓝带集团的财务人员根据公司的实际情况，提供了甲、乙两种方案：

甲方案：(1) 原始投资共需1 000万元（全部来源于自有资金），其中包括：固定资产投资800万元，流动资金投资200万元。(2) 该项目的建设期为两年，经营期为10年。固定资产分两年在每年年初平均投入，流动资金投资在项目完工时（第二年年末）投入。(3) 固定资产的寿命期限为10年（考虑预计的净残值）。流动资产于终结点一次收回。(4) 预计项目投产后，每年发生的相关营业收入（不含增值税）和经营成本分别为600万元和200万元，所得税税率为25%，该项目不享受减免所得税的待遇。(5) 该行业的基准折现率为12%。

乙方案：投资额与甲方案相等，建设期为两年，固定资产在项目开始时一次投入，流动资金在建设期末投放，经营期不变，经营期各年的经营净现金流量为300万元，其他条件不变。

目前，蓝带集团的固定资产折旧采用平均年限法，净残值率按原值的8%确定。

3.实训在财务管理模拟实验室中进行。实验室需配备计算机，装有Excel软件。

（二）实训要求

根据投资项目评价标准进行项目决策分析：

1.骨关节炎保健品市场虽然有可能成为市场的热点，但该市场也有很多的不确定因素，如果你是项目团队的投资分析人员，你认为该市场会有哪些不确定因素。你如何看待这些不确定因素？

2.计算甲方案的固定资产年折旧额。

3.计算甲方案各年的现金净流量。

4.计算甲方案的净现值。

5.计算乙方案各年的现金净流量。

6.计算乙方案的净现值。

7.如果甲、乙方案是互斥的，假设你是蓝带集团的财务经理，请你作出正确的选择。

8.利用Excel软件，显示决策的过程。

（三）实训组织方式及步骤

本实训安排在相关理论知识讲授完之后进行，在实训指导教师的指导下，由学生本人独立完成。学生以班级为单位统一到财务管理模拟实验室进行实训。实训前要求学生对相关知识进行复习。实训的具体步骤如下：

1.请你对骨关节炎保健品市场进行SWOT分析。

2.计算甲方案各年的现金流量（见表9-28）。

表9-28　**甲方案固定资产投资项目现金流量表**　单位：万元

项目计算期（第t年）	建设期			运营期						
	0	1	2	3	4	5	…	9	10	11	12
1.初始现金净流量											
1.1固定资产投资											
1.2流动资产投资											
2.营业现金净流量											
2.1营业收入											
2.2经营成本											
2.3折旧											
2.4税前利润											
2.5所得税											
2.6净利润											
2.7营业现金净流量											
3.终结现金净流量											
3.1回收固定资产余值											
3.2回收流动资金											
4.现金净流量											

3.计算乙方案各年的现金流量（见表9-29）。

表9-29　**乙方案固定资产投资项目现金流量表**　单位：万元

项目计算期（第t年）	建设期			运营期							
	0	1	2	3	4	5	…	9	10	11	12
1.初始现金净流量											
1.1固定资产投资											
1.2流动资产投资											
2.营业现金净流量											
3.终结现金净流量											
3.1回收固定资产余值											
3.2回收流动资金											
4.现金净流量											

4.计算甲、乙方案的净现值。

5.如果甲、乙方案是互斥的，净现值最大的方案是最优的方案。

6.利用Excel软件，显示决策的过程（见表9-30和表9-31）。

表9-30　　　　　　　　　　**甲、乙方案净现值计算演示表**　　　　　　　　　　金额单位：万元

序号	A	B	C
1	项 目	甲	乙
2	第0年现金净流量	-400	-800
3	第1年现金净流量	-400	0
4	第2年现金净流量	-200	-200
5	第3年现金净流量	=（600-200-1 000*（1-8%）/10）*（1-25%）+1 000*（1-8%）/10	300
6	第4年现金净流量	=（600-200-1 000*（1-8%）/10）*（1-25%）+1 000*（1-8%）/10	300
7	第5年现金净流量	=（600-200-1 000*（1-8%）/10）*（1-25%）+1 000*（1-8%）/10	300
8	第6年现金净流量	=（600-200-1 000*（1-8%）/10）*（1-25%）+1 000*（1-8%）/10	300
9	第7年现金净流量	=（600-200-1 000*（1-8%）/10）*（1-25%）+1 000*（1-8%）/10	300
10	第8年现金净流量	=（600-200-1 000*（1-8%）/10）*（1-25%）+1 000*（1-8%）/10	300
11	第9年现金净流量	=（600-200-1 000*（1-8%）/10）*（1-25%）+1 000*（1-8%）/10	300
12	第10年现金净流量	=（600-200-1 000*（1-8%）/10）*（1-25%）+1 000*（1-8%）/10	300
13	第11年现金净流量	=（600-200-1 000*（1-8%）/10）*（1-25%）+1 000*（1-8%）/10	300
14	第12年现金净流量	=（600-200-1 000*（1-8%）/10）*（1-25%）+1 000*（1-8%）/10+200+1 000*8%	=300+200+1 000*8%
15	折现率	12%	12%
16	净现值	=NPV（B15，B3：B14）+B2	=NPV（C15，C3：C14）+C2

表9-31　　　　　　　　　　**甲、乙方案净现值计算结果表**　　　　　　　　　　金额单位：万元

序号	A	B	C
1	项 目	甲	乙
2	第0年现金净流量	-400	-800
3	第1年现金净流量	-400	0
4	第2年现金净流量	-200	-200
5	第3年现金净流量	323	300
6	第4年现金净流量	323	300
7	第5年现金净流量	323	300
8	第6年现金净流量	323	300
9	第7年现金净流量	323	300
10	第8年现金净流量	323	300
11	第9年现金净流量	323	300
12	第10年现金净流量	323	300
13	第11年现金净流量	323	300
14	第12年现金净流量	603	580
15	折现率	12%	12%
16	净现值	610.21	463.73

实训2.7　固定资产经济使用寿命

（一）实训条件

1.公司简介。

大连冷冻机股份有限公司以制冷空调为主业，是中国工业制冷行业领军企业——大连冰山集团有限公司的核心企业，是中国制冷工业首家上市公司。公司占地面积25万平方米，在岗职工1 000余人。

2.大冷股份专注制冷、空调领域，以专有的冷热环保技术奉献社会。公司持续推进自主创新，转变发展方式，调整产品结构，推进产业升级，不断推出具有自主知识产权的智能、安全、绿色、节能的系列产品和综合服务，打造了中国最完备的冷热产业链，覆盖了制冷产业链的关键领域，代表了中国制冷技术的发展水平，得到了国内、国际市场的广泛认可，开辟了五大洲六七十个国家和地区的市场。2022年12月公司为推进产业升级，引进了新的空调生产线，设备投资成本为150万元，可以在未来的10年中继续使用，但随着时间推移，设备运行费用会逐年升高，设备残值逐年降低，有关数据见表9-32。

表9-32　**大冷股份空调生产线运行数据**　金额单位：万元

	A	B	C	D	E	G
1	年限	设备原始价值	设备净残值	运行费用	复利现值系数	年金现值系数
2	1	150	120	5	0.9259	0.9259
3	2	150	110	5.8	0.8573	1.7833
4	3	150	100	6.5	0.7938	2.5771
5	4	150	90	7.8	0.7350	3.3121
6	5	150	80	8.2	0.6806	3.9927
7	6	150	75	9.4	0.6302	4.6229
8	7	150	65	11	0.5835	5.2064
9	8	150	60	11.8	0.5403	5.7466
10	9	150	55	12.5	0.5002	6.2469
11	10	150	40	13	0.4632	6.7101

（二）实训要求

1.计算净残值的现值。

2.计算各年运行成本的现值。

3.计算更新时运行成本现值。

4.计算现值总成本。

5.计算年均成本。

6.判断哪一年是经济寿命。

（三）实训组织方式及步骤

本实训安排在相关理论知识讲授完之后进行，在实训指导教师的指导下，由学生本人独立完成。学生以班级为单位统一到财务管理模拟实验室进行实训。实训前要求学生对相关知识进行复习。实训的具体步骤如下：

1.根据现值公式计算各年净残值的现值。

2.根据现值公式计算各年运行成本的现值。

3.计算更新时累计运行成本现值。

4.计算现值总成本。

5.计算年均成本。

6.年均成本最低的年度为经济寿命，见表9-33和表9-34。

表9-33　　固定资产经济寿命计算演示表　　金额单位：万元

	A	B	C	D	E	F
12	年限	净残值现值	运行费用现值	更新时运行成本现值	现值总成本	年均成本
13	1	=C2*E2	=D2*E2	=C13	=B2-B13+D13	=E13/G2
14	2	=C3*E3	=D3*E3	=SUM（C13：C14）	=B3-B14+D14	=E14/G3
15	3	=C4*E4	=D4*E4	=SUM（C13：C15）	=B4-B15+D15	=E15/G4
16	4	=C5*E5	=D5*E5	=SUM（C13：C16）	=B5-B16+D16	=E16/G5
17	5	=C6*E6	=D6*E6	=SUM（C13：C17）	=B6-B17+D17	=E17/G6
18	6	=C7*E7	=D7*E7	=SUM（C13：C18）	=B7-B18+D18	=E18/G7
19	7	=C8*E8	=D8*E8	=SUM（C13：C19）	=B8-B19+D19	=E19/G8
20	8	=C9*E9	=D9*E9	=SUM（C13：C20）	=B9-B20+D20	=E20/G9
21	9	=C10*E10	=D10*E10	=SUM（C13：C21）	=B10-B21+D21	=E21/G10
22	10	=C11*E11	=D11*E11	=SUM（C13：C22）	=B11-B22+D22	=E22/G11

表9-34　　固定资产经济寿命计算结果表　　金额单位：万元

	A	B	C	D	E	F
12	年限	净残值现值	运行费用现值	更新时运行成本现值	现值总成本	年均成本
13	1	111.11	4.63	4.63	43.52	47.00
14	2	94.31	4.97	9.60	65.29	36.62
15	3	79.38	5.16	14.76	85.38	33.13
16	4	66.15	5.73	20.50	104.34	31.50
17	5	54.45	5.58	26.08	121.63	30.46
18	6	47.26	5.92	32.00	134.74	29.15
19	7	37.93	6.42	38.42	150.49	28.91
20	8	32.42	6.38	44.79	162.38	28.26
21	9	27.51	6.25	51.05	173.53	27.78
22	10	18.53	6.02	57.07	188.54	28.10

实训2.8　固定资产投资风险——敏感性分析

（一）实训条件

1.公司简介。

北京永达公司是一家生产打印机的企业，在2020年1月引进了一条全新的打印机生产线，并于当年投产运营，其设备的投资额为210万元，预计使用期限为10年，使用期满，设备的残值为10万元。引进该设备后，预计销量为800台，预计销售单价为0.2万元，预计每年营业收入增加160万元，营业成本增加60万元，该公司适用的所得税税率为25%，项目要求的基准收益率为25%。

2.该公司运营期每年的现金流量计算见表9-35。

（二）实训要求

1.利用Excel工具，计算项目的净现值和内部收益率。

2.利用上述实验的相关条件，计算销售单价在-20%到20%范围内变动对NPV的影响。

3.计算销售量在-20%到20%范围内变动对NPV的影响。

表9-35　**运营期现金流量**　单位：万元

增加的营业收入	160
增加的运营成本	60
年折旧费用增加额	20
税前利润的增加额	80
所得税增加额	20
净收益增加额	60
年现金流量预计增加额	80

4.计算付现成本在-20%到20%范围内变动对NPV的影响。

5.计算基准折现率在-20%到20%范围内变动对NPV的影响。

（三）实训组织方式及步骤

本实训安排在相关理论知识讲授完之后进行，在实训指导教师的指导下，由学生本人独立完成。学生以班级为单位统一到财务管理模拟实验室进行实训。实训前要求学生对相关知识进行复习。实训的具体步骤如下：

1.确定各年的现金流量。

2.根据Excel计算公式，计算NPV和IRR，见表9-36和表9-37。

3.计算销售单价、销售量、付现成本、基准折现率在-20%到20%范围内变动对NPV的影响（见表9-38、表9-39）。

表9-36　　NPV、IRR计算演示表　　金额单位：万元

	A	B
1	销售单价	0.2
2	销售量	800
3	付现成本	60
4	所得税税率	25%
5	折旧额	20
6	初始现金流量	-210
7	第1年现金流量	=（$B$1*$B$2-$B$3-$B$5）*（1-$B$4）+$B$5
8	第2年现金流量	=（$B$1*$B$2-$B$3-$B$5）*（1-$B$4）+$B$5
9	第3年现金流量	=（$B$1*$B$2-$B$3-$B$5）*（1-$B$4）+$B$5
10	第4年现金流量	=（$B$1*$B$2-$B$3-$B$5）*（1-$B$4）+$B$5
11	第5年现金流量	=（$B$1*$B$2-$B$3-$B$5）*（1-$B$4）+$B$5
12	第6年现金流量	=（$B$1*$B$2-$B$3-$B$5）*（1-$B$4）+$B$5
13	第7年现金流量	=（$B$1*$B$2-$B$3-$B$5）*（1-$B$4）+$B$5
14	第8年现金流量	=（$B$1*$B$2-$B$3-$B$5）*（1-$B$4）+$B$5
15	第9年现金流量	=（$B$1*$B$2-$B$3-$B$5）*（1-$B$4）+$B$5
16	第10年现金流量	=（$B$1*$B$2-$B$3-$B$5）*（1-$B$4）+$B$5+10
17	折现率	25%
18	经营期现金流量现值	=NPV（B17，B7：B16）
19	NPV	=B6+B18
20	IRR	=IRR（B6：B16）

表9-37　　NPV、IRR计算结果表　　金额单位：万元

	A	B
1	销售单价	0.2
2	销售量	800
3	付现成本	60
4	所得税税率	25%
5	折旧额	20
6	初始现金流量	-210
7	第1年现金流量	80
8	第2年现金流量	80
9	第3年现金流量	80
10	第4年现金流量	80
11	第5年现金流量	80
12	第6年现金流量	80
13	第7年现金流量	80
14	第8年现金流量	80
15	第9年现金流量	80
16	第10年现金流量	90
17	折现率	25%
18	经营期现金流量现值	286.71
19	NPV	76.71
20	IRR	36.47%

选中B23：G24单元格区域，单击“数据”菜单，执行“模拟运算表”命令，弹出“模拟运算表”对话框，选中“输入引用行的单元格”后的按钮，选择$B$1

单元格，如图9-5所示，单击“确定”按钮，完成不同单价下的NPV的计算。

表9-38　**不确定因素变化对NPV的影响演示表**

	A	B	C	D	E	F	G
21	不确定因素变化时对项目NPV的影响						
22	NPV敏感性分析	销售单价变动率	-20%	-10%	0%	10%	20%
23		销售单价	=B1*（1+C22）	=B1*（1+D22）	=B1*（1+E22）	=B1*（1+F22）	=B1*（1+G22）
24		=B19					
25	NPV敏感性分析	销售量变动率	-20%	-10%	0%	10%	20%
26		销售量	=B2*（1+C22）	=B2*（1+D22）	=B2*（1+E22）	=B2*（1+F22）	=B2*（1+G22）
27		=B19					
28	NPV敏感性分析	付现成本变动率	-20%	-10%	0%	10%	20%
29		付现成本	=B3*（1+C22）	=B3*（1+D22）	=B3*（1+E22）	=B3*（1+F22）	=B3*（1+G22）
30		=B19					
31	NPV敏感性分析	基准折现率变动率	-20%	-10%	0%	10%	20%
32		基准折现率	=B17*（1+C22）	=B17*（1+D22）	=B17*（1+E22）	=B17*（1+F22）	=B17*（1+G22）
33		=B19					

表9-39　**不确定因素变动对NPV的影响计算结果表**　金额单位：万元

	A	B	C	D	E	F	G
21	不确定因素变化时对项目净现值的影响						
22	NPV敏感性分析	销售单价变动率	-20%	-10%	0%	10%	20%
23		销售单价	0.16	0.18	0.2	0.22	0.24
24		76.71	-8.98	33.87	76.71	119.56	162.41
25	NPV敏感性分析	销售量变动率	-20%	-10%	0%	10%	20%
26		销售量	640	720	800	880	960
27		76.71	-8.98	33.87	76.71	119.56	162.41
28	NPV敏感性分析	付现成本变动率	-20%	-10%	0%	10%	20%
29		付现成本	48	54	60	66	72
30		76.71	108.85	92.78	76.71	60.65	44.58
31	NPV敏感性分析	基准折现率变动率	-20%	-10%	0%	10%	20%
32		基准折现率	0.2	0.225	0.25	0.275	0.3
33		76.71	127.01	100.14	76.71	56.17	38.05

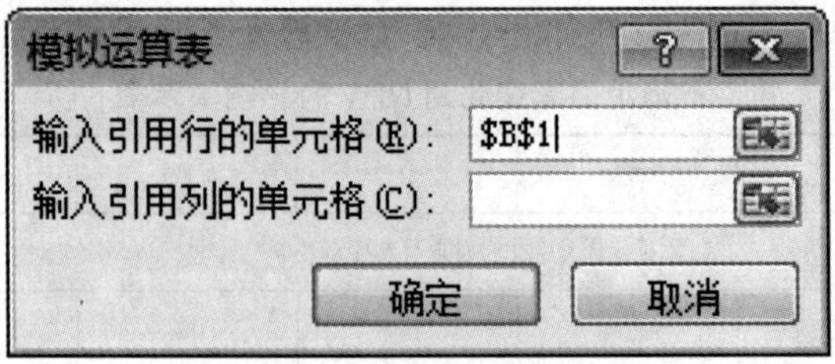

图 9-5 “模拟运算表”对话框

模块十　流动资产管理

一、实训目的

通过对流动资产管理模块的实验，掌握现金最佳持有量的确定与分析方法，应收账款信用政策的综合决策分析方法，存货的经济订货批量决策分析方法。

能力目标：

1.运用存货模式和随机模式确定企业的现金最佳持有量；

2.根据应收账款的信用成本，明确应收账款的信用决策；

3.根据存货的经济批量模型确定存货最佳持有量和持有成本。

情感目标：

1.培养学生的成本观念；

2.培养学生的系统思维，从大处着眼，从高处解决问题。

价值塑造

持续提升我国产业链供应链韧性和安全水平

二、理论知识点

流动资产管理包括现金管理、应收账款管理、存货管理。

（一）现金管理

现金是企业的血液，是企业进行生产经营的最基本要素，任何一个企业在其生产经营过程中，所有对外的经济除了少数非现金交易外，基本上都要通过现金的收付来实现，如筹集资金，采购商品、办公用品和设备，发放工资，支付差旅费，销售商品，缴纳税金和租金，分配股利和支付利息等。如果企业的现金短缺或周转不灵将会导致企业经营困难，严重者会使企业陷入破产的境地，因此加强对现金的管理十分必要。

现金是指生产过程中暂时停留在货币形态的资金，包括库存现金、银行存款、银行本票和银行汇票。现金同时兼有流动性最强和盈利性最差的特性。如果现金持有过多，会导致企业盈利水平下降；反之，则会造成现金短缺，影响企业的正常生产经营。

1.现金持有动机

（1）交易动机，是指企业持有一定的现金以满足正常生产经营活动中各种支付的需要。这是企业持有现金的主要动机。一般而言，企业为满足交易动机所持有的现金余额主要取决于企业销售水平。

（2）预防动机，是指企业持有一定量现金以应对紧急情况或者意外事件的发生。企业为应对紧急情况所持有的现金余额主要取决于三个方面：一是企业愿意承担风险的程度；二是企业临时举债能力的强弱；三是企业对现金流量预测的可靠程度。

（3）投机动机，是指企业为抓住各种瞬息即逝的市场机会、获取较大利益而持有的一定量现金。在投机动机下，现金持有量往往与企业在金融市场的投资机会及企业对待风险的态度有关。

2.现金的成本

（1）持有成本，是指企业因保留一定现金余额而增加的管理费用及丧失的再投资收益（即企业不能同时用该现金进行有价证券投资获得收益所产生的机会成本）。

（2）转换成本，是指企业用现金购入有价证券以及转让有价证券换取现金时付出的交易费用。

（3）短缺成本，是指因缺乏必要的现金，不能应对业务开支所需而使企业蒙受损失的代价。

3.现金最佳持有量

企业在生产经营过程中，必须根据经营管理的要求，寻求一个现金最佳持有量。现金最佳持有量又称为最佳现金余额，是指满足生产经营的需要，又使现金使用的效率和效益最高时的现金持有量，即能够使现金管理的机会成本与转换成本之和保持最低的现金持有量。

现金最佳持有量的确定有四种方法：成本分析模式、随机模式、存货模式、现金周转模式。本实训主要练习随机模式和存货模式。

（1）随机模式

随机模式是在现金需求量难以预知的情况下进行现金持有量控制的方法。对企业来说，现金需求往往波动很大且难以预测，企业可以根据历史经验和现实需求，制定一个现金持有量控制区域，即制定现金持有量的上限和下限，将现金持有量控制在上下限之内。当现金持有量达到控制上限时，用现金购入有价证券，使现金持有量下降；当现金持有量降到控制下限时，则抛售有价证券换回现金，使现金持有量回升。若现金持有量在控制的上下限之内，则不必进行现金与有价证券的转换，保持它们各自的现有存量（如图10-1所示）。

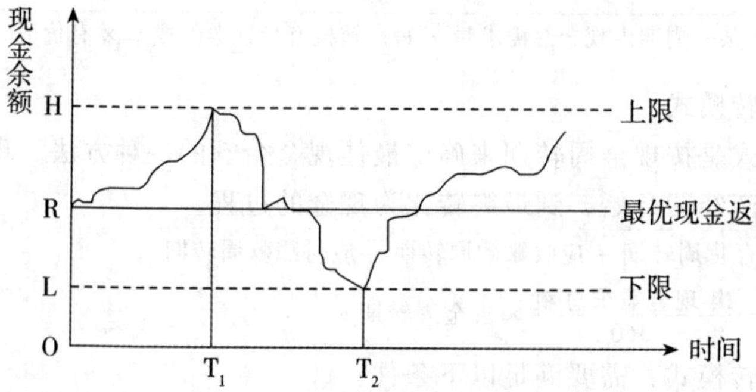

图 10-1　现金最佳持有量随机模式图

最优现金返回线的现金余额 R 按下式计算：

$$R=\sqrt[3]{\frac{3F\sigma^2}{4r}}+L \tag{10.1}$$

$$H=3R-2L \tag{10.2}$$

$$平均现金余额=\frac{4R-L}{3} \tag{10.3}$$

式中：F 表示每次证券转换的交易成本；σ^2 表示每日现金余额的方差；r 表示有价证券日利率（按日计算的机会成本）。

（2）存货模式

存货模式是根据存货管理中经济订货批量模型的基本原理确定现金最佳持有量的方法。存货模式中只考虑机会成本和交易成本。能够使现金管理的机会成本与交易成本之和保持最低的现金持有量，即为现金最佳持有量。现金持有量与这两种成本的关系可用图 10-2 表示。

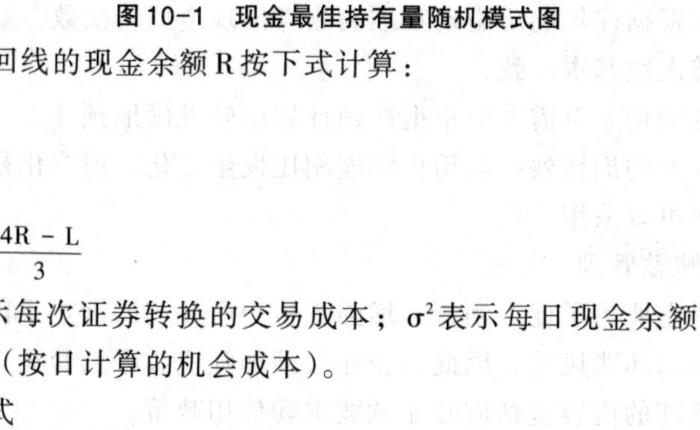

图 10-2　现金最佳持有量存货模式图

从图 10-2 中可以看出，现金余额的大小与机会成本成同方向变化，而与交易成本成反方向变化。

$$\text{现金总成本}=\text{机会成本}+\text{交易成本}=\frac{\text{现金最佳持有量}}{2}\times\text{有价证券利率}+\frac{\text{某一周期内现金总需求量}}{\text{现金最佳持有量}}\times\text{每次转换有价证券的成本} \tag{10.4}$$

$$\text{现金最佳持有量}=\sqrt{\frac{2\times\text{某一周期内现金总需求量}\times\text{每次转换有价证券的成本}}{\text{有价证券利率}}} \tag{10.5}$$

$$\text{最低现金相关成本}=\sqrt{2\times\text{某一周期内现金总需求量}\times\text{每次转换有价证券的成本}\times\text{有价证券利率}} \quad (10.6)$$

（3）现金周转模式

现金周转模式是按现金周转期来确定最佳现金余额的一种方法。现金周转期是指现金从投入生产经营开始，到最终转化为现金的过程。

$$\text{现金周转期}=\text{存货周转期}+\text{应收账款周转期}-\text{应付账款周转期} \quad (10.7)$$

$$\text{最佳现金余额}=\frac{\text{年现金需求总额}}{360}\times\text{现金周转期} \quad (10.8)$$

使用现金周转模式，需要满足以下条件：

①必须能够根据往年的历史资料准确测算出现金周转次数，并且假定未来年度与历史年度周转次数基本一致；

②未来年度的现金总需求应根据产销计划比较准确地预计。

如果未来年度的周转效率与历史年度相比发生变化，但变化是可以预计的，则此分析模式仍然可以采用。

（二）应收账款管理

应收账款是企业为了促进销售、增强竞争力所采用的商业手段，但无法避免由应收账款所带来的坏账风险，因此，企业必须加强应收账款管理，使经济效益最大化。应收账款管理的内容包括应收账款成本和信用政策。

1.应收账款成本

应收账款的发生意味着企业有一部分资金被客户占用，由此将发生一定的管理成本、坏账成本、机会成本。

（1）管理成本

管理成本是指企业对应收账款进行管理所耗费的开支，是应收账款成本的重要组成部分，主要包括对客户的信用情况调查的费用、收集信息的费用、催收账款的费用、账簿的记录费用等。

（2）坏账成本

应收账款基于商业信用产生，存在无法收回的可能性，由此给企业带来的损失，即为坏账成本。坏账成本一般与应收账款同方向变动。为了规避坏账成本给企业生产经营活动的稳定性带来不利影响，企业应合理提取坏账准备。

$$\text{坏账成本}=\text{年赊销额}\times\text{坏账损失率} \quad (10.9)$$

（3）机会成本

机会成本是指将资金投资于应收账款而不能进行其他投资所丧失的投资效益。这一成本通常与企业维持赊销业务所需要的资金数量、资金成本率有关。

应收账款机会成本计算步骤如下：

①计算应收账款周转率：

$$\text{应收账款周转率}=\frac{\text{日历天数}}{\text{应收账款周转天数}} \quad (10.10)$$

②计算应收账款平均余额：

$$应收账款平均余额=\frac{赊销收入}{应收账款周转率} \tag{10.11}$$

③计算应收账款占用资金：

$$应收账款占用资金=应收账款平均余额\times变动成本率 \tag{10.12}$$

④计算应收账款机会成本：

$$应收账款机会成本=应收账款占用资金\times资金成本率 \tag{10.13}$$

2.信用政策

信用政策也称为应收账款政策，是企业基于对客户资信情况的认定，而对客户给予先行付货而后收款的结算优惠，这种优惠实质是企业对客户的一种短期融资。信用政策一般由信用标准和信用条件两部分组成。

（1）信用标准

信用标准是指客户获得企业商业信用所应具备的最低条件，通常以预期的坏账损失率来表示。制定合理的信用标准，既有利于降低违约风险和收账费用，也有利于企业扩大销售，提高市场竞争力和占有率。

（2）信用条件

信用条件是指企业接受客户信用交易时所提出的付款要求，包括信用期限、折扣期限和现金折扣。

①信用期限是企业允许客户从购货到支付货款的最长时间间隔，它与企业产品销售量之间存在一定的依存关系。通常信用期限延长，可以在一定程度上扩大销售量，从而增加毛利，但不适当地延长信用期限会引起企业机会成本增加、坏账损失和收账费用增加。

②折扣期限是指为客户规定的、可享受现金折扣的付款时间。

③现金折扣是企业对在信用期限之前付款的客户在商品价格上所做的扣减。向客户提供这种价格上的优惠，主要目的是吸引顾客为享受现金折扣而提前付款，缩短企业的平均收账期。现金折扣通常采用“2/10，1/30，N/60”等来表示。该符号的含义是：客户在10天内付款，可以享受价款2%的现金折扣；客户在30天内付款，可以享受价款1%的现金折扣；在60天内必须付清款项无现金折扣。

（3）收账政策

收账政策是指当客户违反信用条件、拖欠甚至拒付账款时，企业采取的收账策略与措施。

一般而言，企业加强收账管理及早收回货款，可以减少坏账损失，减少应收账款上的资金占用，但是会增加收账费用。因此，企业要在增加收账费用和减少坏账损失、机会成本之间进行权衡，全面考虑，制定理想的信用政策。

确定最优信用政策的步骤如下：

①确定信用成本前收益：

$$信用成本前收益=年赊销额-变动成本 \tag{10.14}$$

②计算变动成本：

变动成本=年赊销额×变动成本率　　(10.15)

③确定方案的决策相关成本（信用成本）：

信用成本=坏账成本+机会成本+收账费用　　(10.16)

④确定信用成本后收益：

信用成本后收益=信用成本前收益-信用成本　　(10.17)

信用成本后收益最高的方案为最优信用政策。

3.应收账款日常管理

（1）应收账款追踪分析

应收账款一旦发生，赊销企业就要考虑如何按期足额收回的问题。要达到这个目的，赊销企业就有必要在收账之前，对该项应收账款的运行过程进行追踪分析。既然应收账款是存货变现过程的中间环节，对应收账款实施追踪分析的重点就应放在赊销商品的销售与变现方面。

（2）应收账款账龄分析

应收账款账龄分析就是考察应收账款的账龄结构。所谓账龄结构，是指各账龄应收账款的余额占应收账款总额的比重。通过分析，不仅能提示财务人员应把过期的款项视为工作的重点，而且有助于促进企业进一步研究与制定新的信用政策。

（3）应收账款收现保证率分析

应收账款收现保证率是为适应企业现金收支匹配关系的需要，确定的有效收现的应收账款占应收账款总计的百分比。

$$\text{应收账款收现保证率}=\frac{\text{当期必要现金支付总额}-\text{当期其他稳定可靠的现金流入总额}}{\text{当期应收账款总金额}} \tag{10.18}$$

应收账款收现保证率反映了企业既定会计期间预期现金支付数量扣除各种可靠、稳定性来源后的差额，必须通过应收账款有效收现予以弥补的最低保证程度。企业应定期计算应收账款实际收现率，看其是否达到了既定的控制标准，如果发现实际收现率低于应收账款收现保证率，应查明原因，确保企业有足够的现金满足同期必需的现金支付需求。

（4）应收账款坏账准备制度

不管企业采用怎样严格的信用政策，只要存在商业信用行为，坏账损失的发生总是不可避免的。因此，企业要遵循稳健性原则，对坏账损失的可能性预先进行估计，积极建立弥补坏账损失的准备制度。

（三）存货管理

存货是企业在日常生产经营过程中为生产或销售而储备的各种物资，包括在产品、半成品、原材料、燃料、低值易耗品、包装物等。

存货管理的目标是使企业保持科学合理的存货水平，尽力在各种存货成本与存货收益之间作出权衡。

1.存货成本

存货成本主要有订货成本、购置成本、储存成本、缺货成本。

（1）订货成本

订货成本是指取得订单的成本，包括差旅费、电话费、办公费等。订货成本可分为两部分：为了维持一定的采购能力而发生的、各期金额比较稳定的成本，称为固定订货成本，通常属于无关成本；而随订货次数的变动而成正比例变动的成本，称为变动订货成本，通常属于相关成本。

（2）购置成本

购置成本是指存货的买价，取决于存货购买数量和单位价格，可视为固定成本，属于与决策无关的成本，因此所建立的存货模型对其不予考虑，但为扩大销售而采用数量折扣等优惠方法时，购置成本就成为与决策相关的成本了。

（3）储存成本

储存成本是指企业为保存存货而发生的成本，包括支付给储运部门的仓储费、存货占用资本应计的利息等。储存成本也可分为两部分：总额稳定，与储存存货数量和储存时间无关的成本，称为固定储存成本，通常属于无关成本；总额大小取决于存货数量和储存时间的成本，称为变动储存成本，通常属于相关成本。

（4）缺货成本

缺货成本是指由于存货供应中断而造成的损失，包括停工待料损失、商品不足损失等。

2.存货的控制方法

（1）经济订货批量基本模型

经济订货批量，简称经济批量，是能使一定时期存货的总成本达到最低点的进货数量。决定存货经济订货批量的成本因素主要有存货成本中的变动性订货成本、变动性储存成本以及允许缺货时的存货短缺成本。

由于基本经济订货批量模型不存在缺货成本，所以存货相关总成本计算公式如下：

$$\text{存货相关总成本} = \text{变动性订货成本} + \text{变动性储存成本} = \frac{\text{某一时期内存货总需求量}}{\text{每次进货批量}} \times \text{每次订货成本} + \frac{\text{每次进货批量}}{2} \times \text{某一时期内单位存货储存成本} \quad (10.19)$$

当相关的订货成本与相关的储存成本相等时，存货相关总成本最低，此时的订货批量就是经济订货批量，即：

$$\text{经济订货批量} = \sqrt{\frac{2 \times \text{某一时期内存货总需求量} \times \text{每次订货成本}}{\text{某一时期内单位存货储存成本}}} \quad (10.20)$$

（2）有数量折扣的经济订货批量模型

①按照经济订货批量模型确定经济订货批量。

②计算按经济订货批量订货时的存货总成本。

存货总成本=年订货成本+年储存成本+年采购成本

$$=\frac{某一时期内存货总需求量}{经济订货批量}\times 每次订货成本+\frac{经济订货批量}{2}\times 某一时期内单位存货储存成本+某一时期内存货总需求量\times 单位采购成本 \quad (10.21)$$

③计算按有数量折扣的订货批量订货时的存货总成本。

存货总成本=年订货成本+年储存成本+年采购成本

$$=\frac{某一时期内存货总需求量}{有数量折扣的订货批量}\times 每次订货成本+\frac{有数量折扣的订货批量}{2}\times 某一时期内单位存货储存成本+某一时期内存货总需求量\times 单位采购成本\times(1-折扣率) \quad (10.22)$$

④比较不同订货批量的存货总成本，最低存货总成本对应的订货数量就是有数量折扣的最佳经济订货批量。

三、实训内容

实训一　现金最佳持有量确定

实训 1.1　现金最佳持有量确定——存货模式

（一）实训条件

星海电视机厂于2019年投资0.3亿元引进智屏电视生产线，现已竣工调试。该公司产品质量优良、价格合理，在市场上颇受欢迎，销势良好，达产后新增销售收入2.4亿元。公司迅速发展壮大，货币资金持有量不断增加。企业财务经理为了尽量减少企业闲置的现金数量，提高资金收益率，考虑确定现金最佳持有量。星海电视机厂每个月需要耗用现金约330万元，企业在有价证券上投资的平均收益率为6%，每次转换有价证券的交易成本为800元，企业的现金支付固定且连续。

（二）实训要求

1.若该企业财务经理打算持有3笔不同金额的款项：50万元、80万元和100万元，你能结合星海电视机厂全年的现金需要量作出最适合的选择吗？

2.星海电视机厂持有现金的最低总成本是多少？

3.一年内购买股票等有价证券的最佳次数为多少？

4.利用Excel电子表格软件，确定星海电视机厂现金最佳持有量。

（三）实训组织方式及步骤

1.利用现金最佳持有量存货模型计算现金最佳持有量、最低总成本、有价证券转换次数。

2.利用Excel电子表格计算现金最佳持有量（见表10-1和表10-2）。

表 10-1 现金最佳持有量计算演示表 金额单位：元

	B	C
1	现金最佳持有量	
2	每月耗用现金	3 300 000
3	全年耗用现金	=C2*12
4	现金交易成本（元/次）	800
5	有价证券利率	6%
6	现金最佳持有量	=SQRT（2*C3*C4/C5）
7	一年内现金转换次数（次）	=C3/C6
8	转换和持有现金的总成本	=SQRT（2*C3*C4*C5）

表 10-2 现金最佳持有量计算结果表 金额单位：元

	B	C
1	现金最佳持有量	
2	每月耗用现金	3 300 000
3	全年耗用现金	39 600 000
4	现金交易成本（元/次）	800
5	有价证券利率	6%
6	现金最佳持有量	1 027 618.61
7	一年内现金转换次数（次）	38.54
8	转换和持有现金的总成本	61 657.12

实训1.2 现金最佳持有量确定——规划求解方法

（一）实训条件

万达公司生产汽车零部件，产品质量好，这几年销售情况一直不错，随着企业规模扩大，现金持有水平持续上升。公司财务经理打算采用规划求解的方法，计算企业的现金最佳持有量。公司全年需要的资金为600 000元，每次转换有价证券的交易成本为2 000元，企业在有价证券上的平均收益率为8%。

（二）实训要求

采用规划求解方法分析下列问题：

1.该企业的现金最佳持有量应该是多少？

2.持有现金的最低总成本是多少？

3.一年内购买股票等有价证券的最佳次数为多少？

4.利用Excel软件确定该企业的现金最佳持有量。

（三）实训组织方式及步骤

在实训教师负责和指导下，每位学生自主完成实训任务。在实训过程中，首先根据实训内容由实训教师讲授理论知识，并针对重点予以实例演示。

实训步骤如下：

1.根据现金最佳持有量的规划求解方法计算现金最佳持有量。

2.利用Excel计算上述结果（见表10-3和表10-4）。

表10-3　**现金最佳持有量（规划求解）计算演示表**　金额单位：元

	B	C
1	全年需要现金	600 000
2	现金交易成本（元/次）	2 000
3	有价证券利率	8%
4	现金最佳持有量	
5	一年内现金转换次数（次）	=C1/C4
6	转换和持有现金的总成本	=C7+C8
7	持有现金机会成本	=C4/2*C3
8	转换现金成本	–C1/C4*C2

表10-4　**现金最佳持有量（规划求解）计算结果表**　金额单位：元

	B	C
1	全年需要现金	600 000
2	现金交易成本（元/次）	2 000
3	有价证券利率	8%
4	现金最佳持有量	173 205.10
5	一年内现金转换次数（次）	3.46
6	转换和持有现金的总成本	13 856.41
7	持有现金机会成本	6 928.20
8	转换现金成本	6 928.20

在Excel 2010中，单击“数据”菜单，选择“规划求解”功能，打开“规划求解参数”设置对话框。设置目标单元格为C6，求解目标为“最小值”，设置可变单元格为C4，如图10-3所示。

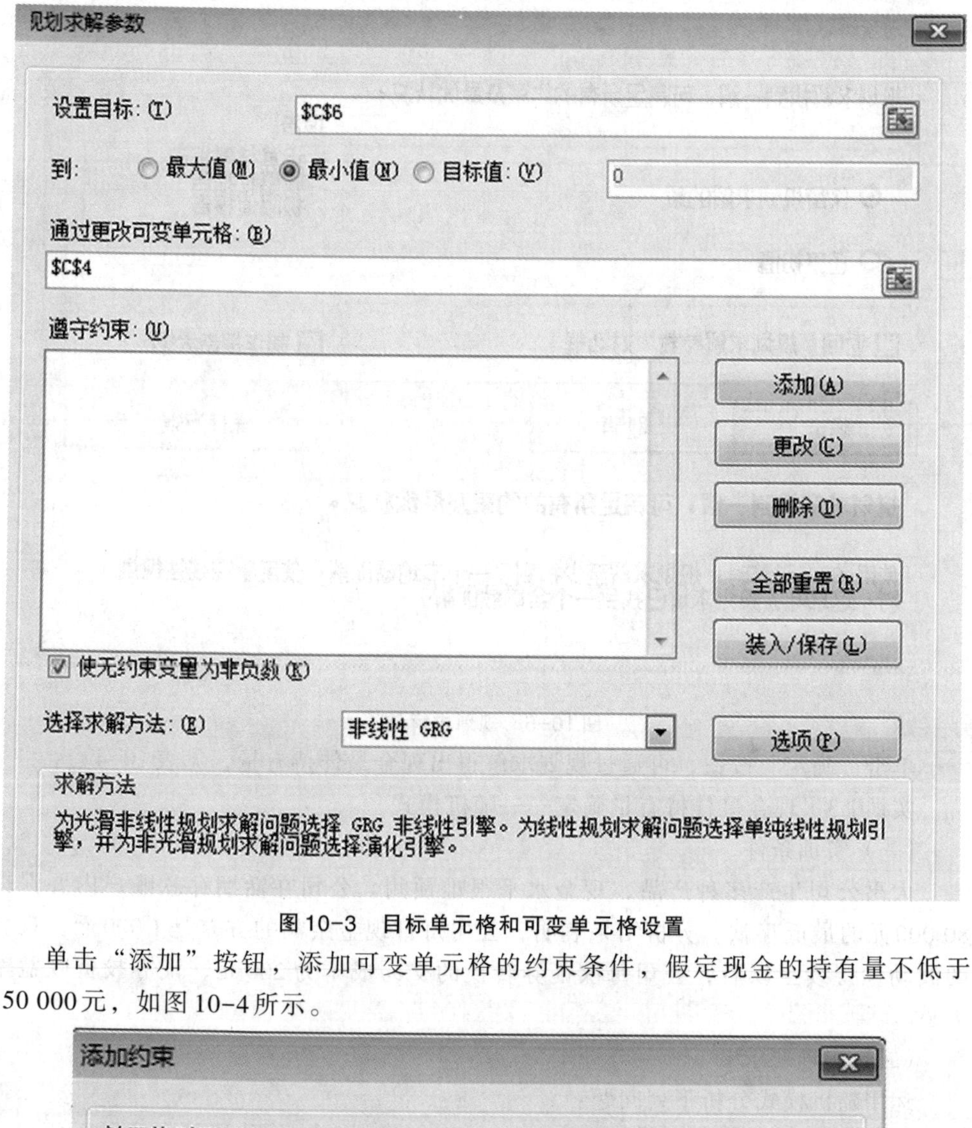

图 10-3　目标单元格和可变单元格设置

单击“添加”按钮，添加可变单元格的约束条件，假定现金的持有量不低于150 000元，如图10-4所示。

图 10-4　约束条件

单击“求解”按钮，弹出“规划求解结果”对话框，如图10-5所示。

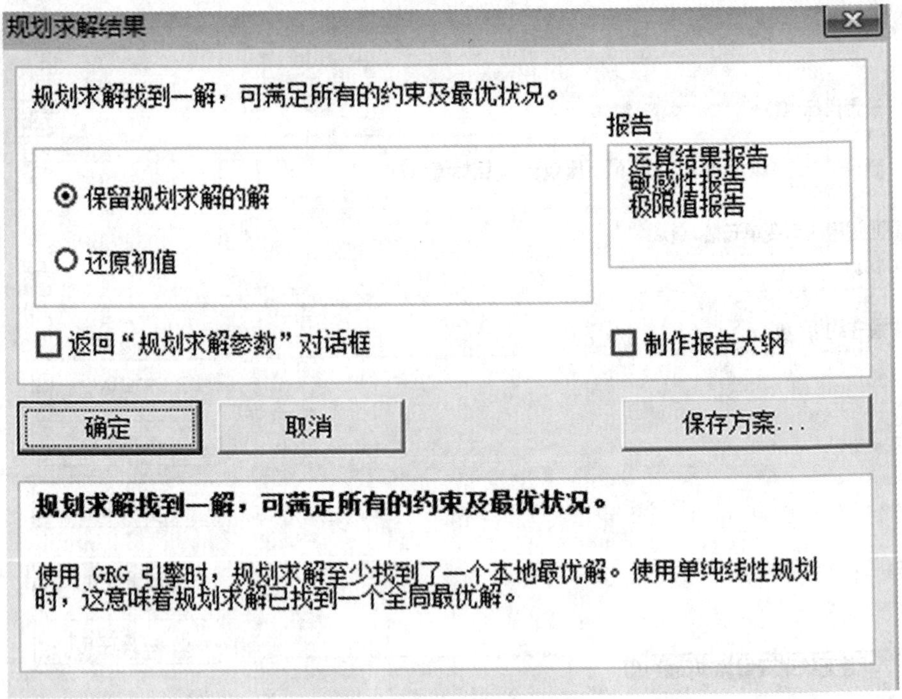

图10-5　规划求解结果

单击“确定”按钮，可通过规划求解得出现金最佳持有量，见表10-4。

实训1.3　现金最佳持有量确定——随机模式

（一）实训条件

大禹公司生产多种产品，现金水平很难预测。公司在活期存款账户内要保持80 000元的最低存款。分析结果表明，公司每日现金余额的方差是1 000元，现金的波动性持续至以后，公司每次证券转换的交易成本为200元，证券投资收益率为8%。

（二）实训要求

运用随机模式分析下列问题：

1.最优现金返回点是多少？

2.现金控制的上限是多少？

3.每次证券买卖的规模是多大？

4.用Excel电子表格计算得出结果。

（三）实训组织方式及步骤

在实训教师负责和指导下，每位学生自主完成实训任务。在实训过程中，首先根据实训内容由实训教师讲授理论知识，并针对重点予以实例演示。

实训步骤如下：

1.根据现金最佳持有量——随机模式计算最优现金返回点、现金上限、每次现金买卖规模。

2.利用Excel计算得出上述结果（见表10-5和表10-6）。

表10-5　**现金返回点计算演示表**　金额单位：元

	A	B
1	最低存款	80 000
2	每日现金余额方差	1 000
3	每次证券转换成本（元/次）	200
4	证券投资收益率	8%
5	证券投资日收益率	=B4/360
6	现金返回点	=（3*B3*B2/（4*B5））^（1/3）+B1
7	现金返回点上限	=3*B6-2*B1

表10-6　**现金返回点计算结果表**　金额单位：元

	A	B
1	最低存款	80 000
2	每日现金余额方差	1 000
3	每次证券转换成本（元/次）	200
4	证券投资收益率	8%
5	证券投资日收益率	0.02%
6	现金返回点	80 877.21
7	现金返回点上限	82 631.62

实训二　应收账款管理

实训2.1　应收账款——信用期限决策

（一）实训条件

新达公司是一家销售小型及微型电脑的公司，其市场目标是小规模的公司，这些公司只需要使用电脑而不需要购买像IBM所提供的大型电脑设备。公司所生产的产品极佳，销路很好。2024年年初，该公司有些问题开始呈现出来，现金流越来越紧张。目前的销货条件为“N/30”，假设企业收账政策不变，固定成本总额不变，该企业准备了3个信用条件的备选方案：①维持“N/30”信用条件；②将信用条件放宽到“N/60”；③将信用条件放宽到“N/90”。为各种备选方案估计的赊销水平、坏账百分比和收账费用等有关数据见表10-7。

表10-7　**信用条件备选方案**

	A	B	C	D
1	项　目	方案A（N/30）	方案B（N/60）	方案C（N/90）
2	赊销额（万元）	5 000	5 400	6 000
3	变动成本率	60%	60%	60%
4	资金成本率	8%	8%	8%
5	坏账损失率	2%	3%	4%
6	收账费用（万元）	20	30	80
7	应收账款周转期（天）	45	60	90

（二）实训要求

1.计算应收账款周转率。

2.计算应收账款平均余额。

3.计算维持赊销业务占用资金额。

4.计算变动成本额。

5.计算信用成本前收益。

6.计算坏账损失。

7.计算应收账款机会成本。

8.计算信用成本。

9.计算信用成本后收益。

10.分析A、B、C方案孰优孰劣。

11.用Excel计算得出结果。

（三）实训组织方式及步骤

1.假设全年天数为360天，计算应收账款周转率。

2.根据应收账款周转率计算公式计算应收账款平均余额。

3.计算维持赊销业务占用资金额。

4.计算变动成本额。

5.计算信用成本前收益。

6.计算坏账损失。

7.计算应收账款机会成本。

8.计算信用成本。

9.计算信用成本后收益。

10.根据信用成本后收益大小，分析A、B、C方案孰优孰劣。

11.用Excel计算得出结果（见表10-8和表10-9）。

表10-8　　应收账款信用期限决策计算演示表　　金额单位：万元

	A	B	C	D
8	项　目	方案A（N/30）	方案B（N/60）	方案C（N/90）
9	应收账款周转率（次）	=360/B7	=360/C7	=360/D7
10	应收账款平均余额	=B2/B9	=C2/C9	=D2/D9
11	维持赊销业务占用资金	=B10*B3	=C10*C3	=D10*D3
12	变动成本	=B2*B3	=C2*C3	=D2*D3
13	信用成本前收益	=B2-B12	=C2-C12	=D2-D12
14	坏账损失	=B2*B5	=C2*C5	=D2*D5
15	应收账款机会成本	=B11*B4	=C11*C4	=D11*D4
16	信用成本	=B6+B14+B15	=C6+C14+C15	=D6+D14+D15
17	信用成本后收益	=B13-B16	=C13-C16	=D13-D16

表10-9　　应收账款信用期限决策计算结果表　　金额单位：万元

	A	B	C	D
8	项　目	方案A（N/30）	方案B（N/60）	方案C（N/90）
9	应收账款周转率（次）	8.00	6.00	4.00
10	应收账款平均余额	625.00	900.00	1 500.00
11	维持赊销业务占用资金	375.00	540.00	900.00
12	变动成本	3 000.00	3 240.00	3 600.00
13	信用成本前收益	2 000.00	2 160.00	2 400.00
14	坏账损失	100.00	162.00	240.00
15	应收账款机会成本	30.00	43.20	72.00
16	信用成本	150.00	235.20	392.00
17	信用成本后收益	1 850.00	1 924.80	2 008.00

实训2.2　应收账款——最佳信用政策决策

（一）实训条件

实达电脑公司是1996年成立的，它主要生产小型及微型电脑，其市场目标主要定位于小规模公司。该公司生产的产品质量优良、价格合理，在市场上颇受欢迎，销路很好，因此该公司也迅速发展壮大起来，由起初只有几十万元资金的公司发展为拥有上亿元资金的公司，但是近年来该公司有些问题开始呈现出来：该公司过去为了扩大销售，占领市场，一直采用比较宽松的信用政策，客户拖欠的款项数额越来越大，时间越来越长，严重影响了资金周转，公司再投资不得不依靠长期负债及短期负债筹集资金。最后，2023年年末因为实达公司负债率太高，主要贷款人开始不同意进一步扩大债务，由于缺乏流动资金，公司陷入了进退两难的境地，所以公司经理非常忧虑。

2023年该公司的财务状况如下：

1.年赊销额为8 400万元。

2.应收账款平均收账期为30天，坏账水平为200万元。

3.公司要求的税前收益率为15%。

4.变动成本率为60%。

5.收账费用为60万元。

经与专业人士沟通，公司决定改变现有赊销策略，将目前的赊销条件改为“1/30，N/60”，赊销条件改变后预计将有如下变化：

1.有50%的客户会在30天内付款，相应享受1%的现金折扣，而另50%的客户会在60天内付款，相应放弃折扣。

2.应收账款平均收账期由30天增加到45天。

3.赊销额会增加1 000万元，尽管新客户会带来新的利润，但同时也会带来更多的坏账，坏账比例上升为6%。

4.收账费用为100万元。

（二）实训要求

1.该公司改变信用政策，其目的是什么？最终又给企业带来了什么？

2.该公司采用新的信用政策带来的收益和成本分别是多少？请你作出哪种备选方案较好的决策。

3.该公司可以考虑采用哪些方式来改变赊销策略？

4.若实达公司仍嫌其信用标准较紧，拟再次改变赊销策略，采用更为宽松的赊销政策，即将赊销条件变更为“2/30，1/60，N/90”，则预计：

（1）有60%的客户会在30天内付款，20%的客户会在60天内付款，而另外20%客户则放弃现金折扣，在90天内付款。

（2）赊销额增加2 100万元，坏账比例为10%。

（3）收账费用为300万元。

请问：再次改变赊销策略是否可行，为什么？

（三）实训组织方式及步骤

1.计算当赊销条件变更为“2/30，1/60，N/90”时的应收账款周转期。

2.假设全年按360天统计，计算应收账款周转率。

3.计算应收账款平均余额。

4.计算维持赊销业务占用的资金。

5.计算变动成本。

6.计算现金折扣。

7.计算信用成本前收益。

8.计算坏账损失。

9.计算应收账款机会成本。

10.计算信用成本。

11.计算信用成本后收益。

12.用Excel计算得出结果（见表10-10和表10-11）。

表10-10　**应收账款信用政策决策演示表**　金额单位：万元

	A	B	C	D
1	项　目	方案A（N/30）	方案B（1/30，N/60）	方案C（2/30，1/60，N/90）
2	赊销额	8 400	=B2+1 000	=B2+2 100
3	变动成本率	60%	60%	60%
4	资金成本率	15%	15%	15%
5	应收账款平均收账期（天）	30	45	=30*60%+60*20%+90*20%=48
6	应收账款周转率	=360/B5	=360/C5	360/D5
7	应收账款平均余额	=B2/B6	=C2/C6	=D2/D6
8	维持赊销业务占用资金	=B7*B3	=C7*C3	=D7*D3
9	变动成本	=B2*B3	=C2*C3	=D2*D3
10	现金折扣	0	=C2*50%*1%	=D2*60%*2%+D2*20%*1%
11	信用成本前收益	=B2-B9-B10	=C2-C9-C10	=D2-D9-D10
12	坏账损失	200	=C2*6%	=D2*10%
13	收账费用	60	100	300
14	应收账款机会成本	=B8*B4	=C8*C4	=D8*D4
15	信用成本	=B12+B13+B14	=C12+C13+C14	=D12+D13+D14
16	信用成本后收益	=B11-B15	=C11-C15	=D11-D15

表10-11　**应收账款信用政策决策计算结果表**　金额单位：万元

	A	B	C	D
1	项　目	方案A（N/30）	方案B（1/30，N/60）	方案C（2/30，1/60，N/90）
2	赊销额	8 400	9 400	10 500
3	变动成本率	60%	60%	60%
4	资金成本率	15%	15%	15%
5	应收账款平均收账期（天）	30	45	48
6	应收账款周转率	12	8	7.5
7	应收账款平均余额	700	1 175	1 400
8	维持赊销业务占用资金	420	705	840
9	变动成本	5 040	5 640	6 300
10	现金折扣	0	47	147
11	信用成本前收益	3 360	3 713	4 053
12	坏账损失	200	564	1 050
13	收账费用	60	100	300
14	应收账款机会成本	63	105.75	126
15	信用成本	323	769.75	1 476
16	信用成本后收益	3 037	2 943.25	2 577

实训2.3　应收账款——信用期限决策练习

（一）实训条件

杭州电子公司近年来采用较宽松的信用政策，因而销售量有所增加，但应收账款的管理成本及坏账损失也随之增加，近两年的损益状况见表10-12。假定公司变动成本率为65%，资金成本率为18%。公司收账政策不变，固定成本总额不变。公司采用年赊销额百分比法估计坏账损失。

表10-12　**信用条件备选方案表**　单位：万元

项　目	第1年（N/30）	第2年（N/90）
年赊销额	12 000	14 000
坏账损失	240	700
收账费用	120	280
平均收账期	60	120

2019年8月11日，杭州电子公司总经理吴涛召集营销总经理王亮和信贷经理田丰开会，商讨如何解决长城公司严重拖欠账款的问题。长城公司是杭州电子公司在东北地区的独家经销商，其欠款已经达到4 000万元，超出期限260天。长城公司的副总经理一直阻挠不让田丰获得有关信息资料。直到几天前，田丰发出威胁要彻底停止供货后，才收到了长城公司的财务报表。报表显示截至2021年12月31日、2022年12月31日两个会计年度以及截至2023年6月30日的公司亏损情况，累计亏损已经抵消了所有的留存收益，在资产负债表中，公司股东的产权尚不足总资产比重的3%。

可选方案与行动计划：

第一种选择是促使长城公司将结账日期缩短至一个合理的水平。比如，在9个月内先降至180天，然后再降至120天。如果失败，就意味着只能停止供货并执行破产程序。很明显，这意味着要寻求建立新的经销网络代替长城公司，因为长城公司要达到将结账日期缩短至180天并付款1 000万元的要求的可能性很小。长城公司现任总经理何天曾暗示说，银行已经拒绝在4 000万元之外再追加贷款额度，并且还竭力将这4 000万元降低至3 500万元。

在东北地区大约有10家同类经销商，但其中只有3家的经销范围覆盖了整个东北地区。如果由这3家公司代替长城公司的话，那前途还是很有希望的。虽然吴涛不愿意承认这一点，但田丰知道他已经针对其他一些经销商做了许多调查工作。最令吴涛担忧的事情是可能会丧失一些市场份额，因为长城公司毕竟是该地区做得最好的公司。如果人们认为是杭州电子公司这个供货商使得长城公司关门大吉的话，那么未来的销售额将比杭州电子公司对长城公司目前的销售额下降20%～25%。其他代替长城公司的经销商将会要求规模更小、频率更高的供货，从而产生另一种与长城公司相同的信用风险。

第二种选择是杭州电子公司自己在东北地区建立一个经销公司。这将需要投入大量的资金并彻底改变整个公司的经销模式。然而，这一措施可以稳住现在的形势。但杭州电子公司将不得不在各个地方雇用销售人员并建立经销网点。

第三种选择是争取与长城公司共同解决问题。信用限额必须降低而且账户余额必须持平，还必须确立明确的目标并制订完成目标的行动计划。

（1）方案1：利用单独的保税仓库以寄售的方式向长城公司发货。顾客的付款要与长城公司的现金分开，并直接汇往杭州电子公司。对仓库和账目必须经常审查，这一制度必须严格执行。此外，杭州电子公司自己可以在该地区加大促销活动的力度，并直接从单独的保税仓库提货。

（2）方案2：与长城公司共同努力降低杭州电子公司在长城公司的存货。到2019年7月31日，长城公司拥有杭州电子公司的存货大约有1 200万元。有人建议减少供货数量、提高供货频率、缩短订货到发货的时间等措施。这些补救措施可能会提高杭州电子公司的运输成本和管理成本，其幅度大约是销售额的1%。长城公司的管理成本之所以高，部分原因是它的电脑系统未能有效运行。杭州电子公司具有高水平的管理系统，可以帮助长城公司建立一套良好而有效运作的管理制度。

吴涛对上述战略深表忧虑：虽然长城公司的欠账超过了信用期限，长期拖欠给杭州电子公司信用部门造成了很大麻烦，但是无论怎么说，它毕竟是很大的账目，其他债权人都明显不愿意采取田丰建议的措施。何天说其他债权人还都没有要求看长城公司的财务报表。

吴涛深知拥有一个良好的营销网络是达到并保住目标市场份额的关键，但是长城公司严重恶化的财务状况以及随时可能破产的危险将使杭州电子公司在几个方面受到影响：丧失市场份额、收益下降、销售滑坡。一方面，田丰建议吴涛应对长城公司采取强硬措施；另一方面，王亮则提醒他，仓促采取行动会导致长时间的市场份额丧失。

（二）实训要求

1.针对杭州电子公司的应收账款问题，分析上述3种方案的优点与缺点，并作出判断。

2.分析公司采用宽松的信用政策能否成功。

3.如果你是吴涛，应如何处理长城公司问题？

（三）实训组织方式及步骤

1.假设全年按360天统计，计算信用成本后收益（见表10-13和表10-14）。

2.略。

3.应收账款管理是许多企业经常面临的难题。杭州电子公司必须解决长城公司的拖欠问题，否则自己将面临周转困难的严重局面。

（1）采用第一种方案的优点是：如果成功，可以最小的代价获得满意的效果，但这只是一厢情愿。因为这种方法成功的概率较低，而且一旦失败，公司将面临降低市场份额的风险，故不可取。

表 10-13 **信用成本后收益计算演示表** 金额单位：万元

	A	B	C
1	项　目	第 1 年（N/30）	第 2 年（N/90）
2	赊销额	12 000	14 000
3	变动成本率	65%	65%
4	资金成本率	18%	18%
5	应收账款平均收账期（天）	60	120
6	应收账款周转率	=360/B5	=360/C5
7	应收账款平均余额	=B2/B6	=C2/C6
8	维持赊销业务占用资金	=B7*B3	=C7*C3
9	变动成本	=B2*B3	=C2*C3
10	信用成本前收益	=B2-B9	=C2-C9
11	坏账损失	240	700
12	收账费用	120	280
13	应收账款机会成本	=B8*B4	=C8*C4
14	信用成本	=B11+B12+B13	=C11+C12+C13
15	信用成本后收益	=B10-B14	=C10-C14

表 10-14 **信用成本后收益计算结果表** 金额单位：万元

	A	B	C
1	项　目	第 1 年（N/30）	第 2 年（N/90）
2	赊销额	12 000	14 000
3	变动成本率	65%	65%
4	资金成本率	18%	18%
5	应收账款平均收账期（天）	60	120
6	应收账款周转率	6	3
7	应收账款平均余额	2 000	4 666.67
8	维持赊销业务占用资金	1 300	3 033.33
9	变动成本	7 800	9 100
10	信用成本前收益	4 200	4 900
11	坏账损失	240	700
12	收账费用	120	280
13	应收账款机会成本	234	546
14	信用成本	594	1 526
15	信用成本后收益	3 606	3 374

（2）采用第二种方案，可以保持公司的市场份额，但所需投资数额较大，代价很高，需要进行较为详尽的分析与论证。

（3）采用第三种方案，对公司的影响较小，也较容易控制，是目前解决这一问题的简单而有效的方法。

建议采用第三种方案。

实训 2.4　应收账款——最佳信用政策练习

（一）实训条件

长虹公司成立于1995年，由雅洁化工厂和南方化工厂合并而成。雅洁化工厂主要生产“嫦娥”牌系列洗涤用品，它是一种低泡沫、高浓缩粉状洗涤剂；南方化工厂主要生产“三威”牌系列洗涤用品，它具有泡沫丰富、去污力强等特点。两种产品在华北地区的销售市场各占有一定份额。两厂合并后，仍继续生产两种产品，由于产品质量优良、价格合理，在市场上颇受欢迎，销路很好，因此该公司也迅速发展壮大起来，由起初只有几十万元资金的公司发展为拥有上亿元资金的公司。长虹公司预计在现行经济政策下，年销售额可达到3 000万元，变动成本占销售额的比率为80%，应收账款资金成本率为10%。长虹公司赊销条件是“N/30”，但该公司应收账款平均收账期为45天，一些客户仍存在延期付款现象，坏账损失率为2%，收账费用为100万元。

长虹公司信用经理考虑了如下5种信用政策：

政策1：延长信用期限为60天。如果这样做，估计销售额可能达到4 500万元，平均收账期为65天，坏账损失率为4%，收账费用为120万元。

政策2：缩短信用期限为20天。在这种情况下，预计销售额下降到2 500万元，平均收账期减少为25天，坏账损失率为1%，收账费用为80万元。

政策3：放松信用标准，销货给信誉度不高的客户。估计这一政策使销售额提高200万元，平均收账期为50天，坏账损失率为3%，收账费用为110万元。

政策4：紧缩信用政策。在这种政策下，预计将使销售额减少150万元，平均收账期为20天，坏账损失率降为0.8%，收账费用为70万元。

政策5：将信用条件改为“2/10，N/30”。估计将有50%的客户享受折扣，其他客户会在信用期末无条件付款，销售条件改变后将会增加400万元的销售额，平均收账期降为20天，坏账损失率降为1.5%，收账费用为70万元。

（二）实训要求

1.假设全年按照360天统计，分别评价各种政策条件下的信用成本以及扣除信用成本后收益。

2.你认为长虹公司应采取哪一种政策，为什么？

（三）实训组织方式及步骤

1.计算应收账款周转率。

2.计算应收账款平均余额。

3.计算维持赊销业务占用资金。

4.计算变动成本。

5.计算现金折扣。

6.计算信用成本前收益。

7.计算应收账款机会成本。

8.计算坏账损失。

9.计算信用成本。

10.计算信用成本后收益。

11.运用excel计算应收账款信用政策决策（见表10-15和表10-16）。

表10-15 **应收账款信用政策决策计算演示表** 金额单位：万元

	A	B	C	D	E	F	G
1	项　目	原方案（N/30）	政策1（N/60）	政策2（N/20）	政策3（N/30）	政策4（N/30）	政策5（2/10，N/30）
2	年赊销收入净额	3 000	4 500	2 500	3 200	2 850	3 400
3	变动成本率	80%	80%	80%	80%	80%	80%
4	资金成本率	10%	10%	10%	10%	10%	10%
5	应收账款平均收账期	45	65	25	50	20	20
6	坏账损失率	2%	4%	1%	3%	0.80%	1.50%
7	应收账款周转率（次）	=360/B5	=360/C5	=360/D5	=360/E5	=360/F5	=360/G5
8	应收账款平均余额	=B2/B7	=C2/C7	=D2/D7	=E2/E7	=F2/F7	=G2/G7
9	维持赊销业务占用资金	=B8*B3	=C8*C3	=D8*D3	=E8*E3	=F8*F3	=G8*G3
10	变动成本	=B2*B3	=C2*C3	=D2*D3	=E2*E3	=F2*F3	=G2*G3
11	现金折扣						=G2*50%*2%
12	信用成本前收益	=B2-B10-B11	=C2-C10-C11	=D2-D10-D11	=E2-E10-E11	=F2-F10-F11	=G2-G10-G11
13	应收账款机会成本	=B9*B4	=C9*C4	=D9*D4	=E9*E4	=F9*F4	=G9*G4
14	坏账损失	=B2*B6	=C2*C6	=D2*D6	=E2*E6	=F2*F6	=G2*G6
15	收账费用	100	120	80	110	70	70
16	信用成本	=B13+B14+B15	=C13+C14+C15	=D13+D14+D15	=E13+E14+E15	=F13+F14+F15	=G13+G14+G15
17	信用成本后收益	=B12-B16	=C12-C16	=D12-D16	=E12-E16	=F12-F16	=G12-G16

表10-16　**应收账款信用政策决策计算结果表**　金额单位：万元

	A	B	C	D	E	F	G
1	项　目	原方案（N/30）	政策1（N/60）	政策2（N/20）	政策3（N/30）	政策4（N/30）	政策5（2/10，N/30）
2	年赊销收入净额	3 000	4 500	2 500	3 200	2 850	3 400
3	变动成本率	80%	80%	80%	80%	80%	80%
4	资金成本率	10%	10%	10%	10%	10%	10%
5	应收账款平均收账期	45	65	25	50	20	20
6	坏账损失率	2%	4%	1%	3%	0.80%	1.50%
7	应收账款周转率（次）	8	5.54	14.4	7.2	18	18
8	应收账款平均余额	375	812.5	173.61	444.44	158.33	188.89
9	维持赊销业务占用资金	300	650	138.89	355.56	126.67	151.11
10	变动成本	2 400	3 600	2 000	2 560	2 280	2 720
11	现金折扣						34.00
12	信用成本前收益	600	900	500	640	570	646
13	应收账款机会成本	30	65	13.89	35.56	12.67	15.11
14	坏账损失	60	180	25	96	22.8	51
15	收账费用	100	120	80	110	70	70
16	信用成本	190	365	118.89	241.56	105.47	136.11
17	信用成本后收益	410	535	381.11	398.44	464.53	509.89

实训三　存货管理

实训3.1　存货经济订货批量决策——基本模型

（一）实训条件

通友公司是一家以经营各类家用电器为主的全国性家电零售连锁企业，本着“创新务实、精益求精”的企业理念，依靠准确的市场定位和薄利多销的经营策略，得以蓬勃发展。目前，通友公司已成为中国最大的家电零售连锁企业，在北京、天津、上海、成都、重庆等25个城市以及中国香港等地区拥有直营店140余家，12 000多名员工。在长期的经营实践中，通友公司形成了独特的商品、价格、服务、环境四大核心竞争力，全面引进彩电、冰箱、洗衣机、空调、手机、数码摄像机、电脑、音像等产品，使所经销的商品几乎囊括所有消费类电子产品。

2020年6月正是空调订货销售时机，采购员从海尔公司获悉，空调的平均采购价格为2 500元，每次的订货费用为1 000元，每台空调的储存成本主要是存货占用资金的利息，估计为购货单价的10%。近几年每年海尔空调销售量接近5 000台。

（二）实训要求

1.如果你是公司财务经理，请为公司作出决策，最佳经济订货批量为多少？

2.如果每台空调的每年储存成本为500元，则最佳经济订货批量为多少？

3.如果每次订货费用为800元，则最佳经济订货批量为多少？

4.利用Excel软件建立财务函数。

（三）实训组织方式及步骤

1.计算最佳经济订货批量。

2.计算储存成本改变后最佳经济订货批量。

3.计算订货费用改变后最佳经济订货批量。

4.利用Excel计算最佳经济订货批量（见表10-17和表10-18）。

表10-17 **最佳经济订货批量计算演示表** 金额单位：元

	A	B	C	D
1	项　目	方案一	方案二	方案三
2	每次订货费用	1 000	1 000	800
3	单位储存成本	250	500	250
4	全年需求量（台）	5 000	5 000	5 000
5	最佳经济订货批量（台）	=SQRT（2B4*B2/B3）	=SQRT（2C4*C2/C3）	=SQRT（2D4*D2/D3）

表10-18 **最佳经济订货批量计算结果表** 金额单位：元

	A	B	C	D
1	项　目	方案一	方案二	方案三
2	每次订货费用	1 000	1 000	800
3	单位储存成本	250	500	250
4	全年需求量（台）	5 000	5 000	5 000
5	最佳经济订货批量（台）	200	141.4214	178.8854

实训3.2　存货经济订货批量——数量折扣模型

（一）实训条件

银帆公司是中国领先的IT企业。该企业主要在中国从事台式电脑、笔记本电脑、移动手持设备、服务器和外设的生产、销售。银帆电脑自2000年以来一直是中国最畅销的产品之一。大单采购、买断、包销、定制等多种适合电脑销售的营销手段，完善的售后服务体系，高素质的售后服务队伍是银帆电脑规模化经营的基础。

银帆电脑使用的电脑芯片是从英特尔公司引进的，电脑芯片的平均采购价格为3 000元/组左右，若一次订购2 500组，还可以得到2%的价格优惠。

银帆公司近几年的芯片需求量约为10 000组，每次订货费用平均需要2 000元，平均每组芯片的年储存成本为10元。

（二）实训要求

1.请问应以多大批量订货成本最低？

2.若商业折扣为4%，应以多大批量订货？

3.若每次采购费用为3 000元，每组芯片的储存成本为20元，则应以多大批量订货？

（三）实训组织方式及步骤

实训组织方式同前。

1.实训步骤如下：

（1）按照经济订货批量模型确定经济订货批量。

（2）计算按经济订货批量订货时的存货总成本。

存货总成本=年订货成本+年储存成本+年采购成本

$$=\frac{\text{某一时期内存货总需求量}}{\text{经济订货批量}}\times\text{每次订货成本}+\frac{\text{经济订货批量}}{2}\times\frac{\text{某一时期内单位}}{\text{存货储存成本}}+\frac{\text{某一时期内}}{\text{存货总需求量}}\times\frac{\text{单位采购}}{\text{成本}}$$

（3）计算按有数量折扣的订货批量订货时的存货总成本。

存货总成本=年订货成本+年储存成本+年采购成本

$$=\frac{\text{某一时期内存货总需求量}}{\text{有数量折扣的订货批量}}\times\text{每次订货成本}+\frac{\text{有数量折扣的订货批量}}{2}\times\frac{\text{某一时期内单位}}{\text{存货储存成本}}+\frac{\text{某一时期内}}{\text{存货总需求量}}\times\frac{\text{单位采购}}{\text{成本}}\times(1-\text{折扣率})$$

（4）比较不同订货批量的存货总成本，最低存货总成本对应的订货数量就是有数量折扣的最佳经济订货批量（见表10-19和表10-20）。

表10-19 **存在数量折扣的存货订货批量计算演示表** 金额单位：元

	A	B	C
1	已知数据		
2	全年需求量（组）	10 000	
3	单位采购成本	3 000	
4	每单位年储存成本	10	
5	平均每次进货费用	2 000	
6	计算结果	无折扣	2%折扣（进货批量大于2 500组）
7	总成本最低的最佳经济订货批量（组）	=SQRT（2*B5*B2/B4）	2 500
8	存货总成本	=B2*B3+B2/B7*B5+B7/2*B4	=B2*B3*（1-2%）+B2/C7*B5+C7/2*B4

表10-20　　存在数量折扣的存货订货批量计算结果表　　金额单位：元

	A	B	C
1	已知数据		
2	全年需求量（组）	10 000	
3	单位采购成本	3 000	
4	每单位年储存成本	10	
5	平均每次进货费用	2 000	
6	计算结果	无折扣	2%折扣 （进货批量大于2 500组）
7	总成本最低的最佳经济订货批量（组）	2 000	2 500
8	存货总成本	30 020 000	29 420 500

2.略。

3.略。

实训3.3　存货经济订货批量综合练习

（一）实训条件

新雨公司是一家民营企业，2000年创立于新疆乌鲁木齐市。2005年年初，新雨国际战略投资有限公司在上海浦东新区注册，注册资本人民币6亿元。经过多年的发展，新雨逐步形成了以传统产业的区域市场、全球市场为目标的重组与整合能力，通过对企业的收购、兼并，引进新技术、新产品和先进的管理资源，增强竞争能力，实现产业结构升级与制度创新。

新雨公司主要生产甲产品，每年需消耗10 000件部件A，以单价300元向某供应商购进，每次需花费进货费用500元。每年每单位存储成本30元。

（二）实训要求

1.为该公司作出决策，每次购货批量应为多少？每年应分几批购货，才能保证在这种购货方式下的总成本最小？（假定该公司的实际情况满足存货模型假设的所有条件）

2.假设供货公司提供数量折扣，若一次订货量为1 000 ~ 1 500件给予5%的数量折扣，一次购货量为1 500 ~ 2 000件给予10%的数量折扣，一次购货量在2 000件以上给予15%的数量折扣，请问针对以上情况公司应以多大批量订货成本最低？

（三）实训组织方式及步骤

实训组织方式同前。

1.实训步骤如下：

（1）按经济订货批量模型确定经济订货批量。

（2）计算按经济订货批量订货时的存货总成本。

存货总成本=年订货成本+年储存成本+年采购成本

$$=\frac{\text{某一时期内存货总需求量}}{\text{经济订货批量}}\times\text{每次订货成本}+\frac{\text{经济订货批量}}{2}\times\text{某一时期内单位存货储存成本}+\text{某一时期内存货总需求量}\times\text{单位采购成本}$$

（3）计算按有数量折扣的订货批量订货时的存货总成本。

存货总成本=年订货成本+年储存成本+年采购成本

$$=\frac{\text{某一时期内存货总需求量}}{\text{有数量折扣的订货批量}}\times\text{每次订货成本}+\frac{\text{有数量折扣的订货批量}}{2}\times\text{某一时期内单位存货储存成本}+\text{某一时期内存货总需求量}\times\text{单位采购成本}\times（1-\text{折扣率}）$$

2.比较不同订货批量的存货总成本，最低存货总成本对应的订货数量就是有数量折扣的最佳经济订货批量（见表10-21和表10-22）。

表10-21　**存在数量折扣的存货订货批量计算演示表**　金额单位：元

	A	B	C
1	已知数据		
2	全年需求量（件）	10 000	
3	单位采购成本	300	
4	每单位年储存成本	30	
5	平均每次进货费用	500	
6	计算结果	总成本最低的最佳经济订货批量	存货总成本
7	无折扣	=SQRT（2*B5*B2/B4）件	=B2*B3+B2/B7*B5+B7/2*B4
8	5%折扣（进货批量1 000～1 500件）	1 000件	=B2*B3*（1-5%）+B2/B8*B5+B8/2*B4
9	10%折扣（进货批量1 500～2 000件）	1 500件	=B2*B3*（1-10%）+B2/B9*B5+B9/2*B4
10	15%折扣（进货批量大于2 000件）	2 000件	=B2*B3*（1-15%）+B2/B10*B5+B10/2*B4

表10-22　**存在数量折扣的存货订货批量计算结果表**　金额单位：元

	A	B	C
1	已知数据		
2	全年需求量（件）	10 000	
3	单位采购成本	300	
4	每单位年储存成本	30	
5	平均每次进货费用	500	
6	计算结果	总成本最低的最佳经济订货批量	存货总成本
7	无折扣	577.3502692件	3 017 500
8	5%折扣（进货批量1 000～1 500件）	1 000件	2 870 000
9	10%折扣（进货批量1 500～2 000件）	1 500件	2 725 833.333
10	15%折扣（进货批量大于2 000件）	2 000件	2 582 500

模块十一　股利分配

一、实训目的

能力目标：

1.了解股利政策的决定因素；

2.了解股利支付方式；

3.理解实务中的股利政策；

4.掌握股票回购和股票分割对企业价值的影响。

情感日标：

1.体会公平与效率；

2.树立正确的分配观。

价值塑造

统筹兼顾效率与公平

二、理论知识点

（一）股利政策的内容和目标

股利分配是指公司向其股东分派红利。无论投资者是将其资金直接投入公司，或者是从原股东手中转购入公司股份，其目的之一都是获取公司的股权，从而期望在公司未来进行股利分配时获得一定的投资回报，因此，公司的股利分配是公司处理其与股东之间财务关系的一个重要事项；另外，公司为了保持未来发展与盈利，需要不断地有资金投入原有业务或新的领域，这些资金的来源之一就是公司现在获得的或以前积累的未分配给股东的盈余（称之为保留盈余），这样，公司的股利分配势必又影响到公司的筹资决策。在盈利一定的情况下，到底将其中的多大部分分配给股东，多大部分留在公司用于继续投资，这一问题就是公司股利政策的核心。

所谓股利政策，是指关于公司是否发放股利、发放多少股利以及何时发放股利等方面的方针和策略。具体地说，股利政策除了上面所述的分配比例决策之外，还包括以下一些具体的操作决策：第一，股利支付具体方式的确定；第二，股利发放程序的策划，如发放频率，股利宣布日、登记日、除息日和发放日的确定等。

实际上，公司股利政策的制定受到公司内外多种因素的影响，选择什么样的股利政策，如确定多大的股利支付率、设计何种形式的股利支付方式、何时发放股利等问题，都是十分重要的财务问题。如前所述，股利政策既涉及公司对股东的吸引力，又涉及公司的筹资决策，这使得公司在股利问题上存在着两难选择：如果公司分配的股利很多，势必会使公司股价在证券市场上上扬，能够吸引潜在的投资者，但这样也势必会减少公司留存收益，加重公司财务负担和货币资金周转的压力；若公司分配的股利较少，就会出现与之相反的结果。因此，股利政策只可能是公司股票在市场上的吸引力与公司财务负担之间的一种均衡，具体地讲，就是探寻股利与留存收益之间的比例关系并设计出可行的股利支付办法。

通常，一套良好的公司股利政策应当能够实现以下政策目标：

1.满足公司长期发展的需要，实现公司价值最大化

如前所述，股利政策实质上就是确定一个最恰当的股利支付与留存收益之间的比例，它既是公司权益分配决策，又是资金筹措方面的重要决策之一。因而，股利政策的基本目标之一，就是要在股利分配时考虑公司资金筹集的需要，为增强公司未来发展后劲、扩大公司再生产和实现多角化经营提供足够的资金，以促进公司长期稳定发展，实现公司价值最大化这一终极目标。

2.保障股东权益，平衡公司与股东以及股东与股东之间的利益关系

股东投资于公司的基本目标之一就是获取稳定的股利分配，为了迎合、保证股东投资目标的实现，公司股利政策必须保证以高效益回报投资者，提高股东的投资报酬率，以建立公司与股东之间的良好财务关系。此外，现代公司的一大特点就是股权的分散性和股东的复杂性，按其与公司的紧密关系的程度不同，股东可分为控股股东、关联股东和零星股东，他们对公司股利分配的要求有所不同。前两者可能更侧重于公司的长远发展，而后者则更倾向于近期收益，因此，公司的股利政策必须尽量兼顾各方利益要求，尤其是要注意不能仅关注满足控股股东和关联股东的利益要求，而使零星股东产生不满，这样很容易迫使后者“用脚投票”，使公司股价下跌，影响公司在资本市场上的形象。

3.稳定股票价格，维持良好市场形象

一般而言，公司股票在市场上的股价过高或过低都不利于公司的正常经营和稳定发展。股价过低必然影响公司形象，不利于日后增资扩股，严重的甚至会引来敌意收购或兼并；股价过高，则会影响股票的流动性，并对公司未来股利分配造成较大的压力；股价时高时低、波动剧烈，则将动摇投资者的信心，也使公司股票成为投机者的投资对象，给公司增加不必要的风险。所以，保证股价稳定也是股利分配政策的目标之一。

（二）股利政策的基本理论

作为公司财务管理政策的一部分，股利政策的确定也应当在公司财务管理目标的统一指导之下。长期以来，人们一直在探讨股利政策对公司股价或公司价值有无影响的问题，这就形成了股利政策的基本理论。在理论界和实务界，主要流行着两种股利政策理论：股利无关论和股利相关论。

1.股利无关论

股利无关论认为公司的股利政策不会对公司市场价值（或股票价格）产生任何影响。这一理论是由美国著名财务学专家米勒（Miller）和莫迪格利安尼（Modigliani）于1961年在他们的成名作《股利政策、增长和股票价值》一文中首先提出的，因此，这一理论也被称为MM理论。这一理论建立在如下一些基本假设之上：

①公司的投资政策已确定并且已经为投资者所理解；

②不存在股票的发行和交易费用；

③不存在个人和公司所得税；

④不存在信息不对称；

⑤经理与外部投资者之间不存在代理成本。

上述假定描述的实际上是一种完美无缺的资本市场，因而股利无关论又被称为完全市场理论。根据上述假定条件，股利无关论认为：

①投资者并不关心公司股利的分配。

若公司保留较多的盈余用于再投资，就会导致公司股票价格上升，此时，尽管公司发放较少的股利，但需要现金的投资者可以在股票市场上出售持有的公司股票换取所需的现金；相反，若公司发放较多的股利，投资者又可以用分得的现金股利再买入一些股票以扩大投资。也就是说，投资者对股利和资本利得并没有什么偏好。

②股利的支付比例不影响公司的市场价值。

既然投资者不关心股利的分配，公司的价值就完全取决于公司投资的获利能力和获利水平，公司的盈余在股利与保留盈余之间的分配比例并不会影响公司的市场价值，既不会使公司价值增加，也不会使公司价值降低，因为即使公司有比较好的投资项目，但由于支付了较多的股利而缺乏保留盈余，公司也可以选择在股票市场筹集新股，从新的投资者手中获得所需的资金。

2.股利相关论

股利无关理论是在完美资本市场的一系列假设下提出的，如果放宽这些假设条件，股利政策会对公司价值（或股票价格）产生一定影响。股利相关论认为，公司的股利政策会影响到公司的市场价值（或股票价格）。其代表性观点主要有：

（1）税差理论

在MM的股利无关论中假设不存在税收，但在现实条件下，现金股利税与资本利得税不仅是存在的，而且表现出差异性。税差理论强调了税收在股利分配中对股东财富的重要影响。一般来说，出于保护和鼓励资本市场投资的目的，政府会采用股利收益税率高于资本利得税率的差异税率制度，致使股东偏好资本利得而不是派发现金股利。即便股利与资本利得具有相同的税率，股东在支付税金的时间上也是存在差异的。股利收益纳税是在收取股利的当时，而资本利得纳税只有在股票出售时才发生，显然继续持有股票来延迟资本利得的纳税时间，可以体现递延纳税的时间价值。

因此，税差理论认为，如果不考虑股票交易成本，企业应采取低现金股利比率的分配政策，以提高留存收益再投资的比率，使股东在实现未来的资本利得中享有税收节省。税差理论说明了当股利收益税率与资本利得税率存在差异时，将使股东在继续持有股票以期取得预期资本利得与立即实现股利收益之间进行权衡。如果存在股票的交易成本，当资本利得税与交易成本之和大于股利收益税时，偏好取得定期现金股利收益的股东自然会倾向于企业采用高现金股利支付率政策。

（2）客户效应理论

客户效应理论是对税差理论的进一步扩展，研究处于不同税收等级的投资者对待股利分配态度的差异，认为投资者不仅仅对资本利得和股利收益有偏好，因投资者处于不同等级的边际税率，其对企业股利政策的偏好也是不同的。收入高的投资者因其边际税率较高表现出偏好低股利支付率的股票，希望少分现金股利或不分现金股利，以更多的留存收益进行再投资，从而提高所持有的股票的价格。而收入低的投资者以及享有税收优惠的养老基金投资者表现出偏好高股利支付率的股票，希望支付较高而且稳定的现金股利。

投资者的边际税率差异性导致其对待股利政策的差异性。边际税率高的投资者会选择实施低股利支付率的股票，边际税率低的投资者则会选择实施高股利支付率的股票。这种投资者依据自身边际税率而显示出的对实施相应股利政策股票的选择偏好现象被称为“客户效应”。因此，客户效应理论认为，公司在制定或调整股利政策时，不应该忽视股东对股利政策的需求。

（3）“一鸟在手”理论

股东的投资收益来自当期股利和资本利得两个方面，利润分配决策的核心问题是在当期股利收益与未来预期资本利得之间进行权衡。企业的当期股利支付率较高时，企业盈余用于未来发展的留存资金会减少，虽然股东在当期获得了较高的股利，但未来的资本利得则有可能降低；而当企业的股利支付率较低时，用于发展的留存资金会增加，未来股东的资本利得将有可能提高。

由于企业在经营过程中存在着诸多的不确定性因素，股东会认为现实的现金股利要比未来的资本利得更为可靠，会更偏好于确定的股利收益。因此，资本利得好像林中之鸟，虽然看上去很多，但不一定抓得到。而现金股利则好像在手之鸟，是股东有把握按时、按量得到的现实收益。股东在对待股利分配政策态度上表现出来的这种宁愿现在取得股利收益，而不愿将同等的资金放在未来价值不确定的投资上的态度偏好，被称为“一鸟在手，强于二鸟在林”。

根据“一鸟在手”理论所体现的收益与风险的选择偏好，股东更偏好于现金股利而非资本利得，倾向于选择股利支付率高的股票。企业股利支付率越高，股东承担的收益风险越小，其所要求的权益资本报酬率也越低，权益资本成本也相应越低，则根据永续年金计息所得的企业权益价值（企业权益价值=分红总额/权益资本成本）将会上升；反之，随着股利支付率的下降，股东的权益资本成本升高，企业的权益价值将会下降。这说明股利政策会对股东价值产生影响，而“一鸟在手”理论所强调的是，为了实现股东价值最大化的目标，企业应实行高股利分配率的股利政策。

（4）代理理论

企业中的股东、债权人、经理人员等诸多利益相关者的目标并非完全一致，在追求自身利益最大化的过程中有可能会以牺牲另一方的利益为代价，这种利益冲突关系反映在公司股利分配决策过程中表现为不同形式的代理成本：反映两类投资者之间利益冲突的是股东与债权人之间的代理冲突；反映股权分散情形下内部经理人员与外部投资者之间利益冲突的是经理人员与股东之间的代理冲突；反映股权集中情形下控制性大股东与外部中小股东之间利益冲突的是控股股东与中小股东之间的代理冲突。

①股东与债权人之间的代理冲突。企业股东在进行投资与融资决策时，有可能为增加自身的财富而选择加大债权人风险的政策，如股东通过发行债务支付股利或为发放股利而拒绝净现值为正的投资项目。在股东与债权人之间存在代理冲突时，债权人为保护自身利益，希望企业采取低股利支付率，通过多留存少分配的股利政策保证企业有较为充裕的现金以防发生债务支付困难。因此，债权人在与企业签订借款合同时，习惯于制定约束性条款对企业发放股利的水平进行制约。

②经理人员与股东之间的代理冲突。当企业拥有较多的自由现金流时，企业经理人员有可能把资金投资于低回报项目，或为了取得个人私利而追求额外津贴及在职消费等，因此，实施高股利支付率的股利政策有利于降低因经理人员与股东之间的代理冲突而引发的这种自由现金流的代理成本。实施多分配少留存的股利政策，既有利于抑制经理人员随意支配自由现金流的代理成本，也有利于满足股东取得股利收益的愿望。

③控股股东与中小股东之间的代理冲突。如果所有权与控制权集中于一个或少数大股东手中，企业管理层通常由大股东直接出任或直接指派，管理层与大股东的利益趋于一致。由于所有权集中使控股股东有可能也有能力通过各种手段侵害中小股东的利益，控股股东为取得控制权私利而发生的与中小股东之间的代理冲突使企业股利政策也呈现出明显的特征。法律制度较为完善，外部投资者保护受到重视，能有效地降低大股东的代理成本，可以促使企业实施较为合理的股利分配政策；反之，法律制度建设滞后，外部投资者保护程度较低，控股股东通过利益侵占取得控制权私利机会就可能较多，会使其忽视基于所有权的正常股利收益分配，甚至因过多的利益侵占而缺乏可供分配的现金。因此，处于外部投资者保护程度较弱环境中的中小股东希望采用多分配少留存的股利政策，以防控股股东的利益侵害。正因为

如此，有些企业为了向外部中小投资者表明自身盈利前景与企业治理良好的状况，通过多分配少留存的股利政策向外界传递声誉信息。

（5）信号理论

MM的股利无关论假设不存在信息不对称，即外部投资者与内部经理人员拥有企业投资机会与收益能力的相同信息。但在现实条件下，企业经理人员比外部投资者拥有更多的企业经营状况与发展前景的信息，这说明在内部经理人员与外部投资者之间存在信息不对称。在这种情形下，可以推测分配股利可以作为一种信息传递机制，使企业股东或市场中的投资者依据股利信息对企业经营状况与发展前景作出判断。内部经理人也认为股利分配政策具有信息含量，特别是股利支付信息向市场传递了企业的盈利能力能够为其项目投资和股利分配提供充分的内源融资，特别是有关本期与以前期间的股利支付水平以及变化程度的信息，甚至能够使投资者从中对企业盈利持续性及增长作出合理判断。

信号理论认为股利向市场传递企业信息可以表现为两个方面：一种是股利增长的信号作用，即如果企业股利支付率提高，被认为是经理人员对企业发展前景作出良好预期的结果，表明企业未来业绩将大幅度增长，通过增加发放股利的方式向股东与投资者传递了这一信息。此时，随着股利支付率提高，企业股票价格应该是上升的。另一种是股利减少的信号作用，即如果企业股利支付率下降，股东与投资者会感受到这是企业经理人员对未来发展前景作出无法避免衰退预期的结果。显然，随着股利支付率下降，企业股票价格应该是下降的。

当然，增发股利是否一定向股东与投资者传递了好消息，对这一点的认识是不同的。如果考虑处于成熟期的企业，其盈利能力相对稳定，此时企业宣布增发股利特别是发放高额股利，可能意味着该企业目前没有新的前景很好的投资项目，预示着企业成长性趋缓甚至下降，此时，随着股利支付率提高，股票价格应该是下降的；而当宣布减少股利时，则意味着企业需要通过增加留存收益为新增投资项目提供融资，预示着未来前景较好，显然，随着股利支付率下降，企业股票价格应该是上升的。

信号理论为解释股利是否具有信息含量提供了一个基本分析逻辑，投资者对股利信号的理解不同，所作出的对企业价值的判断也不同。

（三）影响公司股利政策的因素

股利政策是公司财务管理的一项重要内容，因为它不仅仅是简单的投资收益分配，而且还关系到公司的投资、融资以及股票价格等各个方面。因此，制定一个适合公司特定情况的、稳定的股利政策是非常重要的。一般来说，公司在制定股利政策时，应当考虑以下诸因素的影响：

1.法律因素

为了保护公司债权人和股东的利益，相关法律法规对公司股利的分配进行了一定的限制性规定，主要包括：

①资本保全。企业不能用资本金发放股利，以保护债权人的利益。

②资本积累。企业只有在提取了规定的公积金后才能分配利润。

③净收益。企业账面有亏损未弥补时不能发放股利。

④偿债能力。企业只有在足额偿还到期债务的情况下才可以发放股利。

⑤超额累积利润。企业不得利用超额累积利润帮助股东避税。

2.债务契约和通货膨胀

①债务契约。主要是企业筹资时，债权人为保护其利益，对企业的股利发放所作的一些限制性条款。

②通货膨胀。企业在分配利润时，应考虑通货膨胀对企业持有货币的购买力的影响。

3.公司因素

①变现能力。

②举债能力。

③盈利能力。

④投资机会。

⑤资本成本。

⑥现金流量。

⑦其他因素。

4.股东因素

股东在稳定收入、股权稀释、税负等方面的要求也会对公司的股利政策产生影响。

(四)股利政策的实施

1.剩余股利政策

剩余股利政策主张，公司的收益首先应当用于满足盈利性投资项目的资本需要，在满足了盈利性投资项目的资本需要之后，若有剩余，则公司可将剩余部分作为股利发放给股东。

采用这一政策，应遵循以下几个步骤：(1）根据资本投资计划和加权平均资本成本确定最佳资本支出水平。(2）设定目标资本结构，即确定股东权益资本和债务资本的比率，并以此确定所需达到的股东权益的数额。(3）最大限度地利用留存收益来满足这一股东权益数额，如果留存收益不足，则需发行新股弥补不足。(4）在留存收益有剩余的情况下才可发放股利。

按照剩余股利政策，将使股利发放额每年随投资机会和盈利水平的变动而变动。即在盈利水平不变的情况下，股利将与投资机会的多少成反方向变动，投资机会越多，股利越少；反之，投资机会越少，股利发放越多。而在投资机会不变的情况下，股利的多少又随着每年收益的多少而变动。在这种政策下，股利变动较大，因此很少有人会机械地照搬剩余股利政策，但许多公司运用这种理论来确定一个长期目标发放率。

2. 固定股利或稳定增长股利政策

在实务中，很多公司都将每年发放的每股股利定在某一特定的水平上，然后在一段时期内维持不变，只有当公司认为未来收益的增加足以使它能够将股利维持在一个更高水平时，公司才会提高股利的发放额，如图 11-1 所示。这种股利政策的一个重要原则是：绝对不要降低年度股利的发放额，但通货膨胀促使收益增长，从而使绝大多数奉行固定股利政策的公司转而实行稳定增长股利政策，即公司制定一个目标股利增长率，如每年增长 5%，并努力按照这个幅度增长，显然，只有在收益稳定的情况下，这一政策才是可行的。

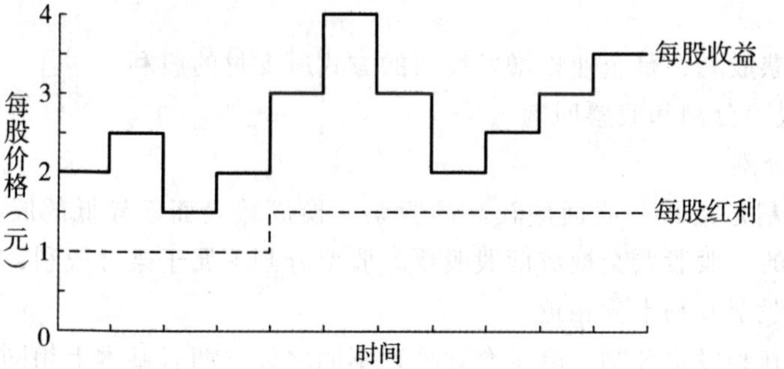

图 11-1　固定股利或稳定增长股利

3. 固定股利支付率政策

这一政策是指公司从其收益中提取固定的百分比，以作为股利发放给股东。在这种情况下，公司每年所发放的股利会随着公司收益的变动而变动，从而使公司的股利支付极不稳定，由此导致股票市价上下波动，很难使公司的价值达到最大，如图 11-2 所示。

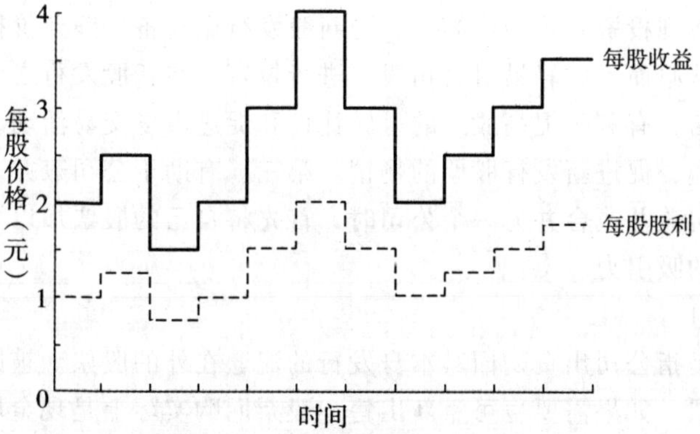

图 11-2　固定股利支付率（固定股利支付率为 50%）

4. 低正常股利加额外股利政策

这一政策是指公司每年只支付数额较低的正常股利，只有在公司繁荣时期才向股东发放额外股利。例如，通用汽车公司在效益好的年份就曾经发放过额外股利。额外股利的运用，既可以使公司保持固定股利的稳定记录，又可以使股东分享公司繁荣的好处。如果公司经常连续支付额外股利，那么它就失去了原有的目的，额外股利就变成了一种期望回报，但如能以适当的方式表明这是额外股利的话，额外股利或者特别股利仍然能向市场传递有关公司目前与未来经营业绩的积极信息。

（五）股利支付方式选择

常见的股利支付方式有现金股利、财产股利、负债股利和股票股利等。其中，前两种方式最为普遍。而现金股利与股票回购、股票股利与股票分割又十分相似。

（1）现金股利，是以现金支付的股利，它是股利支付最常见的方式。

（2）财产股利，是以现金以外的其他资产支付的股利。

（3）负债股利，是以负债的方式支付的股利，通常以企业的应付票据、债券支付给股东。

（4）股票股利，是企业以增发股票的方式所支付的股利。

（六）股票分割和股票回购

1.股票分割

股票分割是指将一股面额较高的股票交换成数股面额较低的股票的行为。例如，将原来的一股股票交换成两股股票。股票分割不属于某种股利，但其所产生的效果与发放股票股利十分相近。

股票股利和股票分割，除了会计处理不同之外，两者基本上相同：（1）两者都没有增加股东的现金流量；（2）都使流通在外的普通股股数增加，且使股票市场价格下降；（3）都没有改变股东权益总额，但前者使股东权益内部发生了变化，并必须以当期或留存收益进行股利支付，而股票分割却不受此限制，即使公司过去或现在没有留存收益也可进行。

就公司管理当局而言，实行股票分割的主要目的是：第一，降低股票市价。一般来说，股票价格过高，不利于股票交易活动。通过股票分割降低股价，使公司股票更广泛地分散到投资者手中。第二，为新股发行做准备。股票价格过高使许多潜在投资者力不从心而不敢轻易对公司股票进行投资。在新股发行之前，利用股票分割降低股票价格，有利于提高股票的可转让性和促进市场交易活动，由此提高投资者对股票的兴趣，促进新发行股票的畅销。第三，有助于公司兼并、合并政策的实施。当一个公司兼并或合并另一个公司时，首先将自己的股票加以分割，可提高对被兼并方股东的吸引力。

2.股票回购

股票回购是指公司出资购回其本身发行的流通在外的股票。被购回的股票通常被称为库藏股票，如果需要也可重新出售。股票回购实际上是现金股利的一种替代形式。

现金股利政策和股票回购政策是相同的。在这两种方式下，公司都需要支付一定数量的现金给股票的持有者，无论是以现金的形式发放股利，还是以现金的形式回购股票，其结果都使公司总资产减少，但如果发放现金股利，投资者将要支付较高的所得税税款。

公司采取股票回购的方式主要有以下目的：第一，用于公司兼并或收购。在收购或兼并的场合，产权交换的支付方式无非为现金购买或以股票换股票两种。如果公司有库藏股票，即可使用公司本身的库藏股票来交换被购并公司的股票，由此可以减少公司的现金支出。第二，满足可转换条款和有助于认股权的行使。在公司发行可转换证券或附认股权证的情况下，公司通过回购股票，即可使用库藏股票来满足认股权证持有人以特定的价格认购股票，以及可转换证券持有人将其转换成普通股的要求，而不必另行发行新股。第三，改善公司的资本结构。如果公司认为其股东权益资本所占的比例过高、负债对股权的比例失衡时，就有可能对外举债，并用举债获得的现金回购自己的股票，由此实现资本结构的合理化。第四，分配公司的超额现金。如果公司的现金超过其投资机会所需要的现金，但又没有足够的盈利性投资机会可以使用这笔现金，就有可能采取股票回购的方式，将现金分配给股东。这样，流通在外的普通股股数就会减少，在其他条件不变的情况下，可使每股收益和每股市价提高。

三、实训内容

实训一　股利政策选择

（一）实训条件

1.基本情况。

先导智能机器有限公司（以下简称先导公司）位于美丽富饶的珠江三角洲地区——佛山市顺德区，由一群年轻、富有冲劲活力、有志于教育事业的青年创立，主要从事智能机器的产品开发、制造、推广。不断创新、高速发展是先导公司追求的目标，并以开发科技与智慧并重的产品为方向，致力于“科技兴国、普及科教”。1998年，先导公司的始创者经过一年多的研究，研制出一种组合式微型万能机床，可以任意组装成近10种小巧适用的机床（车床、铣床、镠床、钻床、磨床、锯床等）。动力由12V直流变压器提供，它能加工各种软材质（木材、塑料、软金属等），由此提供了一个既经济快捷，又安全易用的科技动手制作加工平台。

作为素质教育的重要组成部分，科技活动把理论研究、动手实验和制作以及成果表达融于一体。学生可以利用这些微型机器轻而易举地完成以前费力费时的工作，学生在加工过程中，既能提高自身的动手能力和对加工的兴趣，亦能及时发现自己设想中的不足，及时改进，还可初步了解工业用机床的基本原理，所以微型万能机床使科技活动的内容和形式有了新的突破，大大地优化了校园的科技活动设施。

自微型万能机床问世以来，深受广大师生、教育工作者、模型爱好者和DIY制作者的青睐。现在大部分产品远销欧美，经过在国内的推广，先导万能机床被选为

2002年“第十七届全国青少年科技创新大赛”技能测试项目的测试设备，并且经过在科普教育上的应用，获得一致好评，积累了在青少年科技活动中的应用经验。

2.股利情况。

公司股本资本结构不含优先股，假定它拥有20万股面值为2元的流通在外普通股。该公司的创立者不幸于2008年年末意外去世，这一事件发生后，人们估计公司将进入一个持续低增长时期，其吸引人的投资必定很少。过去，公司认为有必要将其收益的大部分再投资，以保持其平均每年12%的增长率。现在看来，5%的增长率比较切合实际，但这会要求增加其股利分配。此外，先导公司的股东要求收益率（K_s）至少为14%，2019年的投资项目总额为80万元。2019年公司净收益为200万元，如果现行的20%股利发放率（DPS/EPS）保持不变，那么，2019年留存收益将为160万元。

3.实训在财务管理模拟实验室中进行。实验室配备计算机，装有Excel软件。

（二）实训要求

1.假定2019年投资项目全部通过留存收益筹集，先导公司奉行剩余股利政策，试计算2019年每股股利（DPS）。

2.2019年的股利发放率为多少？

3.如果先导公司在可预见的将来可望保持增长的股利发放率，那么普通股的内在价值是多少？这一价值与以前情形（该创立者在世）下的价值相比有无变化？为什么？（提示：根据公式$K_s=D_1/P_0+g$，求出P_0）

4.如果继续保持20%的股利发放率，普通股的内在价值为多少？试评价股利发放率的提高对股东财富的影响。

（三）实训组织方式及步骤

本实训安排在相关理论知识讲授结束之后进行，在实训指导教师的指导下，由学生本人独立完成。学生以班级为单位统一在财务管理模拟实验室进行实训。实训前要求学生对相关知识进行复习。

设计股利计算Excel表（见表11-1）。

表11-1 **股利计算表**

	A	B
1	每股股利（元）	=（B4-B5）/B6
2	股利发放率	=（B4-B5）/B4
3	内在价值	=B1/（B7-B8）
4	净收益（万元）	
5	内部筹资量（万元）	
6	普通股股数（万股）	
7	股东收益率	
8	增长率	

将相关数据代入表11-1中即可求出答案。

实训二　股票回购与现金股利

（一）实训条件

1.基本情况。

杭州双龙机械有限公司（以下简称双龙公司）以各类钻床、机床的生产为己任，在广大客户的大力支持和信任下，经过近20年的努力，凭借匠心独运的专业经验，现在，双龙公司已发展成拥有铸造、各类钻床、钻铣床、摇臂钻床、摇臂钻铣床、齿轮钻铣床、钻攻两用机床、攻丝机等8大系列、60多个品种的专业性生产厂家。

公司的产品使用“麒龙”牌注册商标，畅销全国及欧美、东南亚等地区。经过不懈的努力，企业不但获得ISO 9001：2000国际质量体系认证，并快速过渡到专业化生产与现代化管理阶段，双龙人仍在不断积累经验，凭借雄厚的产品开发技术、科学的管理体制、严格的品质检测，双龙公司发展为具有一定规模的现代化企业。

面对经济全球化，公司以广大客户需求为己任，以一流的质量、先进的技术、完善的服务、合理的价格致力于机械制造行业，以勇往直前、不断创新、永远务实的精神，满足国内外市场需求。

公司新近收购六安机床厂，现更名为安徽双龙机床制造有限公司，是专业生产各类机床的厂家，主要产品有CW61/232B、CW61/240、C630、CK6132、CK6128系列数控车床，CJK3163经济型数控车床等产品，新开发的CW6163A、CW6180C、CW6150A系列机床具有较高的先进性和实用性。

2.股利情况。

公司有关的财务数据如下：

税后利润	6 000万元
发行在外的普通股股数	1 000万股
每股收益	6元
每股市价（除息价格）	50元
预计每股股利	4元

该公司计划向现有股东分配4 000万元的收益，分配方案有两种：以现金股利方式或以股票回购方式分配。公司的主要股东主张采取股票回购方式，并提议以每股54元的价格回购740 741股。如果发放现金股利4 000万元，股利发放后，每股市价将为50元。

3.实训在财务管理模拟实验室中进行。实验室配备计算机，装有Excel软件。

（二）实训要求

1.假设不考虑所得税因素，计算两种方案对公司股东财富的影响。

2.如果大多数股东的边际税率都很高，选出有利方案。

3.除了税收因素外，阐述采取股票回购方式的目的。

（三）实训组织方式及步骤

本实训安排在相关理论知识讲授结束之后进行，在实训指导教师的指导下，由学生本人独立完成。学生以班级为单位统一在财务管理模拟实验室进行实训。实训前要求学生对相关知识进行复习。

设计股利支付方式比较计算的Excel表（见表11-2）。

表11-2 **股利支付方式比较计算表** 金额单位：元

	A	B	C
1	股利支付方式	现金股利	股票股利
2	税后利润		
3	普通股股数（股）		
4	每股收益		
5	每股市价		
6	每股股利		
7	回购股数（股）		
8	回购价格（元/股）		
9	现金股利		
10	总市值	B3*B5	（C3-C7）*C8

将相关数据代入表11-2，即可求出答案。

实训三　股票分割

（一）实训条件

1.基本情况。

南京雨阳自动化设备有限公司是专业生产数控系统以及自动化机械设备的综合性公司。

公司以跟踪国际数控加工先进技术为方向，以提高国内数控加工设备水平为目标，借鉴世界上著名的数控设备专业化生产企业的技术和配套件的优势，广泛进行高中低档数控设备的开发设计和生产，面向国内外两个市场，提供高性能、高水平和高性能价格比的数控机床及设备。

2.股利情况。

假设你拥有5%公司流通在外的股票，每股股价为98元，流通在外的股票为25 000股，公司管理层宣布实行2∶1的股票分割计划。

3.实训在财务管理模拟实验室中进行。实验室配备计算机，装有Excel软件。

（二）实训要求

1.股票分割后，计算你的股票总价值。

2.公司管理层相信在股票分割后，因市场有正面反应，股价只会下跌40%，请计算你是否获利。

（三）实训组织方式及步骤

本实训安排在相关理论知识讲授结束之后进行，在实训指导教师的指导下，由学生独立完成。学生以班级为单位统一在财务管理模拟实验室进行实训。实训前要求学生对相关知识进行复习。

设计股利分割对公司价值影响计算的Excel表（见表11-3）。

表11-3 **股票分割对公司价值影响计算表**

	A	B	C
1		股票分割前	股票分割后
2	持股比例		
3	持股数量（股）		
4	股价（元/股）		
5	分割比例		
6	股票总价值（元）	B3*B4*B5	C3*C4*C5

将相关数据代入表11-3，即可求出答案。

实训四 现金股利与公司长期投资价值

（一）实训条件

股东投资上市公司获取收益的方式主要有两种：一种是持股获得分红；另一种是通过股票交易获得资本利得即价差收入。所以，分红是股东获得投资收益的一种非常重要的方式。

万博新经济研究院副院长刘哲曾对《证券日报》记者表示，建立持续的分红机制和分红预期，更有利于推动投资者对市场的价值基础形成共识，所以应该推动上市公司建立分红常态化机制，增强分红的持续性、稳定性和参与度。同时，也不能“一刀切”认为分红就是好，不分红就不好，需要针对不同上市公司的发展阶段，分情况判断。如正处于初创期和扩张期的上市公司，其现金流相对紧张，这样的公司将现金投入到再生产和研发中，中长期会给股东带来更丰厚的回报。

根据公开网络资料，2023年市场有超过3 200家上市公司实施了2022年年报利润分配，分红总额为1.73万亿元。统计数据显示，共有29家公司的2022年分红金额超过100亿元，其中，8家公司分红金额超过500亿元，分红金额前十强分别为：工商银行、建设银行、中国移动、农业银行、中国银行、中国石化、中国石油、中国神华、中远海控、中国平安。

2023年11月20日，贵州茅台披露，拟向全体股东每股派发现金红利19.106元（含税），合计拟派发现金红利约240亿元（含税）。贵州茅台公开财务资料显示，截至2023年三季度末，贵州茅台的未分配利润为1801.27亿元，总股本为12.56亿股。

作为国企，贵州茅台连续两年作特别分红安排，就是要向市场释放明确信号——通过提升股息率回报股东，多角度、全方位向投资者展示自己的内在价值，从而吸引长期资金提升估值。

（二）实训要求

1.查阅任一上市公司连续10年的股利分配情况。

2.判断该上市公司的股利政策。

3.阐述影响该上市公司股利分配的相关因素。

（三）实训组织方式及步骤

本实训安排在相关理论知识讲授结束之后进行，在实训指导教师的指导下，由学生独立完成。

1.确定调查分析对象；

2.根据公开网络资料，搜集其近10年的股利分配数据；

3.总结影响股利政策的因素；

4.思考现金股利与企业投资价值之间的关系。

模块十二　兼并与收购

一、实训目的

能力目标：

1.了解并购的概念和分类；

2.运用市场法和收益法进行并购价值评估；

3.基于并购成本效益原则进行并购决策分析。

情感目标：

1.逆水行舟，不进则退，优胜劣汰，是最基本的游戏规则；

2.苦练内功，夯实基础，提高个人能力和效率。

价值塑造

京东物流为什么要拿下德邦？

二、理论知识点

兼并与收购模块包括并购净收益计算、并购目标公司价值计算。

（一）企业并购的概念和分类

兼并、合并与收购常统称为“并购”，泛指在市场机制作用下企业为了获得其他企业的控制权而进行的产权交易活动。并购一方称为“买方”或并购企业，被并购一方称为“卖方”或目标企业。并购的实质是企业取得控制权。

企业并购的形式多种多样，按照不同的标准可以进行不同的分类。

1.按照并购双方产业、产品链的关系分类

（1）横向并购

横向并购，是指并购双方处于同一行业或生产经营同一种产品情况下的并购行为。相同行业的两个公司之间进行的并购，实质上也是竞争对手之间的合并，比如戴姆勒–克莱斯勒并购案。

横向并购之后，企业由于生产同类产品或生产工艺相近，可以迅速扩大生产规模，节约费用，提高通用设备使用效率，还可以通过共用采购、销售等渠道形成产销的规模经济；但是横向并购减少了竞争对手，容易破坏竞争，形成垄断的局面，因此横向并购常常被严格限制和监控。

（2）纵向并购

纵向并购，是指并购双方生产、经营的产品或者所处的行业属于前后关联或者上下游关系情况下的并购行为，其实质上是处于生产同一产品、不同生产阶段的企业间的并购。按照并购公司与被并购公司在价值链中所处的相对位置，又可以将纵向并购进一步区分为前向一体化和后向一体化。所谓前向一体化，是指向其最终客户的并购，如石油生产商收购以石油为主要原料的石化公司；而后向一体化，是指向其供应商的并购，如钢铁公司并购煤矿公司。

纵向并购可以加强企业对销售和采购的控制，以稳定生产经营活动和节约交易成本，有利于企业内部协作化生产。一般来说，纵向并购不会导致公司市场份额的大幅提高，因此，纵向并购一般很少面临反垄断问题。

（3）混合并购

混合并购，是指兼具横向并购和纵向并购特征的并购行为。混合并购有三种形态：在相关产品市场上企业间的产品扩张型并购；对尚未渗透的地区生产同类产品的企业进行市场扩张型并购；生产和经营彼此毫无相关产品或服务的企业间的纯粹的混合并购。

混合并购是企业实现多元化经营战略、进行战略转移和结构调整的重要手段。混合并购可以通过多元化投资，降低企业的风险。

2.按照并购意愿分类

（1）善意并购

并购企业事先与被并购企业协商、征得其同意并通过谈判达成并购条件，双方管理层通过协商来决定并购具体安排的一种并购方式。这种并购方式有利于降低并购风险与成本，使并购双方能够重复交流、沟通信息。但善意并购是以并购企业牺牲部分利益换取被并购企业合作，并且漫长的谈判过程也可能使并购活动丧失部分价值。

（2）敌意并购

并购企业在遭到被并购企业抗拒时仍然强行并购，或者并购企业事先没有与被并购企业协商，直接向被并购企业股东开出价格或发出收购要约的一种并购方式。这种并购方式并购企业处于主动地位，不用被动权衡各方利益，并购行动节奏快、时间短、可有效控制并购成本。但由于无法从被并购企业获取内部实际运营及财务状况资料，给企业估价带来困难；另外，敌意并购容易导致股价异常波动，甚至影响企业正常生产经营，并购风险较大，需要并购企业制订严密的并购计划并严格保密。

3.按照并购的形式分类

（1）间接并购

间接并购是指通过收购并购企业大股东而获得的最终控制权。这种并购方式相对简单。

（2）要约收购

要约收购是指并购企业对被并购企业所有股东发出收购要约，以特定价格收购其手中持有的被并购企业全部或部分股份。

（3）二级市场收购

二级市场收购是指并购企业直接在二级市场上购买被并购企业的股票并实现控制被并购企业的目的。

（4）协议并购

协议并购是指并购企业向被并购企业提出并购要求，双方通过磋商商定并购的各种条件，达到并购的目的。

（5）股票拍卖并购

股票拍卖并购是指被并购企业原股东所持有股权因涉及债务诉讼等事项进入司法拍卖程序，并购企业借机通过竞拍取得被并购企业控制权。

（二）并购交易动机

1.企业发展动机

企业既可以通过内部投资、资本积累获得发展，也可以通过并购获得发展，且并购的效率更高，这主要体现在：①并购可以让企业迅速实现规模扩张；②并购可以突破壁垒和规模的限制，迅速实现发展；③并购可以主动应对外部环境变化。

2.发挥协同效应

并购后两个企业的协同效应主要体现在经营协同效应、管理协同效应和财务协同效应。

3.加强市场控制能力

在横向并购中，通过并购可以获取竞争对手的市场份额，迅速扩大市场占有率，增强企业在市场上的竞争力。由于减少了竞争对手，尤其是在市场竞争者不多的情况下，可以增加讨价还价的能力，企业能以更低的价格获取原材料，以更高的价格向市场出售产品，提高盈利水平。

4.获取价值被低估的公司

证券市场中公司股票的市价总额应当等于公司的实际价值，但由于环境变化、信息不对称和未来的不确定性等因素影响，上市公司的价值经常被低估。如果并购企业发现了价值被低估但具有发展潜力的企业，将其收购后通过改善其经营管理后重新出售，可以在短期内获得巨额收益。

5.降低经营风险

多元化经营是企业控制风险的一种有效方式。通过并购，收购方可以迅速实现多元化经营，从而达到降低投资组合风险，实现综合收益的目的。

（三）企业并购决策

1.企业并购决策的基本原则

企业在进行并购时，应当根据成本效益分析进行决策。基本原则是并购净收益一般应大于零，这样并购才有利可图，以实现股东财富最大化的目标。

2.并购净收益的计算步骤

第一步，计算并购收益。并购收益为并购后新公司整体的价值减去并购前并购方和被并购方整体价值后的余额，即：

$$并购收益 = 并购后整体企业价值 - 并购前并购企业价值 - 并购前被并购企业价值 \tag{12.1}$$

例如，A公司并购B公司，并购前A公司价值为3亿元，B公司价值为1亿元。A公司并购B公司后组成AB公司，AB公司价值为6亿元，则并购收益为2亿元，计算过程如下：

并购收益=6-（3+1）=2（亿元）

第二步，计算并购净收益。在并购收益的基础上，减去为并购被并购公司而付出的并购溢价（即并购价格减去并购前被并购方价值后的差额）和为并购活动所发生的律师、顾问、谈判等并购费用后的余额，即：

$$并购净收益 = 并购收益 - 并购溢价 - 并购费用 \tag{12.2}$$

其中：$并购溢价 = 并购价格 - 并购前被并购企业价值$　　(12.3)

接上例，假定A公司在并购B公司时，并购价格为1.2亿元，则并购溢价为0.2亿元（1.2-1），发生相关并购费用0.1亿元，则并购净收益为1.7亿元，计算过程如下：

并购净收益=2-0.2-0.1=1.7（亿元）

（四）并购评估方法

1.收益法

收益法是通过将被评估企业预期收益资本化或折现来确定被评估企业价值。

评估基本步骤：

（1）分析历史绩效，为预测未来现金流量做准备。

（2）确定预测时间，通常为5~10年。

（3）预测未来现金流量。

$$自由现金流量 = \left(税后净营业利润 + 折旧及摊销\right) - (资本支出 + 营运资金增加额) \tag{12.4}$$

（4）选择合适折现率，通常折现率可以用加权平均资本成本确定。

$$加权平均资本成本 = \frac{股权价值}{股权价值 + 债权价值} \times 股权资本成本 + \frac{债权价值}{股权价值 + 债权价值} \times 债权资本成本 \tag{12.5}$$

（5）预测终值（企业连续价值）。

企业终值一般采用永久增长模型计算。

$$预测期末终值 = \frac{预测期末第n年自由现金流量 \times (1 + 增长率)}{加权平均资本成本 - 增长率} \tag{12.6}$$

（6）预测企业价值。

$$企业价值 = \sum_{t=1}^{n}\frac{第t年的自由现金流量}{(1+加权平均资本成本)^t} + \frac{预测期末终值}{(1+加权资本成本)^n} \quad (12.7)$$

2.市场法

市场法中常用的两种方法是可比企业分析法和可比交易分析法。

（1）可比企业分析法

①选择可比企业

所选取的可比企业在营运上和财务上与被评估企业具有相似的特征。

②选择及计算乘数

第一是基于市场价格的乘数，常见的乘数有市盈率（P/E）、价格对收入比率（P/R）、价格对净现金流量比率（P/CF）和价格对有形资产账面价值的比率（P/BV）。

第二是基于企业价值的乘数，常见的乘数有EV/EBIT、EV/EBITDA、EV/FCF。其中，EV为企业价值，EBIT为息税前利润，EBITDA为息税折旧和摊销前利润，FCF为企业自由现金流量。

（2）可比交易分析法

①选择可比交易。找出与被评估企业经营业绩相似的企业的最近实际交易价格，将其作为计算被评估企业价值的参照物。

②选择和计算乘数。如支付价格收益比、账面价值倍数、市场价值倍数。

$$支付价格收益比 = \frac{并购者支付价格}{税后利润} \quad (12.8)$$

$$账面价值倍数 = \frac{并购者支付价格}{净资产价值} \quad (12.9)$$

$$市场价值倍数 = \frac{并购者支付价格}{股票市场价值} \quad (12.10)$$

（五）并购融资方式

1.债务融资

债务融资是指企业按约定代价和用途取得且需按期还本付息的一种融资方式。债务融资往往通过银行、非银行金融机构、民间等渠道，采用申请贷款、发行债券、利用商业信用、租赁等方式筹措资金。

（1）并购贷款

并购贷款是指商业银行向并购企业或并购企业控股子公司发放的，用于支付并购交易价款和费用的贷款。

（2）票据融资

票据融资是企业延期付款交易时开出的反映债权债务关系的票据，包括商业承兑汇票和银行承兑汇票。

（3）债券融资

债券融资是并购企业为了筹措资金而向非特定的投资者发行的长期债务凭证，

包括抵押债券、信用债券、无息债券、浮动利率债券、垃圾债券。

（4）租赁融资

租赁是出租人以收取租金为条件，在契约或合同规定的期限内，将资产租让给承租人使用的一种经济行为。租赁类型有很多，按照租赁资产风险与报酬是否完全转移可以分为融资租赁和经营租赁；按照出租人资产来源不同可以分为直接租赁、转租赁和售后回购；按照设备购置的资本来源划分，可以分为单一投资租赁和杠杆租赁。

2.权益融资

（1）发行新股并购

并购企业在股票市场上发行新股或向原股东配售新股。

（2）换股并购

换股并购是指以股票作为并购的支付手段。根据换股方式不同可以分为增资换股、母子公司交叉换股、库藏股换股等，其中比较常见的是并购企业通过发行新股或从原股东手中回购股票，然后再进行交换。

3.混合融资

常见的混合融资工具包括可转换债券、认股权证、优先股。

（1）可转换债券

可转换债券是指在一定时期内，可以按规定的价格或一定比例，由持有人自由选择转换为普通股的债券。

（2）认股权证

认股权证是企业发行的长期选择权证，允许持有人按照特定的价格购买一定数额的普通股。

（3）优先股

优先股是指在一般特定的普通种类股份之外，另行规定的其他种类股份，其股份持有人优先于普通股股东分配公司利润和剩余财产，但参与公司决策管理等权力受到限制。

4.其他特殊融资方式

（1）过桥贷款

过桥贷款是指投资银行为了促使并购交易迅速达成而提供的贷款，这笔贷款日后由并购企业公开发行新的高利率、高风险债券所得款项，或以并购完成后并购企业出售部分资产、部门或业务等所得资金进行偿还。

（2）杠杆收购

这是指通过增加并购企业的财务杠杆去完成并购交易的一种并购方式。

（3）卖方融资

企业并购中一般是买方融资，当买方没有条件从贷款机构获得抵押贷款时，或市场利率太高，买方不愿意按市场利率获得贷款时，卖方为了出售资产也可能愿意以低于市场的利率为买方提供所需资金。买方在完全付清贷款以后才得到该项资产的全部产权，如果买方无力支付贷款，则卖方可以收回该项资产。

（4）信托

信托是由信托机构向投资者融资购买并购企业能够产生现金流量的信托财产，并购企业则用该信托资金完成对被并购企业的并购。

（5）资产证券化

资产证券化是将具有共同特征的、流动性较差的盈利资产集中起来，以资产所产生的预期现金流量为支撑，这是在资本市场发行证券进行融资的行为。

（六）并购后整合

并购后整合是指当并购企业获得被并购企业的资产所有权、股权或经营控制权后，所进行的企业资源要素的整体系统性安排，从而使并购后企业按照一定并购目标、方针和战略组织运营。并购后整合具体包括战略整合、管理整合、财务整合、人力资源整合、文化整合。

1.战略整合

战略整合是指并购企业根据并购双方的具体情况和外部环境，将被并购企业纳入其自身发展规划后的战略安排或对并购后的企业整体经营战略进行调整，以形成新的竞争优势或协同效应。

2.管理整合

管理整合是并购企业系统思考影响管理效果的各要素，并对这些要素进行整体设计、系统规划、系统控制，以确保预期目标实现的过程。其核心是将企业的所有理念、制度、组织、活动等归结在一个系统之下，发挥其强大作用。

3.财务整合

财务整合是指并购企业对被并购企业的财务制度体系、会计核算体系统一管理和监控，使被并购企业按并购企业的财务制度运营，最终达到对并购后企业经营、投资、融资等财务活动实施有效管理和实现收益最大化的目的。

4.人力资源整合

人力资源整合是指并购后根据战略与管理的调整，引导企业内各成员的目标与企业目标朝同一方向靠近，对人力资源的使用达到最优配置，提高企业绩效的过程。

5.文化整合

文化整合是指企业并购后将相异或矛盾的文化特质在相互适应后形成一种和谐的、更具生命力和市场竞争力的文化体系。

三、实训内容

实训一　并购类型判断

（一）实训条件

甲公司和乙公司为两家高科技企业，甲公司总部在北京，主要经营业务在华北地区；乙公司总部和主要经营业务均在上海。乙公司与甲公司经营同类业务，已先期占领了所在城市的大部分市场，但资金周转存在一定的困难，可能影响未来持续发展。2021年1月，甲公司为拓展市场，形成以上海为中心、辐射华东的新的市场领域，着手筹备并购乙公司。并购双方经过多次沟通，于2021年3月最终达成一致意向，通过收购乙公司大股东股权以达到并购目的。

（二）实训要求

1.根据行业相关性判断甲公司并购乙公司属于何种并购类型。

2.根据被并购企业意愿判断甲公司并购乙公司属于何种并购类型。

3.根据并购形式判断甲公司并购乙公司属于何种并购类型。

（三）实训组织方式及步骤

本实训安排在相关理论知识讲授结束之后进行，在实训教师的指导下，由学生独立完成。学生以班级为单位统一在财务管理模拟实验室进行实训。实训前要求学生对相关知识进行复习。实训步骤如下：

1.根据并购双方产业、产品线的分类进行并购类型判断。

2.根据被并购企业的意愿进行并购类型判定。

3.根据并购的形式进行并购类型判定。

答案：

（1）从行业相关性角度，甲公司并购乙公司属于混合并购中市场扩张性并购。

理由：乙公司与甲公司经营同类业务并在不同的区域市场。

（2）从被并购企业意愿角度，甲公司并购乙公司属于善意并购。

理由：并购双方经过多次沟通达成一致。

（3）从并购形式角度，甲公司并购乙公司属于间接并购。

理由：通过收购乙公司大股东而获得对其最终控制权。

实训二　计算并购净收益

（一）实训条件

1.企业简介。

A公司、B公司和C公司为国内笔记本电脑的3家主要生产商，笔记本电脑市场价格竞争比较激烈。B公司与C公司同在华北地区，A公司在华南地区。A公司和C公司规模较大，市场占有率和知名度较高，营销和管理水平也较高。B公司通过3年前改组后转产笔记本电脑，规模较小，资金上存在一定问题，销售渠道不畅。但是，B公司拥有一项生产笔记本电脑的关键技术，且属于未来笔记本电脑的发展方向，需要投入资金扩大规模和开拓市场。A公司财务状况良好，资金充足，是金融机构比较信赖的企业，其管理层的战略目标是成为行业的主导企业，在市场份额和技术上取得优势地位。2021年12月，在得知C公司有意收购B公司后，A开始积极筹备并购B公司。

2.并购预案。

A公司以每股15元的价格收购B公司100%的股权。A公司的估计价值为12亿元，A公司收购B公司后，两家公司经过整合，预计新公司价值达到22亿元。B公司普通股股数为0.5亿股。A公司预计在收购价款外，还要支付收购审计费用等中介费用0.45亿元。

B公司盈利能力和市盈率指标：2019—2021年税后利润分别为3 000万元、3 200万元和4 000万元。与B公司有高度可比性的另一家生产笔记本电脑的公司的市盈率指标是20。

3.实训在财务管理模拟实验室中进行。实验室配备计算机，装有Excel软件。

（二）实训要求

根据并购净收益的计算步骤并运用并购决策的原则解决以下问题：

1.计算B公司预计净收益指标。

2.用市盈率法计算B公司的价值。

3.计算B公司并购溢价。

4.计算并购净收益。

5.根据计算出的并购净收益，并结合相关资料，分析此项收购的利弊，为A公司是否应收购B公司作出决策。

6.利用Excel软件显示并购净收益的计算过程。

（三）实训组织方式及步骤

本实训安排在相关理论知识讲授结束之后进行，在实训教师的指导下，由学生独立完成。学生以班级为单位统一在财务管理模拟实验室进行实训。实训前要求学生对相关知识进行复习。

实训步骤如下：

1.根据2019—2021年净利润计算B公司估计净收益。

2.根据市盈率法计算B公司价值。

3.根据并购溢价公式计算并购溢价。

4.根据并购净收益公式计算并购净收益。

5.利用Excel软件显示并购净收益的计算过程（见表12-1和表12-2）。

表12-1　**并购净收益计算演示表**

	A	B	C	D
1	并购净收益计算表			
2	项　目	并购前		并购后
		A公司	B公司	AB
3	2019年净收益（万元）		3 000	
4	2020年净收益（万元）		3 200	
5	2021年净收益（万元）		4 000	
6	预计净收益（万元）		=（C3+C4+C5）/3	
7	可比公司市盈率		20	
8	普通股股数（亿股）		0.5	
9	并购支付的交易价格（元/股）		15	
10	交易费用（亿元）			0.45
11	企业价值（亿元）	12	=C6*C7/10 000	22
12	并购收益（亿元）			=D11-（B11+C11）
13	并购溢价（亿元）			=C8*C9-C11
14	并购净收益（亿元）			=D12-D10-D13

表12-2　**并购净收益计算结果表**

	A	B	C	D
1	并购净收益计算表			
2	项　目	并购前		并购后
		A公司	B公司	AB
3	2019年净收益（万元）		3 000	
4	2020年净收益（万元）		3 200	
5	2021年净收益（万元）		4 000	
6	预计净收益（万元）		3 400	
7	可比公司市盈率		20	
8	普通股股数（亿股）		0.5	
9	并购支付的交易价格（元/股）		15	
10	交易费用（亿元）			0.45
11	企业价值（亿元）	12	6.8	22
12	并购收益（亿元）			3.2
13	并购溢价（亿元）			0.7
14	并购净收益（亿元）			2.05

实训三　目标公司价值

实训3.1　可比企业法

（一）实训条件

金海公司为一家在上海证券交易所上市的精细化工企业，基于公司战略目标，准备积极实施境内、外并购。相关资料如下：

1.并购对象选择。

金海公司认为，并购整合全球优质产业资源能发挥协同效应，使其跻身全球同行业前列。并购目标企业应具备以下基本条件：（1）位于产业链上游，且在业内积累了丰富而深厚的行业经验，拥有较强影响力和行业竞争力；（2）拥有优秀的研发团队和领先的关键技术；（3）具有强大的市场营销网络。经论证，金海公司初步选定海韵公司作为并购目标。

2.并购价值评估。

金海公司经综合分析认为，EV/EBIT和EV/FCF是适合海韵公司的估值指标。海韵公司的EBIT为6.5亿元，FCF为21亿元。金海公司在计算海韵公司加权平均估值时，赋予EV/EBIT的权重为50%，赋予EV/FCF的权重为50%。

可比企业的EV/EBIT和EV/FCF相关数据见表12-3。

表12-3 可比企业的EV/EBIT和EV/FCF

可比企业	EV/EBIT	EV/FCF
A公司	10.47	5.2
B公司	9.04	2.01
C公司	12.56	1.53
D公司	7.93	3.26

3.实训在财务管理模拟实验室中进行。实验室配备计算机，装有Excel软件。

（二）实训要求

根据目标公司价值评估的计算步骤解决以下问题：

1.计算EV/EBIT的平均值。

2.计算EV/FCF的平均值。

3.根据可比企业EV/EBIT的平均值评估海韵公司的价值。

4.根据可比企业EV/FCF的平均值评估海韵公司的价值。

5.根据上述两种方法的均值计算海韵公司的加权平均估值。

6.利用Excel软件显示海韵公司加权平均估值的计算过程。

（三）实训组织方式及步骤

本实训安排在相关理论知识讲授结束之后进行，在实训教师的指导下，由学生独立完成。学生以班级为单位统一在财务管理模拟实验室进行实训。实训前要求学生对相关知识进行复习。实训步骤如下：

1.根据算数平均法计算EV/EBIT的平均值。

2.根据算数平均法计算EV/FCF的平均值。

3.根据EV/EBIT法评估海韵公司价值。

4.根据EV/FCF法评估海韵公司价值

5.根据加权平均法计算海韵公司价值。

6.利用Excel软件显示海韵公司加权平均估值的计算过程（见表12-4和表12-5）。

表 12-4　　**海韵公司加权平均估值计算演示表**

	A	B	C	D
1	海韵公司加权平均估值计算表			
2	项　目	可比公司		海韵公司
		EV/EBIT	EV/FCF	
3	A公司	10.47	5.2	
4	B公司	9.04	2.01	
5	C公司	12.56	1.53	
6	D公司	7.93	3.26	
7	EBIT（亿元）			6.5
8	FCF（亿元）			21
9	EV/EBIT权重			50%
10	EV/FCF权重			50%
11	EV/EBIT平均值			=（B3+B4+B5+B6）/4
12	EV/FCF平均值			=（C3+C4+C5+C6）/4
13	EV/EBIT法估值（亿元）			=D7*D11
14	EV/FCF法估值（亿元）			=D8*D12
15	加权平均估值（亿元）			=D13*D9+D14*D10

表 12-5　　**海韵公司加权平均估值计算结果表**

	A	B	C	D
1	海韵公司加权平均估值计算表			
2	项　目	可比公司		海运公司
		EV/EBIT	EV/FCF	
3	A公司	10.47	5.2	
4	B公司	9.04	2.01	
5	C公司	12.56	1.53	
6	D公司	7.93	3.26	
7	EBIT（亿元）			6.5
8	FCF（亿元）			21
9	EV/EBIT权重			50%
10	EV/FCF权重			50%
11	EV/EBIT平均值			10
12	EV/FCF平均值			3
13	EV/EBIT法估值（亿元）			65
14	EV/FCF法估值（亿元）			63
15	加权平均估值（亿元）			64

实训3.2　收益法

（一）实训条件

1.并购方案。

诺亚公司为股份有限公司，股份总数为15亿股。方舟公司为其控股股东，拥有其中10亿股股份。2018年年初，为改善公司治理结构，诺亚公司制定了股权多元化方案，建议方舟公司转让5亿股股份给新的投资者。方舟公司同意这一方案，但期望以70亿元的定价进行转让。为满足股份转让需要，方舟公司聘请某顾问公司对诺亚公司进行整体估值。诺亚公司的有关预测数据见表12-6。

表12-6　**诺亚公司的有关预测数据**　单位：万元

项　目	2018年	2019年	2020年	2021年	2022年
税后净营业利润	130 000	169 000	192 000	223 000	273 000
折旧及摊销	50 000	65 000	80 000	95 000	105 000
资本支出	120 000	120 000	120 000	80 000	60 000
净营运资本增加额	20 000	30 000	60 000	120 000	100 000
自由现金流量					

假定自2023年起，诺亚公司的自由现金流量每年以6%的固定比率增长。

诺亚公司的估值基准日为2018年1月1日。财务顾问公司根据诺亚公司估值基准日的财务状况，结合资本市场相关参考数据，确定诺亚公司估值的加权平均资本成本率为14%。

有关时间价值系数：

（P/F，14%，1）=0.8772　　（P/F，14%，2）=0.7695　　（P/F，14%，3）=0.6750

（P/F，14%，4）=0.5921　　（P/F，14%，5）=0.5194　　（P/F，14%，6）=0.4556

2.实训在财务管理模拟实验室中进行。实验室配备计算机，装有Excel软件。

（二）实训要求

根据自由现金流量估值法的计算步骤解决以下问题：

1.计算2018—2022年的自由现金流量。

2.计算诺亚公司预测期末（2022年年末）价值的现值。

3.计算诺亚公司的估值金额。

4.以财务顾问公司的估值结果为基准，从方舟公司价值最大化角度，分析判断方舟公司拟转让的5亿股股份的定价是否合理。

5.利用Excel软件显示并购净收益的计算过程。

（三）实训组织方式及步骤

本实训安排在相关理论知识讲授结束之后进行，在实训教师的指导下，由学生独立完成。学生以班级为单位统一在财务管理模拟实验室进行实训。实训前要求学生对相关知识进行复习。实训步骤如下：

1.根据自由现金流量计算公式计算2018—2022年每年自由现金流量。

2.根据现值计算公式计算预测期末（2022年年末）价值的现值。

3.根据现值计算公式评估诺亚公司价值。

4.根据加权公式计算方舟公司拟转让股份价值。

5.根据并购价格和方舟公司拟转让股份价值，确定方舟公司拟转让股份定价合理性。

6.利用Excel软件显示并购净收益的计算过程（见表12-7和表12-8）。

表12-7 **方舟公司定价计算演示表** 金额单位：万元

	A	B	C	D	E	F	G
1	项　目	初始点	2018年年末	2019年年末	2020年年末	2021年年末	2022年年末
2	税后净营业利润		130 000	169 000	192 000	223 000	273 000
3	折旧及摊销		50 000	65 000	80 000	95 000	105 000
4	资本支出		120 000	120 000	120 000	80 000	60 000
5	净营运资本增加额		20 000	30 000	60 000	120 000	100 000
6	自由现金流量		40 000	84 000	92 000	118 000	218 000
7	固定增长率						6%
8	加权平均资本成本率						14%
9	复利现值系数		0.8772	0.7695	0.6750	0.5921	0.5194
10	现值		=C6*C9	=D6*D9	=E6*E9	=F6*F9	=G6*G9
11	预测期末终值						=G6*（1+G7）/（G8-G7）
12	预测期末终值的现值	=G11*G9					
13	诺亚公司估值	=C10+D10+E10+F10+G10+B12					
14	方舟公司拟转让股份价值	=B13/15*5					

表12-8　　**方舟公司定价计算结果表**　　金额单位：万元

	A	B	C	D	E	F	G
1	项　目	初始点	2018年年末	2019年年末	2020年年末	2021年年末	2022年年末
2	税后净营业利润		130 000	169 000	192 000	223 000	273 000
3	折旧及摊销		50 000	65 000	80 000	95 000	105 000
4	资本支出		120 000	120 000	120 000	80 000	60 000
5	净营运资本增加额		20 000	30 000	60 000	120 000	100 000
6	自由现金流量		40 000	84 000	92 000	118 000	218 000
7	固定增长率						6%
8	加权平均资本成本率						14%
9	复利现值系数		0.8772	0.7695	0.675	0.5921	0.5194
10	现值		35 088	64 638	62 100	6 9867.8	113 229.2
11	预测期末终值						2 888 500
12	预测期末终值的现值	1 500 287					
13	诺亚公司估值	1 845 210					
14	方舟公司拟转让股份价值	615 070					

方舟公司拟转让股份评估价值为61.507亿元，低于期望转让价格70亿元，方舟公司拟转让价格定价偏高。

实训四　并购整合

（一）实训条件

1.并购方案。

甲集团公司是国内最大、全球第二的特大型钢铁集团，总资产2 638亿元，年产钢4 024万吨，跻身世界500强第269位、中国企业500强第26位、中国制造业500强第7位，拥有13个控股或参股子公司，面对我国经济发展的“新常态”和钢铁产业严峻的形势，加快转型升级步伐，积极推进供给改革，摆脱“一钢独大”，走向多元发展战略。

甲集团公司为了对传统产业进行升级，积极拥抱互联网，于2018年1月着手准备收购以互联网业务为主的高新技术乙上市公司100%的股权，经双方协商同意，聘请具有证券业务资格的资产评估机构进行预测分析及价值评估。经过分析及评估，乙公司2019年度税后净营业利润4亿元，折旧及摊销2亿元，资本支出0.8亿元，净营运资本增加额0.2亿元。乙公司股份数为10亿股，债务总额为40亿元（市场价值与账面价值相等），评估基准日乙公司每股市价为5元。假定从2020年起，乙公司实体现金流量以5%的速度增长。

经过一系列并购流程后，双方于2019年1月1日签署了并购合同，合同约定，甲集团公司需支付并购对价60亿元，在并购合同签署后5个月内支付完毕。

乙公司估值基准日为2018年12月31日，财务顾问公司根据乙公司估值基准日的财务状况，结合资本市场相关参考数据，确定用于乙公司估值的加权平均资本成本率为10%。

假设不考虑其他因素。

2.实训在财务管理模拟实验室中进行。实验室配备计算机，装有Excel软件。

（二）实训要求

根据自由现金流量估值法的计算步骤解决以下问题：

1.计算2019年自由现金流量。

2.计算乙公司预测期末（2019年年末）的价值。

3.计算乙公司预测期末价值的现值。

4.计算2018年12月31日乙公司的估值金额。

5.计算乙公司2018年12月31日股权价值。

6.计算乙公司2018年12月31日每股价值。

7.判断乙公司2018年12月31日股价合理性。

8.根据并购整合理论评述企业并购整合内容。

9.利用Excel软件显示乙公司估值的计算过程。

（三）实训组织方式及步骤

本实训安排在相关理论知识讲授结束之后进行，在实训教师的指导下，由学生独立完成。学生以班级为单位统一在财务管理模拟实验室进行实训。实训前要求学生对相关知识进行复习。实训步骤如下：

1.根据自由现金流量计算公式计算2019年自由现金流量。

2.根据股利固定增长模型预测乙公司2019年年末价值。

3.根据现值模型估算乙公司预测期末价值的现值。

4.根据现值计算公式评估乙公司价值。

5.根据企业价值公式倒挤计算股权价值。

6.根据股权价值计算每股价值。

7.根据每股价值和2018年12月31日股价对比评价股价合理性。

8.根据并购整合理论评述企业并购整合内容。

9.利用Excel软件显示每股价值的计算过程（见表12-9和表12-10）。

由于2018年12月31日每股估值价格为6元，高于每股市价5元，由此判定市价被低估了。

企业并购后的整合具体包括战略整合、管理整合、财务整合、人力资源整合、文化整合。

表 12-9　　**每股价值计算演示表**

	A	B	C
1	项　目	2019年年初	2019年年末
2	税后净营业利润（亿元）		4
3	折旧及摊销（亿元）		2
4	资本支出（亿元）		0.80
5	净营运资本增加额（亿元）		0.20
6	自由现金流量（亿元）		=C2+C3-（C4+C5）
7	固定增长率		5%
8	加权平均资本成本率		10%
9	复利现值系数		=1/（1+C8）
10	现值（亿元）		=C6*C9
11	预测期末价值（亿元）		=C6*（1+C7）/（C8-C7）
12	预测期末价值的现值（亿元）	=C11*C9	
13	企业价值（亿元）	=C12+C6*C9	
14	债务价值（亿元）	40	
15	股权价值（亿元）	=C13-C14	
16	普通股数（亿股）	10	
17	每股价值（元/股）	=C15/C16	

表 12-10　　**每股价值计算结果表**

	A	B	C
1	项　目	2019年年初	2019年年末
2	税后净营业利润（亿元）		4
3	折旧及摊销（亿元）		2
4	资本支出（亿元）		0.80
5	净营运资本增加额（亿元）		0.20
6	自由现金流量（亿元）		5
7	固定增长率		5%
8	加权平均资本成本率		10%
9	复利现值系数		0.9091
10	现值（亿元）		4.55
11	预测期末价值（亿元）		105
12	预测期末价值的现值（亿元）	95.45	
13	企业价值（亿元）	100	
14	债务价值（亿元）	40	
15	股权价值（亿元）	60	
16	普通股数（亿股）	10	
17	每股价值（元/股）	6	

实训五　并购公司价值综合实训

（一）实训条件

丁企业为一家机械制造企业，2020年正在与同行业另一家D企业展开并购谈判，在充分了解和调查机械行业发展状况的条件下，丁企业评估项目组的成员从公开渠道收集了一些可以用于参考的交易数据见表12-11。

表12-11　**可比交易并购信息**

交易公布日	交易双方名称		支付方式	支付价格收益比	账面价值倍数
	并购企业	被并购企业			
2019/11/4	甲公司	A公司	现金	9	1.4
2019/9/2	乙公司	B公司	现金	11	1.5
2020/3/30	丙公司	C公司	现金	12	1.7
2020/4/27	戊公司	E公司	现金	8	1.4
平均				10	1.5

被评估D企业的税后净利润为5 500万元，账面价值为27 000万元。

丁企业与D企业协商的并购对价为5亿元，并购前后丁企业的价值分别为6亿元和12亿元，并购支付的交易费用为0.8亿元。

（二）实训要求

根据价值评估思路，运用可比交易法解决以下问题：

1.运用支付价格收益比法计算D企业价值。

2.运用账面价值倍数法计算D企业价值。

3.丁企业的项目评估组成员为了准确评估，利用两种方法的平均值评估D企业价值。

4.根据并购收益计算公式计算并购收益。

5.根据被并购企业价值和并购价格计算D企业并购溢价。

6.根据并购净收益公式计算并购净收益。

7.丁企业并购D企业后需要进行相应的整合，简述整合类型。

8.利用Excel软件显示并购净收益的计算过程。

（三）实训组织方式及步骤

1.分别运用支付价格收益比法和账面价值倍数法计算D企业价值。

2.根据两种方法的平均数计算D企业价值。

3.计算并购收益。

4.计算并购溢价。

5.计算并购净收益。

6.利用Excel软件显示三种方法计算并购净收益的过程（见表12-12和表12-13）。

表 12-12　　　　**并购净收益计算演示表**　　　　单位：万元

	A	B	C	D
1	并购净收益计算表			
2	项　目	并购前		并购后
3		丁企业	D企业	丁企业
4	D企业净利润		5 500	
5	D企业账面价值		27 000	
6	支付价格收益比		10	
7	账面价值倍数		1.5	
8	支付价格收益比法计算企业价值		=C4*C6	
9	账面价值倍数法计算企业价值		=C5*C7	
10	运用两种方法均值计算企业价值		=（C8+C9）/2	
11	企业价值	60 000		120 000
12	并购对价			50 000
13	交易费用			8 000
14	并购收益			=D11-（B11+C10）
15	并购溢价			=D12-C10
16	并购净收益			=D14-D15-D13

表 12-13　　　　**并购净收益计算结果表**　　　　单位：万元

	A	B	C	D
1	并购净收益计算表			
2	项　目	并购前		并购后
3		丁企业	D企业	丁企业
4	D企业净利润		5 500	
5	D企业账面价值		27 000	
6	支付价格收益比		10	
7	账面价值倍数		1.5	
8	支付价格收益比法计算企业价值		55 000	
9	账面价值倍数法计算企业价值		40 500	
10	运用两种方法均值计算企业价值		47 750	
11	企业价值	60 000		120 000
12	并购对价			50 000
13	交易费用			8 000
14	并购收益			12 250
15	并购溢价			2 250
16	并购净收益			2 000

模块十三　跨国公司财务

一、实训目的

能力目标：

1.掌握即期汇率的确定；

2.掌握远期汇率的确定。

情感目标：

1.树立合作共赢的竞争理念；

2.坚定社会主义制度的保障作用。

价值塑造

把维护金融安全作为治国理政的一件大事

二、理论知识点

（一）外汇

外汇（foreign exchange）是“国际汇兑”这一名词的简称。其动态的含义是把一个国家的货币兑换成另一个国家的货币，借以清偿国家间债权债务关系的一种专门性的经营活动；其静态的含义是指以外币表示的用于国际结算的支付手段。

汇率是两种货币兑换的比率，即一国货币用另一国货币表示的价格。汇率（exchange rate）又称为汇价或外汇行市。汇率的标价方法有两种：直接标价法是指以一定单位（1个外币单位或100个外币单位）的外国货币作为标准，折算成若干本国货币来表示其汇率的标价方法。在直接标价法下，外国货币数额固定不变，汇率涨跌都以相对的本国货币数额的变化来表示。间接标价法是指以一定单位的本国货币为标准，折算成若干数额的外国货币来表示其汇率的标价方法。在间接标价法下，本国货币的数额固定不变，汇率涨跌都以相对的外国货币数额的变化来表示。

（二）外汇的种类

1.按照银行买卖外汇的方式，可分为买入汇率、卖出汇率、中间汇率和现钞汇率。

买入汇率又称外汇买入价，是指银行向同业或客户买入外汇时所使用的汇率。在直接标价法下，外币折合本币数额较少的那个汇率是买入汇率，它表示银行买入一定数额的外汇需要付出多少本国货币；在间接标价法下，本币折合外币较多的那个汇率是买入汇率，它表示银行买入多少外汇需要付出一定数额的本国货币。

卖出汇率又称外汇卖出价，是指银行向同业或客户卖出外汇时所使用的汇率。在直接标价法下，外币折合本币较多的那个汇率是卖出汇率，它表示银行卖出一定数额的外汇需要收回多少本国货币；在间接标价法下，本币折合外币较少的那个汇率是卖出汇率，它表示银行卖出多少外汇应该收回一定数额的本国货币。买入汇率与卖出汇率的差价是银行买卖外汇的收益，一般为1‰~5‰。

中间汇率又称为中间价，是指外汇买入价和卖出价的平均数。中间汇率经常作为汇率的一般水平在报刊电台上报道，套算汇率时有时也使用有关货币的中间汇率计算。

现钞汇率是指银行买入或卖出外币现钞时所使用的汇率。从理论上讲，现钞买卖价同外币支付凭证、外币有价证券等外汇形式的买卖价应该相同，但由于一般国家都规定，不允许外国货币在本国流通，需要把买入的外币现钞运送到各发行国或能够流通的地区去，这就要花费一定的运费和保险费，这些费用需要由客户来承担。因此，银行在收兑外币现钞时使用的汇率，稍低于其他外汇形式的买入汇率；而银行卖出外币现钞时使用的汇率则与外汇卖出价相同。

2.按照外汇交易的期限，可分为即期汇率和远期汇率。

即期汇率是指外汇买卖成交以后，买卖双方在当天或在两个营业日内进行交割所使用的汇率。所谓交割，是指外汇交易双方交钱、付汇的过程。

远期汇率是指银行进行远期外汇交易所使用的汇率。所谓远期外汇交易，是指外汇买卖成交后，根据合同规定的到期日，按约定的汇率办理交割的外汇交易。远期交易的期限一般按月计算，从1个月到12个月不等。银行也相应制定1个月到12个月期限的远期汇率，同当日的即期汇率一起挂牌公布。

如果某种货币的远期汇率高于即期汇率，那么该远期汇率就被称为远期升水；如果远期汇率小于即期汇率，则称为远期贴水。远期汇率的标价等于即期汇率加上升水或减去贴水。

A货币兑换B货币的远期汇率的计算公式：

$$\text{远期汇率}=\text{即期汇率}+\text{即期汇率}\times\left(\text{B货币拆借利率}-\text{A货币拆借利率}\right)\times\text{远期天数}\div 360 \tag{13.1}$$

从这个计算公式可以看出，在即期汇率确定的情况下，远期汇率主要与这两种货币的利率差和远期的天数有关。如果B货币的利率高于A货币的利率，公式中的小括号值为正数，远期汇率就高于即期汇率，称为升水，小括号值称为升水点；如果B货币的利率低于A货币的利率，小括号值为负数，远期汇率就低于即期汇率，称为贴水，小括号值称为贴水点。而在两种货币的利率都确定的时候，远期期限越长，升水点或贴水点就越大，远期汇率与即期汇率的价差也越大。

三、实训内容

实训一　即期汇率

（一）实训条件

黄安于2023年7月22日到银行将阿姨送给他的100美元兑换成人民币作为零用钱。

（二）实训要求

请帮助黄安计算，按照当日的即期汇率能兑换多少人民币？

（三）实训组织方式及步骤

本实训在学生熟练掌握即期汇率的概念和换算的基础上进行。在实训教师的组织和指导下，由学生利用网络自主完成实训内容。实训步骤如下：

1.在网上获得美元兑换人民币的汇率。关于即期汇率，可以查询的网站有很多，比如汇率网（如图13-1所示，https：//www.huilv5.cn/）或参考中国工商银行人民币即期外汇牌价（如图13-2所示）。

常见币种对人民币汇率

兑换币种	代码	最新汇率	反向汇率
美元对人民币汇率	USD/CNY	7.149	0.139
欧元对人民币汇率	EUR/CNY	7.814	0.127
英镑对人民币汇率	GBP/CNY	9.011	0.110
澳元对人民币汇率	AUD/CNY	4.671	0.214
加元对人民币汇率	CAD/CNY	5.202	0.192
日元对人民币汇率	JPY/CNY	0.0474	21.07
港币对人民币汇率	HKD/CNY	0.898	1.113
印度卢比对人民币汇率	INR/CNY	0.0857	11.65
南非兰特对人民币汇率	ZAR/CNY	0.380	2.63
新台币对人民币汇率	TWD/CNY	0.225	4.428

图13-1　即期外汇牌价

日期：2023年11月25日 星期六　　　　单位：人民币/100外币

币种	汇买、汇卖中间价	现汇买入价	现钞买入价	卖出价	基准价
美元 (USD)	827.67	826.43	821.46	828.91	827.67
港币 (HKD)	106.91	106.75	106.11	107.07	106.81
日元 (JPY)	7.61	7.59	7.53	7.62	7.55
欧元 (EUR)	970.94	969	961.23	972.88	961.64
英镑 (GBP)	1,383.12	1,380.63	1,348.54	1,385.89	--
瑞士法郎 (CHF)	628.36	627.23	612.65	629.62	--
加拿大元 (CAD)	625.41	624.16	609.77	626.66	--
澳大利亚元 (AUD)	570.76	569.62	556.49	571.9	--
新加坡元 (SGD)	477.59	476.63	465.65	478.55	--
丹麦克朗 (DKK)	130.72	130.46	127.45	130.98	--
挪威克朗 (NOK)	117.49	117.26	114.55	117.72	--
瑞典克朗 (SEK)	108.39	108.17	105.68	108.61	--
澳门元 (MOP)	103.73	103.52	102.95	103.94	--
新西兰元 (NZD)	492.3	491.32	479.99	493.28	--

注：此汇率表供参考，以实际交易汇率为准

图 13-2　中国工商银行人民币即期外汇牌价

2. 利用互联网上的汇率换算器计算兑换的人民币数量。首先在网上搜索“外汇兑换计算器”，很多网站上都有，如新浪财经（http://finance.sina.com.cn/forex/jsq.html? qq-pf-to=pcqq.c2c）。外汇兑换计算器如图 13-3 所示，先选择持有的币种，然后选择兑换的币种，填写需兑换数量，最后选择兑换的金融机构（金融机构不同，外币兑换会有差异），点击“开始计算”，即可得到换算的结果。

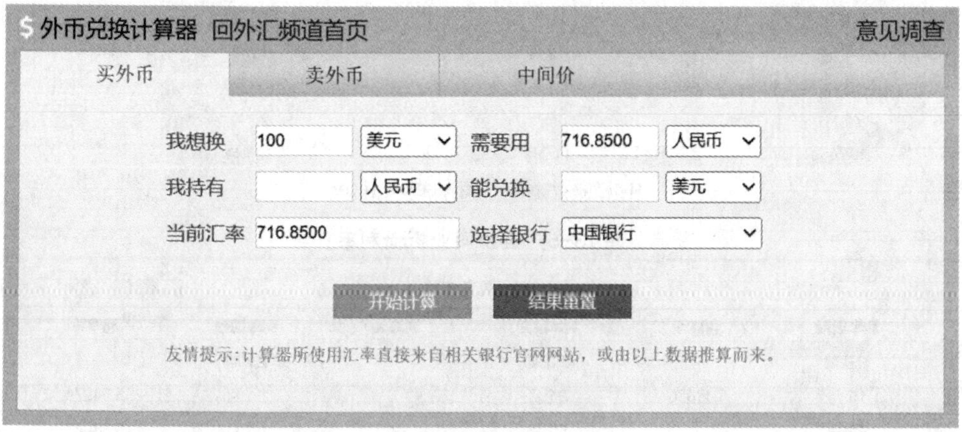

图 13-3　外汇兑换计算器

实训二　远期汇率

（一）实训条件

某人在 2023 年 11 月 25 日计划 3 个月后将英镑兑换成美元。

（二）实训要求

请你利用网络外汇信息帮助此人计算英镑兑换美元的 3 个月远期汇率。

（三）实训组织方式及步骤

本实训在学生熟练掌握远期汇率的概念和换算的基础上进行。在实训教师的组织和指导下，由学生利用网络自主完成实训内容。实训步骤如下：

1. 查找英镑兑换美元的即期汇率。可以利用新浪财经（https://finance.sina.com.cn/money/forex/hq/GBPUSD.shtml）进行查询，如图13-4所示。

图13-4 英镑兑换美元即期汇率查询

2. 利用即期汇率推算远期汇率。首先在优财金融网（http://www.ucai123.com/datas-libor）上查询伦敦银行同业拆借利率“libor 英镑 查询”，如图13-5所示。同样，可以在该网站上找到“libor 美元 查询”，如图13-6所示。

libor 英镑 查询

利率期限	利率%	利率期限	利率%	利率期限	利率%
隔夜期	-	1周期	-	2周期	-
1个月	-	2个月	-	3个月	5.41390
4个月	-	5个月	-	6个月	-
7个月	-	8个月	-	9个月	-
10个月	-	11个月	-	12个月	-

libor 英镑 数据来源：优财网(UCAI123.COM)

图13-5 英镑同业拆借利率

libor 美元 查询

利率期限	利率%	利率期限	利率%	利率期限	利率%
隔夜期	-	1周期	-	2周期	-
1个月	5.43856	2个月	-	3个月	5.64976
4个月	-	5个月	-	6个月	5.88086
7个月	-	8个月	-	9个月	-
10个月	-	11个月	-	12个月	-

libor 美元 数据来源：优财网(UCAI123.COM)

图13-6 美元同业拆借利率

根据远期汇率换算公式，英镑兑换美元的一个月远期汇率为：

1.2603+1.2603×（5.64976%-5.41390%）×90÷360=1.3346

模块十四　企业价值评估

一、实训目的

通过对企业价值评估模块的实验，掌握财务预测的方法；熟练掌握企业价值评估的估价模型。

能力目标：

1.了解财务预测的步骤；

2.掌握资产负债表、利润表、现金流量表预测方法；

3.运用现金流量法进行价值评估；

4.运用经济利润法进行价值评估；

5.运用相对估值法进行价值评估。

情感目标：

1.要学会自我感知，客观公正地进行评价自我；

2.掌握正确的工作方法，才能事半功倍。

价值塑造

美国投行伯恩斯坦：比亚迪与特斯拉估值将趋同

二、理论知识点

（一）财务预测

1.财务预测的内涵

财务预测是在财务报表分析的基础上，以公司预测期的战略目标、经营目标和财务目标为导向，以确保财务预测与公司的总体任务、长期目标、面临的机会和环境约束相一致为原则，通过编制预测会计报表反映公司一定期间的财务状况和经营业绩。

编制预测会计报表与编制实际的会计报表具有相似性，都要以一定的经济活动为基础，只是实际的会计报表是以已经发生的经济活动为根据，而预测会计报表则是基于对未来可能发生的经济活动的预测。从这一点可以看出，编制预测会计报表的核心实际上是对未来经济活动的预测，一旦这个预测确定了，编制预测会计报表基本上只是一个程序的问题。

一般来说，企业的经济活动包括经营、投资和融资三个方面，所以关于企业经济活动的预测也涉及这三个方面。具体来说，经营活动的预测以“营业收入”体现出来，投资活动的预测以“长期投资”体现出来，而融资活动的预测则通过不同类型融资渠道融资额的比例得到体现。

有了上述三个方面的预测，完成预测会计报表就不是一件困难的事情了。而编制预测会计报表的过程，实际上就是“模拟”企业经营的过程，从这个意义上说，编制预测会计报表与编制财务计划不同，但是有相似的地方。具体来说，一旦预测出“营业收入”，我们就可以根据行业的具体特点和企业的盈利能力预测出相应的成本和费用，并得到经营利润，同时还可以根据企业的经营特点预测支持上述收入与盈利所需要投入的资源——资产，加上关于投资活动的预测，我们就可以完成对资产的预测和对投资收益的预测。接下来，根据对融资活动的预测，我们就可以预测出从哪些融资渠道筹集上述所需的资源，也就是对负债和所有者权益的预测，这些预测又可以帮助我们进一步得到关于财务费用等方面的预测，并最终完成预测资产负债表和预测利润表的编制。有了预测资产负债表和预测利润表，编制预测现金流量表就不是一件困难的事情了，只需要用间接法推算出现金流量表即可。

2.编制预测会计报表的步骤和方法

（1）预测营业收入

编制预测会计报表的第一步，也是最困难、最关键的一步，就是预测“营业收入”。“营业收入”预测的难点在于，影响它的因素比较复杂，很多都已经超出了会计的范畴。比如，行业未来的发展趋势、价格走势、企业在行业中的竞争地位等。当然，对于一些成熟行业，也可以通过历史数据得到大致的预测，比如根据最近3~5年的收入状况考虑自然增长进行预测。但是，对于一些高速成长的行业，采用这样的方法进行预测可能就会距离实际情况较远；另外，一些企业涉足多个行业，或者正在进行转型，这些因素都可能给实际的预测带来更多的困难。

（2）预测成本、税金和费用

得到了“营业收入”的预测之后，编制预测会计报表的工作几乎就完成了一半。一般来说，只要企业的经营具有一定的连续性，就可以根据历史的毛利率和利润率预测出利润表中的营业成本、税金和管理费用、销售费用。到这里，我们就完成了利润表中与经营活动有关的部分。

（3）预测经营性资产

接下来，我们将视线从利润表转向资产负债表。获得收益是企业经营的目的，但是任何收益都是以资源的投入为基础的，资产正是代表了这种资源的投入。一般来说，不同的行业获得相同的收入需要投入不同的资源，而企业自身的战略选择、管理能力也会影响资源与收入之间的关系。只要企业的经营活动具有连续性，这种特点就会保持在一个稳定的水平，我们也就可以根据历史数据得到预测的各项经营性资产的周转率，在得到“营业收入”的预测之后，这个周转率实际上就给了我们关于经营性资产项目的预测数据。这些经营性资产包括除了现金和短期投资之外的所有流动资产，也包括固定资产等长期资产。

(4) 预测负债和股本

完成了上面的工作之后，我们就需要考虑一个问题了，这就是如何获得购买上述资源所需要的资金？首先，随着公司经营规模的扩大，像应付账款、预收账款等经营过程中自然产生的负债也会增加，这自然可满足企业的一部分资金需要，剩余的部分才需要通过融资活动来解决。

一般来说，可以根据历史上营业收入（或者营业成本）与经营性负债项目（包括应付账款、预收账款、应付职工薪酬、应交税费等，实际上除了短期借款和一年内到期的长期负债之外的大部分流动负债都是经营性的）的比例关系预测经营性负债项目的期末余额，这个期末余额与上一期的实际余额之间的差就是随着企业经营规模增大自然解决的资金需要，将第三步得出的总资金需要减去这个数字，就是需要通过融资活动解决的资金。

对于需要通过融资活动解决的资金，我们可以根据企业历史的资本结构和长、短期负债的比例，结合企业在未来一个会计期间可能获得的融资渠道，估计上述资金需要在负债与股东权益，以及在长、短期负债之间的分配。

(5) 预测投资和利润分配，完成利润表的预测，并调平资产负债表

我们已经预测出了利润表中关于经营活动的部分，以及资产负债表中的大部分内容，现在，我们就要考虑公司未来的投资决策了。投资决策主要针对长期投资。在企业没有大规模的投资计划，也没有转型或扩张的准备时，我们可以忽略对投资决策的预测，而采用预测经营性资产的方法预测固定资产、无形资产等经营性长期资产的投资（已经在第三步完成），即根据资产周转率得到对某一资产数额的预测。但是，如果公司有扩张或转型的计划，就需要根据这些投资计划来估计未来会计期间长期投资和固定资产的情况。对于公司内部的管理人员，这部分的预测比较容易，但是对于外部的财务信息使用者，预测这方面的情况往往存在相当的难度，需要对公司的战略规划、投资意愿等有比较充分的调研和了解。

完成了对未来投资数额的预测之后，就需要估计这些投资的获利情况了，其中投资收益的预测进入利润表中的相应科目。这方面的预测同样需要对企业的战略规划和投资意愿有比较充分的了解。

在这个部分还需要对财务费用进行预测。在第四步中我们已经预测了负债的情况，把其中付息债务的数量进行综合，考虑到当前的利率情况，就可以得到财务费用的估计数了。对于营业外收支，由于其不具有持续性，一般我们可以预测这个部分是0，除非有迹象表明未来一年公司会有某些意外的收入和支出。补贴收入的预

测可以根据历史情况进行。所得税的预测不能直接根据公司的名义所得税税率作出，这是因为名义所得税税率是应用于应税所得而非利润总额的，而我们根据外部信息也很难将利润总额调整为应税所得。我们可以根据实际所得税税率（即所得税除以利润总额）的历史情况对所得税进行预测。至此，预测的利润表就完成了。

预测利润表可以让我们知道预测的净利润，根据公司计提各种公积金的情况和对利润分配的计划，就可以完成资产负债表中所有者权益的其他项目的预测了。但是，这时我们得到的资产负债表一定是不能满足“资产=负债+权益”等式的，这就需要我们对资产负债表进行调平。一般来说，银行存款、短期投资和短期借款是调平资产负债表的工具，这实际上和企业的实际经营情况是相似的，企业往往是在资金有结余时采用短期投资的方式加以利用，而在资金不足时用短期借款弥补。因此，一般也采取调整银行存款、短期投资和短期借款等科目的数额的方法使资产负债表达到左右平衡。但是，在这个过程中有两个问题值得注意：一是虽然我们用这三个科目调平资产负债表，但并不意味着这三个科目的数额完全由是否调平资产负债表来决定。银行存款和短期借款除了解决企业短期资金余缺的问题，还是企业经营中必要的内容，所以，在估计这三个项目时，首先要考虑的是根据历史水平估计的正常余额，然后才是调平资产负债表的问题。二是当我们调整短期借款时，必然会引起财务费用的改变，而财务费用的改变又会进而影响净利润和未分配利润，这样就会使已经平衡的资产负债表又变得不平衡，因此，如果对短期借款的调整金额较大，可能就需要调整财务费用和其他相关的科目，即进行第二次调整，甚至可能需要经过若干次调整，逐渐达到资产负债表的最终平衡。

（6）预测现金流量表

在得到预测的资产负债表和利润表之后，预测现金流量表就可以按照我们前面讲到的用间接法推算现金流量表的办法得到了。间接法推算现金流量表及各个项目的预测方法见表14-1。

（二）企业价值评估

企业价值评估是指对企业整体的经济价值进行评估。整体的经济价值是指企业作为一个整体的公平市场价值。企业的实体价值是指企业全部资产的总体价值，它等于企业的股权价值与债权价值之和。企业价值评估的方法包括现金流量折现法、经济利润法和相对估值法。

1.现金流量折现法

按照现金流量折现法计算企业实体价值的基本公式为：

$$企业实体价值 = \sum_{t=1}^{\infty} \frac{实体自由现金流量}{(1 + 加权平均资本成本)^t} \tag{14.1}$$

上述公式中，加权平均资本成本等于企业的债务资本和权益资本成本的加权平均数。实体自由现金流量是由企业全部现金流入扣除付现成本费用和必要的投资后的剩余现金流量。

表 14-1　　**预测现金流量表**

净利润	来自预测利润表
加：资产减值准备	根据以往年度现金流量表上这些项目的数额与相应资产项目的比例关系预测
固定资产及投资性房地产折旧	
无形资产摊销	
长期待摊费用摊销	
处置固定资产、无形资产和其他长期资产的损失（减收益）	在预测报表中，这些项目可以假设为0
固定资产报废损失（减收益）	
公允价值变动损失（减收益）	
财务费用（减收益）	来自预测利润表
投资损失（减收益）	来自预测利润表
递延所得税资产减少（减增加）	来自预测资产负债表与上年数额的差额
递延所得税负债增加（减减少）	
存货的减少（减增加）	
经营性应收项目的减少（减增加）	
经营性应付项目的增加（减减少）	
其他	
经营活动产生的现金流量净额	

$$\begin{aligned}\begin{matrix}\text{实体自由}\\\text{现金流量}\end{matrix} &= \text{税后经营利润} + \text{折旧与摊销} - \text{营运资本增加} - \text{资本支出} \\ &= \begin{matrix}\text{税后}\\\text{经营利润}\end{matrix} + \begin{matrix}\text{折旧与}\\\text{摊销}\end{matrix} - \begin{matrix}\text{流动资产的}\\\text{增加}\end{matrix} + \begin{matrix}\text{流动负债的}\\\text{增加}\end{matrix} - \begin{matrix}\text{固定资产}\\\text{原值的增加}\end{matrix}\end{aligned} \tag{14.2}$$

在进行企业价值评估的过程中，为了避免预测无限期的现金流量，通常可以将预测的时间分为两个阶段：第一个阶段是“详细预测期”或称“预测期”，在此期间，需要对每年的现金流量进行详细预测，并根据现金流量模型计算其预测期价值；第二个阶段是“后续期”，或称为“永续期”，在此期间，假设企业进入稳定状态，有一个稳定的增长率，可以用简便方法直接估计后续期价值。假设详细预测期为n年，则企业实体价值为：

$$\text{企业实体价值} = \sum_{t=1}^{n}\frac{\text{企业实体自由现金流量}}{(1+\text{加权平均资本成本})^{t}} + \frac{\text{后续期现金流量在第n年年末的现值}}{(1+\text{加权平均资本成本})^{n}} \tag{14.3}$$

$$\begin{matrix}\text{后续期现金流量在}\\\text{第n年年末的现值}\end{matrix} = \frac{\text{第n年年末的自由现金流量} \times (1+\text{销售收入增长率})}{\text{加权平均资本成本} - \text{销售收入增长率}} \tag{14.4}$$

2.经济利润法

经济利润是指一定时期的经济收入与经济成本的差额。

经济利润 = 经济收入 - 经济成本 （14.5）

经济利润可按照下面的公式计算：

经济利润 = 息前税后经营利润 - 全部资本费用

= 期初投资资本 × 期初投资资本回报率 - 期初投资资本 × 加权平均资本成本 （14.6）

= 期初投资资本 ×(期初投资资本回报率 - 加权平均资本成本)

期初投资资本回报率 = 息前税后营业利润/期初投资资本

=(税后净利 + 税后利息费用)/期初投资资本 （14.7）

投资资本 = 营业资产 + 非营业资产 （14.8）

营业资产 = 营业流动资产 + 营业长期资产

=(流动资产 - 无息流动负债) + (长期资产净值 - 无息长期负债) （14.9）

利用经济利润法评估企业价值的公式为：

企业实体价值 = 预测期期初投资资本 + 预计未来各年的经济利润现值 （14.10）

3.相对估值法

相对估值法是指以类似的可比企业为基准，利用可比企业的市场定价来确定目标企业价值的一种评估方法。按照这种方法所评估的目标企业的价值是一种相对于可比企业而言的相对价值，而非目标企业的内在价值。

利用相对估值法评估企业价值的基本做法是：首先，寻找一个影响企业价值的关键变量；其次，确定一组可以比较的类似企业，计算可比企业的市价/关键变量的平均值；最后，根据目标企业的关键变量乘以得到的平均值，计算目标企业的评估价值。

利用相对估值法评估企业价值可以分为两种情况：一种情况是评估目标企业的股权价值；另一种情况是评估目标企业的实体价值。利用相对估值法评估企业股权价值常用的模型包括市盈率模型、市净率模型和收入乘数模型。

（1）市盈率模型

运用市盈率模型评估目标企业价值的基本公式为：

目标企业每股价值 = 可比企业平均市盈率 × 目标企业每股净利 （14.11）

式中：

$$市盈率 = \frac{每股市价}{每股净利} \quad (14.12)$$

$$修正的市盈率 = \frac{实际市盈率}{预期增长率 \times 100} \quad (14.13)$$

目标企业每股价值=修正平均市盈率×目标企业增长率×100×目标企业每股净利 （14.14）

（2）市净率模型

运用市净率模型评估目标企业价值的基本公式为：

目标企业每股价值 = 可比企业平均市净率 × 目标企业每股净资产 （14.15）

式中：

$$市净率 = \frac{每股市价}{每股净资产} \tag{14.16}$$

（3）收入乘数模型

运用收入乘数模型评估目标企业价值的基本公式为：

$$目标企业股权价值 = 可比企业平均收入乘数 \times 目标企业的销售收入 \tag{14.17}$$

式中：

$$收入乘数 = \frac{股权市价}{销售收入} = \frac{每股市价}{每股销售收入} \tag{14.18}$$

三、实训内容

实训一　预计财务报表的实训

（一）实训条件

1.企业简介。

1993年7月15日，青岛啤酒H股股票（HK0168）在中国香港联合交易所上市，是中国内地第一家在海外上市的企业；同年8月27日，青岛啤酒A股股票（600600）在上海证券交易所上市，成为中国首家在两地同时上市的内地企业。

截至2022年年底，青啤公司在国内拥有57家全资和控股的啤酒生产企业，2家联营及合营啤酒生产企业，分布于全国20个省、自治区、直辖市，规模和市场份额居国内啤酒行业领先地位。

青啤公司拥有的“青岛啤酒”品牌是我国首批十大驰名商标之一，在国内外市场具有强大的品牌影响力和较高的知名度，2022年“青岛啤酒”以人民币2 182.25亿元的品牌价值继续保持了中国啤酒行业品牌价值第一；公司拥有的“青岛啤酒、崂山啤酒、汉斯啤酒、青岛啤酒博物馆、王子以及TSINGTAO1903青岛啤酒吧”等品牌的总价值已突破人民币3 400亿元。

青岛啤酒产品几乎囊括了1949年中华人民共和国成立以来所举办的国内啤酒质量评比的所有金奖，并在世界各地举办的国际评比大赛中多次荣获大奖。目前“青岛啤酒”品牌为国际市场上最具知名度的中国品牌，产品已行销美国、加拿大、英国、法国、德国、意大利、韩国、日本、俄罗斯等一百余个国家和地区。

1992—2022年，30年时间，青岛啤酒营业收入从8.094亿元增长至321.7亿元，净利润从1.046亿元增长至38.05亿元，可以说是相当不错的。

2.2022年应收账款坏账准备为178 037 641元，其他应收款坏账准备65 324 111元。

3.已知2021年年末固定资产原值为20 295 258 543元，无形资产原值为4 800 305 23

元，2021年年末长期待摊费用余额为127 033 797元。2022年年末固定资产原值为21 323 817 688元，无形资产原值为5 015 791 712元，2022年年末长期待摊费用余额为101 670 196元。

4.已知青岛啤酒2022年的资产负债表（见表1-1）、利润表（见表1-2）、现金流量表（见表1-3）和现金流量表附表（见表14-2）。

表14-2 **青岛啤酒2022年现金流量表附表** 金额单位：元

项　目	2022年
净利润	3 804 721 478.00
加：资产减值准备	26 123 742.00
固定资产折旧、油气资产折耗、生产性生物资产折旧	890 838 923.00
无形资产摊销	144 953 106.00
长期待摊费用摊销	41 622 449.00
公允价值变动损失	−164 354 223.00
财务费用	−447 006 732.00
投资损失	−169 903 657.00
递延所得税资产减少	−74 654 915.00
递延所得税负债增加	30 719 628.00
存货的减少	−662 012 006.00
经营性应收项目的减少	−106 274 452.00
经营性应付项目的增加	1 690 889 713.00
其他	−126 891 732.00
经营活动产生的现金流量净额	4 878 771 322.00

5.实训在财务管理模拟实验室中进行。实验室配备计算机，装有Excel软件。

（二）实训要求

根据财务预测的步骤解决以下问题：

1.假设营业收入增长率为6%，预测青岛啤酒2023年营业收入。

2.预测青岛啤酒2023年成本、费用。

3.假设所得税税率为25%，预测青岛啤酒2023年利润表。

4.假设青岛啤酒的股利支付率为40%，预测青岛啤酒2023年资产负债表。

5.预测青岛啤酒2023年现金流量表。

6.利用Excel软件显示财务预测的过程。

（三）实训组织方式及步骤

本实训安排在相关理论知识讲授结束之后进行，在实训指导教师的指导下，由学生独立完成。学生以班级为单位统一在财务管理模拟实验室进行实训。实训前要求学生对相关知识进行复习。实训步骤如下：

1. 假设营业收入增长率为6%，预测青岛啤酒2023年利润表（见表14-3和表14-4）。

表14-3　**利润表预测演示表**　金额单位：元

	A	B	C
1	项　目	2022年	2023年
2	营业收入增长率		6%
3	一、营业收入	32 171 565 624.00	=B3*（1+C2）
4	减：营业成本	20 317 934 822.00	=B4*（1+C2）
5	税金及附加	2 390 725 323.00	=B5*（1+C2）
6	销售费用	4 199 502 747.00	=B6*（1+C2）
7	管理费用	1 473 368 004.00	=B7*（1+C2）
8	研发费用	62 954 899.00	=B8*（1+C2）
9	财务费用	-420 805 540.00	=B9*（1+C2）
10	加：其他收益	543 278 784.00	0.00
11	公允价值变动收益（损失为-）	164 354 223.00	0.00
12	投资收益（损失为-）	169 903 657.00	0.00
13	信用减值损失（损失为-）	11 144 534.00	0.00
14	资产减值损失（损失为-）	-26 123 742.00	0.00
15	资产处置收益（损失为-）	-9 517 758.00	0.00
16	二、营业利润	5 000 925 067.00	=C3-C4-C5-C6-C7-C8-C9
17	加：营业外收入	20 345 173.00	0.00
18	减：营业外支出	15 128 954.00	0.00
19	三、利润总额	5 006 141 286.00	=C16
20	减：所得税费用	1 201 419 808.00	=C19*25%
21	四、净利润	3 804 721 478.00	=C19-C20

表 14-4　　**利润表预测结果表**　　金额单位：元

	A	B	C
1	项　目	2022年	2023年
2	营业收入增长率		6%
3	一、营业收入	32 171 565 624.00	34 101 859 561.44
4	减：营业成本	20 317 934 822.00	21 537 010 911.32
5	税金及附加	2 390 725 323.00	2 534 168 842.38
6	销售费用	4 199 502 747.00	4 451 472 911.82
7	管理费用	1 473 368 004.00	1 561 770 084.24
8	研发费用	62 954 899.00	66 732 192.94
9	财务费用	−420 805 540.00	−446 053 872.40
10	加：其他收益	543 278 784.00	0.00
11	公允价值变动净收益（损失为-）	164 354 223.00	0.00
12	投资收益（损失为-）	169 903 657.00	0.00
13	信用减值损失（损失为-）	11 144 534.00	0.00
14	资产减值损失（损失为-）	−26 123 742.00	0.00
15	资产处置收益（损失为-）	−9 517 758.00	0.00
16	二、营业利润	5 000 925 067.00	4 396 758 491.14
17	加：营业外收入	20 345 173.00	0.00
18	减：营业外支出	15 128 954.00	0.00
19	三、利润总额	5 006 141 286.00	4 396 758 491.14
20	减：所得税费用	1 201 419 808.00	1 099 189 622.79
21	四、净利润	3 804 721 478.00	3 297 568 868.36

2.预测青岛啤酒2023年资产负债表（见表14-5、表14-6）。

表14-5　**资产负债表预测演示表**　金额单位：元

	A	B	C	D
1	项　目	2022年	2023年	销售百分比
2	营业收入	32 171 565 624	34 101 859 561.44	
3	货币资金	17 854 931 855.00	=C2*D3	=B3/B2
4	交易性金融资产	2 683 817 846.00	最后根据负债和所有者权益总计与资产总计倒挤	
5	应收票据	4 500 000.00	=C2*D5	=B5/B2
6	应收账款	119 599 728.00	=C2*D6	=B6/B2
7	预付款项	281 866 630.00	=C2*D7	=B7/B2
8	其他应收款	682 770 179.00	=C2*D8	=B8/B2
9	存货	4 152 187 132.00	=C2*D9	=B9/B2
10	其他流动资产	6 222 809 869.00	=C2*D10	=B10/B2
11	流动资产合计	32 002 483 239.00	=SUM（C3：C10）	
12	长期股权投资	368 128 466.00	=B12	
13	其他非流动金融资产	600 000.00	=B13	
14	投资性房地产	29 056 456.00	=B14	
15	固定资产	11 009 077 139.00	=C2*D15	=B15/B2
16	在建工程	456 529 051.00	=C2*D16	=B16/B2
17	使用权资产	154 916 167.00	=C2*D17	=B17/B2
18	无形资产	2 557 820 344.00	=C2*D18	=B18/B2
19	商誉	1 307 103 982.00	=C2*D19	=B19/B2
20	长期待摊费用	101 670 196.00	=C2*D20	=B20/B2
21	递延所得税资产	2 250 079 564.00	=C2*D21	=B21/B2
22	其他非流动资产	74 235 192.00	=C2*D22	=B22/B2
23	非流动资产合计	18 309 216 557.00	=SUM（C12：C22）	
24	资产总计	50 311 699 796.00	=C11+C23	
25	短期借款	225 411 423.00	=C2*D25	=B25/B2
26	应付票据	198 056 961.00	=C2*D26	=B26/B2
27	应付账款	3 463 768 573.00	=C2*D27	=B27/B2
28	合同负债	8 909 252 504.00	=C2*D28	=B28/B2
29	应付职工薪酬	2 180 772 440.00	=C2*D29	=B29/B2
30	应交税费	771 894 656.00	=C2*D30	=B30/B2
31	其他应付款	3 394 613 087.00	=C2*D31	=B31/B2
32	一年内到期的非流动负债	49 263 731.00	=C2*D32	=B32/B2
33	其他流动负债	478 755 359.00	=C2*D33	=B33/B2
34	流动负债合计	19 671 788 734.00	=SUM（C25：C33）	
35	租赁负债	98 401 477.00	=C2*D35	=B35/B2
36	长期应付款	16 283 766.00	=C2*D36	=B36/B2
37	递延所得税负债	202 117 651.00	=C2*D37	=B37/B2
38	递延收益	3 132 390 832.00	=C2*D38	=B38/B2
39	长期应付职工薪酬	918 404 801.00	=C2*D39	=B39/B2
40	非流动负债合计	4 367 598 527.00	=SUM（C35：C39）	
41	负债合计	24 039 387 261.00	=C34+C40	
42	实收资本	1 364 232 790.00	=B42	
43	资本公积	4 154 076 977.00	=B43	
44	盈余公积	1 400 704 380.00	=C2*D44	=B44/B2
45	减：库存股	171 854 660.00	=C2*D45	=B45/B2
46	未分配利润	18 528 390 855.00	=B46+3 297 568 868.36*60%	
47	一般风险准备	295 071 942.00	=C2*D47	=B47/B2
48	其他综合收益	−75 800 581.00	=C2*D48	=B48/B2
49	少数股东权益	777 490 832.00	=C2*D49	=B49/B2
50	归属母公司所有者权益	25 494 821 703.00	=C42+C43+C44−C45+C46+C47+C48	
51	所有者权益合计	26 272 312 535.00	=C49+C50	
52	负债和所有者权益总计	50 311 699 796.00	=C41+C51	

表 14-6　**资产负债表预测结果表**　金额单位：元

	A	B	C	D
1	项　目	2022年	2023年	销售百分比
2	营业收入	32 171 565 624.00	34 101 859 561.44	
3	货币资金	17 854 931 855.00	18 926 227 766.30	55.50%
4	交易性金融资产	2 683 817 846.00	3 404 453 295.77	
5	应收票据	4 500 000.00	4 770 000.00	0.01%
6	应收账款	119 599 728.00	126 775 711.68	0.37%
7	预付款项	281 866 630.00	298 778 627.80	0.88%
8	其他应收款	682 770 179.00	723 736 389.74	2.12%
9	存货	4 152 187 132.00	4 401 318 359.92	12.91%
10	其他流动资产	6 222 809 869.00	6 596 178 461.14	19.34%
11	流动资产合计	32 002 483 239.00	34 482 238 612.35	
12	长期股权投资	368 128 466.00	368 128 466.00	
13	其他非流动金融资产	600 000.00	600 000.00	
14	投资性房地产	29 056 456.00	29 056 456.00	
15	固定资产	11 009 077 139.00	11 669 621 767.34	34.22%
16	在建工程	456 529 051.00	483 920 794.06	1.42%
17	使用权资产	154 916 167.00	164 211 137.02	0.48%
18	无形资产	2 557 820 344.00	2 711 289 564.64	7.95%
19	商誉	1 307 103 982.00	1 385 530 220.92	4.06%
20	长期待摊费用	101 670 196.00	107 770 407.76	0.32%
21	递延所得税资产	2 250 079 564.00	2 385 084 337.84	6.99%
22	其他非流动资产	74 235 192.00	78 689 303.52	0.23%
23	非流动资产合计	18 309 216 557.00	19 383 902 455.10	
24	资产总计	50 311 699 796.00	53 866 141 067.45	
25	短期借款	225 411 423.00	238 936 108.38	0.70%
26	应付票据	198 056 961.00	209 940 378.66	0.62%
27	应付账款	3 463 768 573.00	3 671 594 687.38	10.77%
28	合同负债	8 909 252 504.00	9 443 807 654.24	27.69%
29	应付职工薪酬	2 180 772 440.00	2 311 618 786.40	6.78%
30	应交税费	771 894 656.00	818 208 335.36	2.40%
31	其他应付款	3 394 613 087.00	3 598 289 872.22	10.55%
32	一年内到期的非流动负债	49 263 731.00	52 219 554.86	0.15%
33	其他流动负债	478 755 359.00	507 480 680.54	1.49%
34	流动负债合计	19 671 788 734.00	20 852 096 058.04	
35	租赁负债	98 401 477.00	104 305 565.62	0.31%
36	长期应付款	16 283 766.00	17 260 791.96	0.05%
37	递延所得税负债	202 117 651.00	214 244 710.06	0.63%
38	递延收益	3 132 390 832.00	3 320 334 281.92	9.74%
39	长期应付职工薪酬	918 404 801.00	973 509 089.06	2.85%
40	非流动负债合计	4 367 598 527.00	4 629 654 438.62	
41	负债合计	24 039 387 261.00	25 481 750 496.66	
42	实收资本	1 364 232 790.00	1 364 232 790.00	
43	资本公积	4 154 076 977.00	4 154 076 977.00	
44	盈余公积	1 400 704 380.00	1 484 746 642.80	4.35%
45	减：库存股	171 854 660.00	182 165 939.60	0.53%
46	未分配利润	18 528 390 855.00	20 506 932 176.01	
47	一般风险准备	295 071 942.00	312 776 258.52	0.92%
48	其他综合收益	−75 800 581.00	−80 348 615.86	−0.24%
49	少数股东权益	777 490 832.00	824 140 281.92	2.42%
50	归属母公司所有者权益	25 494 821 703.00	27 560 250 288.88	
51	所有者权益合计	26 272 312 535.00	28 384 390 570.79	
52	负债和所有者合计	50 311 699 796.00	53 866 141 067.45	

3. 预测青岛啤酒2023年现金流量表（见表14-7、表14-8）。

表14-7　　**现金流量表预测演示表**　　金额单位：元

	A	B	C	D
1	项　目	2021年	2022年	2023年
2	固定资产原值	20 295 258 543.00	21 323 817 688.00	
3	无形资产原值	480 030 523.00	5 015 791 712.00	
4	长期待摊费用	127 033 797.00	101 670 196.00	
5	净利润		3 804 721 478.00	3 297 568 868.36
6	加：资产减值准备		26 123 742.00	=C6
7	固定资产折旧、油气资产折耗、生产性生物资产折旧		890 838 923.00	=C7/B2*C2
8	无形资产摊销		144 953 106.00	=C8/B3*C3
9	长期待摊费用摊销		41 622 449.00	=C9/B4*C4
10	公允价值变动损失		-164 354 223.00	0
11	投资损失		-169 903 657.00	0
12	财务费用		-447 006 732.00	=2023年财务费用
13	递延所得税资产减少		-74 654 915.00	=递延所得税资产（期初数-期末数）
14	递延所得税负债增加		30 719 628.00	=递延所得税负债（期末数-期初数）
15	存货的减少		-662 012 006.00	=存货（期初数-期末数）
16	经营性应收项目的减少		-106 274 452.00	=应收账款、应收票据、预付款项、其他应收款（期初数-期末数）
17	经营性应付项目的增加		1 690 889 713.00	=应付票据、应付账款、合同负债、应付职工薪酬、应交税费、其他应付款（期末数-期初数）
18	其他		-126 891 732.00	0
19	经营活动产生的现金流量净额		4 878 771 322.00	=SUM（D5：D18）

表 14-8　　现金流量表预测结果表　　金额单位：元

	A	B	C	D
1	项　目	2021年	2022年	2023年
2	固定资产原值	20 295 258 543.00	21 323 817 688.00	
3	无形资产原值	480 030 523.00	5 015 791 712.00	
4	长期待摊费用	127 033 797.00	101 670 196.00	
5	净利润		3 804 721 478.00	3 297 568 868.36
6	加：资产减值准备		26 123 742.00	26 123 742.00
7	固定资产折旧、油气资产折耗、生产性生物资产折旧		890 838 923.00	935 986 439.55
8	无形资产摊销		144 953 106.00	1 514 600 744.89
9	长期待摊费用摊销		41 622 449.00	33 312 099.99
10	公允价值变动损失		−164 354 223.00	0
11	投资损失		−169 903 657.00	0
12	财务费用		−447 006 732.00	−446 053 872.40
13	递延所得税资产减少		−74 654 915.00	−135 004 773.84
14	递延所得税负债增加		30 719 628.00	12 127 059.06
15	存货的减少		−662 012 006.00	−249 131 227.92
16	经营性应收项目的减少		−106 274 452.00	−65 324 192.22
17	经营性应付项目的增加		1 690 889 713.00	1 135 101 493.26
18	其他		−126 891 732.00	0
19	经营活动产生的现金流量净额		4 878 771 322.00	6 059 306 380.72

实训二　企业价值评估

实训2.1　现金流量折现法——企业价值

（一）实训条件

1.企业简介。

C公司是1月1日成立的高新技术企业。为了进行以价值为基础的管理，该公司采用自由现金流量模型对企业价值进行评估。

2.已知因素。

（1）C公司当前的加权平均资本成本为10%。

（2）C公司预计从第4年开始，销售增长率固定为5%。

（3）C公司未来4年部分财务数据见表14-9。

表 14-9　　C公司部分财务数据表　　金额单位：万元

时　间	0	1	2	3	4
净利润		60	75	95	120
流动资产	50	70	85	105	110
流动负债	45	50	60	80	95
固定资产账面余额	360	380	460	550	600
计提折旧		20	25	28	30

3.实训在财务管理模拟实验室中进行。实验室配备计算机，装有Excel软件。

（二）实训要求

根据现金流量折现法计算企业价值的思路解决以下问题：

1.未来4年的自由现金流量。

2.运用现金流量折现法估计企业价值。

3.利用Excel软件显示企业价值的计算过程。

（三）实训组织方式及步骤

本实训安排在相关理论知识讲授结束之后进行，在实训指导教师的指导下，由学生本人独立完成。学生以班级为单位统一在财务管理模拟实验室进行实训。实训前要求学生对相关知识进行复习。实训步骤如下：

1.计算自由现金流量。

2.运用现金流量折现法计算企业价值，见表14-10、表14-11。

表14-10 **现金流量折现法计算企业价值演示表** 金额单位：万元

	A	B	C	D	E	F
1	时间	0	1	2	3	4
2	净利润		60	75	95	120
3	流动资产	50	70	85	105	110
4	流动负债	45	50	60	80	95
5	固定资产账面余额	360	380	460	550	600
6	计提折旧		20	25	28	30
7	营运资本	=B3-B4	=C3-C4	=D3-D4	=E3-E4	=F3-F4
8	营运资本增加		=C7-B7	=D7-C7	=E7-D7	=F7-E7
9	资本支出		=C5-B5	=D5-C5	=E5-D5	=F5-E5
10	实体现金流量		=C2+C6-C8-C9	=D2+D6-D8-D9	=E2+E6-E8-E9	=F2+F6-F8-F9
11	加权平均资本成本		10%	10%	10%	10%
12	现值系数		=1/（1+C11）^C1	1/（1+C11）^D1	1/（1+C11）^E1	1/（1+C11）^F1
13	1-4年实体现金流量的现值	=C13+D13+E13+F13	=C10*C12	=D10*D12	=E10*E12	=F10*F12
14	后续期现金流量在第4年末价值					=F10*（1+5%）/（F11-5%）
15	后续期现金流量的现值	=F14*F12				
16	企业价值	=B13+B15				

表 14-11　　现金流量折现法计算企业价值结果表　　金额单位：万元

	A	B	C	D	E	F
1	时　间	0	1	2	3	4
2	净利润		60	75	95	120
3	流动资产	50	70	85	105	110
4	流动负债	45	50	60	80	95
5	固定资产账面余额	360	380	460	550	600
6	计提折旧		20	25	28	30
7	营运资本	5	20	25	25	15
8	营运资本增加		15	5	0	-10
9	资本支出		20	80	90	50
10	实体现金流量		45	15	33	110
11	加权平均资本成本		10%	10%	10%	10%
12	现值系数		0.9091	0.8264	0.7513	0.6830
13	1-4年实体现金流量的现值	153.23	40.91	12.40	24.79	75.13
14	后续期现金流量在第4年末价值					2 310.00
15	后续期现金流量的现值	1 577.76				
16	企业价值	1 730.99				

实训 2.2　经济利润法——企业价值

（一）实训条件

1.企业简介。

D成立于1980年，历经多年发展，已成长为中国自行车行业的旗舰企业。2019年，公司进行战略调整，打算进军摩托车行业。甲是上海一家摩托车生产企业，经营状况良好。D公司拟于2022年年底并购甲公司，现对甲公司进行估价。

2.甲公司以2022年为基准编制的未来3年预计财务报表的主要数据见表14-12。

表 14-12　　预计财务数据表　　金额单位：万元

	A	B	C	D
1	时　间	2023年	2024年	2025年
2	销售增长率		6%	6%
3	销售收入	1 000.00	1 060.00	1 123.60
4	减：销售成本	650	685	720
5	销售和管理费用	150	180	200
6	财务费用	60	70	80
7	利润总额	140.00	125.00	123.60
8	减：所得税费用	35.00	31.25	30.90
9	所得税税率	25%	25%	25%
10	净利润	105	93.75	92.70
11	期末短期借款	240	275	290
12	期末长期借款	500	530	560
13	期末负债合计	740	805	850
14	期末股东权益	800	880	940
15	期末负债和股东权益	1 540	1 685	1 790
16	加权平均资本成本	8%	8%	8%

3.实训在财务管理模拟实验室中进行。实验室配备计算机，装有Excel软件。

（二）实训要求

根据经济利润法的计算步骤，计算企业价值：

1.假设2022年投资资本为1 400万元，计算各年经济利润。

2.假设自2026年起销售增长率稳定为5%，计算后续期价值。

3.根据现值公式计算后续期价值现值。

4.根据经济利润法计算公司价值。

5.利用Excel软件显示公司价值的计算过程。

（三）实训组织方式及步骤

本实训安排在相关理论知识讲授结束之后进行，在实训指导教师的指导下，由学生本人独立完成。学生以班级为单位统一在财务管理模拟实验室进行实训。实训前要求学生对相关知识进行复习。实训步骤如下：

1.计算税后财务费用。

2.计算息前税后营业利润。

3.计算各年投资资本。

4.计算投资资本回报率。

5.根据经济利润计算公式计算经济利润。

6.计算预测期1～3年经济利润现值。

7.计算后续期价值。

8.计算后续期价值现值。

9.计算公司价值。

10.利用Excel软件显示企业价值的计算过程（见表14-13、表14-14）。

表14-13　**经济利润法计算企业价值演示表**　金额单位：万元

	A	B	C	D	E
17	时　间	2022年	2023年	2024年	2025年
18	净利润		=B10	=C10	=D10
19	加：税后财务费用		=B6*（1-B9）	=C6*（1-C9）	=D6*（1-D9）
20	息前税后营业利润		=C18+C19	=D18+D19	=E18+E19
21	投资资本	1 400	=B15	=C15	=D15
22	投资资本回报率		=C20/B21	=D20/C21	=E20/D21
23	经济利润		=B21*（C22-B16）	=C21*（D22-C16）	=D21*（E22-D16）
24	现值系数		=1/（1+B16）^1	=1/（1+C16）^2	=1/（1+D16）^3
25	第1-3年经济利润的现值	=SUM（C25：E25）	=C23*C24	=D23*D24	=E23*E24
26	后续期价值				=E23*（1+5%）/（D16-5%）
27	后续期价值的现值	=E26*E24			
28	经济利润的现值合计	=B25+B27			
29	公司价值	=B28+B21			

表 14-14　**经济利润法计算企业价值计算结果表**　金额单位：万元

	A	B	C	D	E
17	时　间	2022年	2023年	2024年	2025年
18	净利润		105	93.75	92.70
19	加：税后财务费用		45	52.5	60
20	息前税后营业利润		150	146.25	152.70
21	投资资本	1 400	1 540	1 685	1 790
22	投资资本回报率		10.71%	9.50%	9.06%
23	经济利润		38	23.05	17.90
24	现值系数		0.9259	0.8573	0.7938
25	第1～3年经济利润的现值	69.16	35.19	19.76	14.21
26	后续期价值				626.50
27	后续期价值的现值	497.32			
28	经济利润的现值合计	566.49			
29	公司价值	1 966.49			

实训 2.3　相对估值法——企业价值

（一）实训条件

1.企业简介。

甲企业是一家制造企业，其每股收益为0.5元/股，股票价格为15元/股。假设制造业上市公司中，预期增长率、股利支付率和风险与甲企业类似的还有3家，它们的市盈率和预期增长率见表14-15。

表 14-15　**甲企业及可比同行企业的财务数据**

企业名称	本期市盈率	预期增长率（%）
A	24.3	11
B	32.1	17
C	33.30	18
平均数	29.9	15.33

2.王平作为乙企业的投资经理，近期要对甲企业的股价进行评估，他打算采用相对估值法进行评估。

3.实训在财务管理模拟实验室中进行。实验室配备计算机，装有Excel软件。

（二）实训要求

根据相对估值法的计算步骤及计算股票价格的思路解决以下问题：

1.用股价平均法计算修正市盈率。

2.假设甲企业的预期增长率为15%，计算甲企业每股价值。

3.计算甲企业加权平均股价。

4.利用Excel软件显示股票价格的计算过程。

（三）实训组织方式及步骤

本实训安排在相关理论知识讲授结束之后进行，在实训指导教师的指导下，由学生本人独立完成。学生以班级为单位统一在财务管理模拟实验室进行实训。实训前要求学生对相关知识进行复习。实训步骤如下：

1.计算修正市盈率。

2.根据股价平均法计算甲企业每股价值。

3.计算甲企业加权平均股价。

4.利用Excel软件显示股票价格的计算过程（见表14-16、表14-17）。

表14-16　　甲企业每股价值计算演示表

	A	B	C	D	F
1	企业名称	A企业	B企业	C企业	平均数
2	本期市盈率	24.3	32.1	33.3	29.9
3	预期增长率	11%	17%	18%	15.33%
4	修正市盈率	=B2/（B3*100）	=C2/（C3*100）	=D2/（D3*100）	
5	甲企业每股收益（元）	0.5	0.5	0.5	
6	甲企业预期增长率	15%	15%	15%	
7	甲企业每股价值（元）	=B4*B6*100*B5	=C4*C6*100*C5	=D4*D6*100*D5	=（B7+C6+D7）/3

表14-17　　甲企业每股价值计算结果表

	A	B	C	D	F
1	企业名称	A企业	B企业	C企业	平均数
2	本期市盈率	24.3	32.1	33.3	29.9
3	预期增长率	11%	17%	18%	15.33%
4	修正市盈率	2.21	1.89	1.85	
5	甲企业每股收益（元）	0.5	0.5	0.5	
6	甲企业预期增长率	15%	15%	15%	
7	甲企业每股价值（元）	16.57	14.16	13.88	14.87

主要参考文献

[1] 伯恩斯坦，维欧德. 财务报表分析［M］. 许秉岩，张海燕，译. 5版. 北京：北京大学出版社，2001.

[2] 钟爱军，钟静远. Excel在财务管理中的应用［M］. 大连：东北财经大学出版社，2021.

[3] 张新民，钱爱民. 财务报表分析［M］. 第6版. 北京：中国人民大学出版社，2023.

[4] 黄世忠. 财务报表分析：理论·框架·方法与案例［M］. 北京：中国财政经济出版社，2007.

[5] 郭永清. 财务报表分析与股票估值［M］. 2版. 北京：机械工业出版社，2024.

[6] 弗里德森，阿尔瓦雷斯. 财务报表分析［M］. 刘婷，译. 4版. 北京：中国人民大学出版社，2016.

[7] 王化成，刘俊彦，荆新. 财务管理学［M］. 9版. 北京：中国人民大学出版社，2021.

[8] 布里格姆，戴夫斯. 中级财务管理［M］. 张晓农，译. 北京：机械工业出版社，2017.

[9] 梁宇峰，顾倩，侯恬. 估值的力量［M］. 北京：中信出版社，2023.

[10] 诚讯金融培训. 估值建模［M］. 3版. 北京：中国金融出版社，2023.

[11] 梅林，埃文斯. 并购估值：构建和衡量非上市公司估值［M］. 李必龙，李羿，郭海，等译. 3版. 北京：北京大学出版社，2007.

[12] 徐春立. 财务分析［M］. 天津：天津大学出版社，2006.

[13] 财政部会计财务评价中心. 高级会计实务［M］. 北京：经济科学出版社，2023.

[14] 中国注册会计师协会. 财务成本管理［M］. 北京：中国财政经济出版社，2023.

[15] 财政部会计财务评价中心. 财务管理［M］. 北京：经济科学出版社，2023.

[16] 韩慧博，汤谷良，祝继高. 财务管理案例［M］. 4版. 北京：北京大学出版社，2021.

[17] 徐玉德. 财务管理案例教程［M］. 北京：北京大学出版社，2020.

[18] 刘端，杨艳，王荣昌. 财务管理案例 [M]. 大连：东北财经大学出版社，2023.

[19] 韦绪任，于洋，于中海. 财务管理实训教程 [M]. 西安：西安电子科技大学出版社，2023.

[20] 诚讯金融培训公司. Excel财务建模手册 [M]. 北京：中国金融出版社，2018.

[21] 桂玉娟，刘玉凤. 财务管理实训教程 [M]. 上海：上海财经大学出版社，2016.

[22] 朱盈盈. 财务管理实训教程 [M]. 成都：西南财经大学出版社，2016.

[23] 孔令一. Excel在财务管理中的应用 [M]. 2版. 大连：东北财经大学出版社，2022.

[24] http://www.szse.cn（深圳证券交易所）.

[25] http://www.sse.com.cn（上海证券交易所）.

[26] https://www.cctv.com/ (央视网).

[27] https://www.stats.gov.cn/(国家统计局).

[18] [illegible]：[illegible]，2023.

[19] [illegible][M]. [illegible]大学出版社，2023.

[20] [illegible]，2019.

[21] [illegible][M]. [illegible]，2016.

[22] [illegible][M]. [illegible]，2016.

[23] [illegible][M]. [illegible]，2023.

[24] http://[illegible]

[25] [illegible]

[26] http://www.[illegible]

[27] http://www.[illegible]